CSSCI 集刊　　　学术支持单位｜南京大学外国语学院
CNKI 来源集刊

外国语文研究：
空间与互动

南京大学出版社

《外国语文研究》编辑委员会

主　任：高　方　何　宁

委　员（按姓氏笔画排列）：

孔德明　王加兴　王守仁　文秋芳　石　坚　申　丹
叶　琳　冉永平　朱　刚　许　钧　庄智象　刘云虹
束定芳　杨金才　何　宁　何成洲　陈新仁　金　莉
殷企平　徐　昉　高　方　黄国文　蒋洪新　魏向清

主　编：陈新仁

副主编：曹丹红　张　翼

编辑部主任：张　翼

秘　书：俞　希

通信地址：南京市栖霞区仙林大道163号（邮编210023）
　　　　　　南京大学仙林校区外国语学院
电　话：025-89683243
电　邮：wgywyj@126.com

目 录

语言学与应用语言学

1. 从隐喻到概念隐喻 / 张克定 ·················· 1
2. 视觉器官词汇的共词化与语义地图 / 杨 坤 吴灵蕊 ·············· 15
3. 国内外条件句研究现状及展望 / 张 媛 ·············· 30

语用学前沿

4. 互动仪式视角下的语码转换研究——以闽南语-普通话为例
  / 陈劼钧 Dániel Z. Kádár ·············· 45
5. 网络差评商家回应话语中的身份建构与关系管理——言语行为视角
  / 钱永红 ·············· 59
6. 雄安新区生态文明建设的话语策略研究 / 穆军芳 成润莎 ·············· 72

应用语言学前沿

7. 国家意识的语料库语言学解读 / 甄凤超 ·············· 87
8. 公共空间"语言粗鄙化"现象及其治理 / 王 玲 陈新仁 ·············· 99
9. 中国语境下大学生英语写作者的身份构建研究 / 俞 希 曹洪霞 ········ 113
10. 英语写作焦虑量表中的项目功能差异:基于多维MIMIC模型的分析
  / 朱 适 朱雪媛 ·············· 128

11. 国际应用语言学研究趋势的可视化分析(2010—2020) / 何艳华　王雪梅 ………………………………………………………………………… 137

12. "高位稳定"与"持续发展"——复杂动态系统视阈下个体外语学习者书面语发展路径与联动作用研究 / 景艳燕　孔德明 …………………………… 150

翻译与跨文化传播

13. 儒学核心概念海外传播及受纳分析：以"礼"为例 / 孔　蕾　秦洪武 …… 167

14. 中华精神文化外译话语体系建构的思考
　　——以"君子"何以须音译"Junzi"为例 / 包通法　梅　龙 …………… 186

文学研究

15. "体验痛苦的现实"——论《钟》中的拯救思想 / 段道余 ………………… 206

16. 拥有全部——悍客文学、辣妈与后女性主义母性身份 / 张　瑛 ………… 216

书评与会讯

17. 《语料库方法在语言分析三角验证中的应用》评介 / 张　晓 …………… 226

18. 《理性之谜》述评 / 张　翼 ……………………………………………… 233

19. 《语言、智退症及意义的产生》述评 / 郭亚东 ………………………… 238

语言学与应用语言学

从隐喻到概念隐喻*

河南大学 张克定**

摘 要:在哲学、心理学、修辞学、文学、语言学等诸多领域中,隐喻都是一个历久弥新的话题。本文以隐喻的修辞观、互动观和认知观为线索,梳理了从隐喻到概念隐喻的发展历程,重点概述了概念隐喻的本质特征和结构特征,具体说明了概念隐喻所涉及的四个基本要素:源域、目标域、经验基础和映射,说明了映射的单向性和局部性特征以及映射的局部性特征所引发的聚焦与遮蔽。

关键词:隐喻;概念隐喻;修辞观;互动观;认知观

Title: From Metaphor to Conceptual Metaphor

Abstract: Metaphor is an everlastingly new topic in such fields as philosophy, psychology, rhetoric, literature, and linguistics. This article attempts to make clear the historical development from metaphor to conceptual metaphor by going through the studies from the rhetorical view, the interactional view and the cognitive view of metaphor. It pays special attention to the inherent properties and structural properties of conceptual metaphor. It also pays particular attention to the four basic elements of conceptual metaphor, i. e., source domain, target domain, experiential base and mapping. It points out that mapping is unidirectional and partial in nature, and that the partial nature of mapping leads to highlighting and hiding.

---

* 本文为国家哲学社会科学基金项目"隐喻性空间关系构式的认知研究"(项目编号:16BYY005)的部分成果。

** 作者简介:张克定,河南大学外语学院教授,博士生导师。研究方向:认知语言学、语用学、功能语言学、对比语言学。电子邮箱:hdzkd@henu.edu.cn。

Key Words: metaphor; conceptual metaphor; rhetorical view; interactional view; cognitive view

一 引　言

　　隐喻是哲学、心理学、修辞学、文学、文体学、诗学和语言学等诸多领域中的热点话题之一。从研究的范围和方法来看,西方的隐喻研究可以分为三个不同的时期:从亚里士多德到理查兹,大约从公元前 300 年到 20 世纪 30 年代,为隐喻的修辞学研究;约从 20 世纪 30 年代到 70 年代初期,从逻辑和哲学角度对隐喻的语义研究和从语言学角度对隐喻的语义研究,为隐喻的语义学研究;从 20 世纪 70 年代至今,认知心理学、哲学、语用学、符号学、现象学和阐释学等对隐喻的多角度、多层次研究,为隐喻的多学科研究(束定芳,1996,2000:2)。科韦切什(Kövecses,2002:vii–viii,2010:ix–x)则把隐喻研究比较笼统地分为两个时期:一个是隐喻的传统研究时期,包括束定芳(1996,2000)所说的隐喻的修辞学研究和隐喻的语义学研究;一个是隐喻的当代研究时期,仅包括束定芳(1996,2000)所说的隐喻的多学科研究中的一个特定学科,即隐喻的认知研究时期。本文将分别讨论亚里士多德(Aristotle)的隐喻修辞观、理查兹(Richards)和布莱克(Black)的隐喻互动观、莱考夫(Lakoff)和约翰逊(Johnson)的隐喻认知观,以期理清西方隐喻研究的发展脉络,加深对概念隐喻理论的理解和把握。

二 亚里士多德的隐喻修辞观

　　英文中的 metaphor(隐喻)一词源于希腊语中的 metaphora①,该词由 meta 和 pherein 派生而来。在希腊语中,meta 意为 across 或 over,即"跨越",pherein 意为 to carry,即"运送、转移",metaphora 的字面义就是 carrying over 或 transference from one point to another,即"从一点运送或转移至另一点"(Kirby,1997;Mikics,2007:180)。这样,隐喻就是一种特殊的语言过程,在该过程中,一事物的某些方面被转移到另一事物之上,从而使后一事物得以像前一事物那样被述说(Hawkes,2018:1)。

　　隐喻在传统上被视为比喻性语言中一种最基本的形式,一直是作为一种修辞格

---

① 隐喻这一术语的希腊文拼写为 μεταφορά(Wood,2017)。

(figure of speech)来加以研究的。在两千多年来的西方修辞学研究中,但凡严肃的隐喻研究,无不肇始于亚里士多德的《诗学》和《修辞学》。亚氏的这两部著作对隐喻的探讨直到今天仍然具有很大的影响。亚里士多德关注的是隐喻和语言的关系以及隐喻在交际中的作用,他基于类比原理(principle of analogy)把隐喻视为一种隐性比较(implicit comparison),该观点用现代的术语来说,可以叫作隐喻的比较论(comparison theory of metaphor)(Ortony,1993:3)。亚里士多德在其《诗学》中指出,隐喻就是用一个表示某物的词来借喻它物,他据此把隐喻分为以属喻种、以种喻属、以种喻种和彼此类推四种(Aristotle,2006:52;参见亚里士多德,1996:149)。亚里士多德继而指出,以上各种隐喻要以恰当的方式加以使用,而善于使用隐喻本身就是人的一种天赋,就是一种看出事物间相似之处的能力(Aristotle,2006:56;参见Cassin,2014:34)。实际上,亚里士多德对隐喻工作机制的解释,不仅蕴含了对两个事物的比较,而且蕴含了在比较的基础上创造出新的意义(Lanham,1991:100),这就是隐喻能够"使人从相似的事物中突然有所领悟,因而感到惊奇"(罗念生,1991:10)的缘故。

约翰逊认为,亚里士多德的隐喻观有四个特征:1)隐喻是一种词汇现象,而非句法现象。2)隐喻是字面用法(literal usage)的变异。3)隐喻基于两个事物的相似性。4)隐喻是明喻的省略式(Johnson,1981:5-7)。实际上,约翰逊的本意在于指出亚氏隐喻观的不足以及给隐喻研究带来的困扰。

牛宏宝(2013:46)认为,亚里士多德的隐喻观存在三个方面的问题:1)亚氏把词语与事物混在了一起。隐喻到底是在词语之间还是在事物之间建立?2)相似性理论会导致这样的结论:所有隐喻不过是一种相似性的断言。3)如果隐喻仅仅建立在两种事物之间的相似性基础上,那么,相似性何以形成一种与直说不同的意义表达呢?说"人是狼"与说"人是凶残的"或"人像一匹狼",总存在着某种语义差异。这种差异就是隐喻陈述的意义。很明显,亚氏的相似性理论无法圆满阐述隐喻陈述中隐喻意义的产生。

科韦切什则认为,在亚里士多德对隐喻的修辞学研究中,隐喻概念具有如下五个特征:1)隐喻是一种语言现象,具有词汇性特性。2)隐喻的使用以艺术和修辞为目的,如莎士比亚的名句All the world's a stage。3)隐喻以通过比较而识别出两个事物之间的相似性为基础。譬如,只有比较、识别出了Achilles和lion所共有的某种特征,才能使用lion来描述Achilles,才能使用Achilles is a lion这样的隐喻表达式。4)隐喻是一种有意识、有目的地使用词汇的结果,只有拥有特殊天赋的人才能够用隐喻,才能够用好隐喻,如莎士比亚这样的大文豪和丘吉尔这样的能说会道的演说家。亚里士多德就说过,掌握隐喻是最伟大的事情,是天才的标志。5)隐喻是一种可用可不用的修辞格,使用隐喻只是为了达到某种特殊效果,而不是人类日常交际中必不可少的有机组成部分,也不是人类日常思维和推理的有机组成部分(Kövecses,2002:vii-viii,2010:ix-x)。

三 理查兹和布莱克的隐喻互动观

对亚里士多德的隐喻观持肯定态度也好，持质疑态度也罢，亚氏对隐喻研究的贡献是不可磨灭的，也是不可否认的。自他之后，对隐喻及其理解的研究文献，浩如烟海，不胜枚举，但比较成系统的基本理论却寥若晨星，屈指可数。有些研究把隐喻视为明喻的省略形式，完全忽视隐喻的认知功能；有些研究则明确区分隐喻和明喻，认为前者无法从认知上还原为后者（Johnson，1981：24）。Beardsley（1962）认为，自亚里士多德时期至 20 世纪 60 年代的隐喻研究有两种取向：一是事物研究，可称为对象比较论（Object-comparison Theory）；二是词语研究，可称为词语对抗论（Verbal-opposition Theory）。前者认为，隐喻话语涉及两个或两个以上对象的比较，后者认为，隐喻涉及两个语义内容之间的词语对抗。Nöth（1985：2）认为，Black（1962）把隐喻研究的不同理论归纳为替代论（the substitution theory）、比较论（the comparison theory）和互动论（the interaction theory）三种。布莱克本人则使用替代观（substitution view）、比较观（comparison view）和互动观（interaction view）分别称之。秉持隐喻表达式用以代替相应的字面表达式的观点，为隐喻的替代观；秉持隐喻是对潜在的类比或相似性之表征的观点，为隐喻的比较观；秉持隐喻是两个事物的共有特征相互作用之产物的观点，为隐喻的互动观（详见 Black，1954—1955，1962：25-47；Johnson，1981：24-28）。替代观认为，隐喻所表达的意义可以由字面形式直接表达出来。比较观认为，隐喻是明喻的浓缩式或省略式，即隐喻式可以由相应的字面比较式替代。从这一点来看，比较观是替代观中的一个特例。然而，两者还是有区别的，譬如，对于 Richard is a lion 这一隐喻，按照替代观，这句话大致上等于 Richard is brave，而按照比较观，这句话就相当于 Richard is like a lion (in being brave)，括号中的内容则没有明确说出来，只能由听者来理解（Black，1954—1955，1962：35-36）。互动观是针对替代观和比较观之不足而提出的一种隐喻观。

实际上，布莱克的隐喻互动观是受理查兹关于隐喻意义的形成源自共现想法之互动（interaction between co-present thoughts）这一洞见的启发而提出的（Johnson，1981：27）。理查兹和布莱克指出，我们使用隐喻时，我们所拥有的关于不同事物的两个想法（thoughts）会一起被激活，由一个单词或短语支撑，隐喻的意义就是这两个想法互动的结果。他们还指出，从根本上讲，隐喻是不同想法之间的借用，是不同想法的交流，是语境之间的交流，因此，隐喻必须要有两个想法共同合作，相互作用，才能形成意义（Richards，1936：93-94，191；Black，1962：38-40）。理查兹和布莱克提出的互动观是对隐喻研究的巨大贡献，所谓互动，就是把一物的常见现象投射到另一物之上，从而形成对另一物的新的观察视角,形成对另一物的新的概念建构(Johnson,1981:28),隐喻所创造出的新义也就随之产生。

四 莱考夫和约翰逊的隐喻认知观

4.1 概念隐喻理论的提出

即使在科韦切什所说的隐喻的传统研究时期,隐喻的研究也是在不断发展的。譬如,在 20 世纪初至 60 年代,理查兹和布莱克就摒弃了其前的隐喻替代观和比较观,提出了隐喻的互动观,并开始强调隐喻的认知价值(蓝纯,2005:111)。此外,在哲学、心理学、人类学等领域,也有不少学者都把隐喻作为一种认知现象来探讨,把隐喻首先视为一种感知过程和思维过程,其次才是一种语言过程。哲学家尼采声称所有思维都是隐喻性思维;心理学家沃纳认为,隐喻是人洞察、领悟周围自然现象的工具;哲学家、文化哲学创始人卡西尔认为,隐喻有助于塑造语言,尤其是空间语言,他还认为,神话和语言一样,也是隐喻思维的产物(Dirven,1985:85-86)。

可以说,从 20 世纪 30 至 60 年代开始,隐喻研究发生了认知转向(the cognitive turn),其先行者为理查兹和布莱克(Slavin,2018:95),而真正开启对隐喻进行系统深入的认知研究的则是语言学家乔治·莱考夫和哲学家马克·约翰逊,其标志就是他们 1980 年出版的《我们赖以生存的隐喻》,这一隐喻认知研究的开山之作也被公认为认知语言学诞生的标志性著作之一。该书"开辟了一条新的从认知角度来研究隐喻的途径"(蓝纯,2005:111),"开创了隐喻研究的新局面,也开创了认知研究的新局面,对哲学、语言学、心理学、认知科学、传播理论等领域影响深远"(周世箴,2006:20)。"该书具有划时代意义,因为它提出了三个与以往关于隐喻的根本不同的观点:1) 隐喻普遍存在于语言之中;2) 日常语言中的隐喻具有内在关联性(coherence)和系统性;3) 隐喻是一种思维方式。这三个基本观点从根本上否定了 2000 多年来人们对隐喻的传统看法"(刘正光,2007:10)。同样重要的是,该书的出版也标志着反传统的概念隐喻理论(conceptual metaphor theory)的诞生,这一新的隐喻理论不仅推进了对隐喻的研究,也改变了我们对隐喻的看法(牛宏宝,2013)。该理论认为,隐喻不是语言装饰手段,而是一种概念工具,这种工具可以建构现实,重构现实,甚至创造现实(Kövecses,2017a:13,2020:1)。因此,隐喻的核心是思维,而非语言;隐喻是我们对世界进行概念化的惯常方式中必不可少的重要部分;我们的日常活动反映我们对经验的隐喻性理解(Lakoff,1993:204)。正是因为这一全新理论的洞见及其核心观点,概念隐喻理论对当代隐喻研究产生了巨大影响,以至于有人说,"当代隐喻研究若不参照概念隐喻理论,就无法进行述说"(Hampe,2017:4)。

4.2 概念隐喻的本质特征

科韦切什更加明确地指出,莱考夫和约翰逊的这一新的隐喻理论以系统而清晰一致的方式对传统的隐喻理论提出了全面挑战。这体现在他们提出的隐喻概念所具有的五个方面的特征:1) 隐喻本身是概念性的,而不是词汇性的,也就是说,隐喻本质上具有概念性特征;2) 隐喻的作用是更好地理解概念,而不仅仅是为了艺术或美学的目的;3) 隐喻常常不是基于相似性的;4) 隐喻是大众都可以在日常生活中轻松自如地使用的,而不仅仅是具有特殊天赋之人的专利;5) 隐喻是人类思维和推理的必然过程,而绝非可有可无的语言取悦手段(Kövecses,2002:viii,2010:x)。由此可以看出,莱考夫和约翰逊的隐喻认知观和亚里士多德的修辞隐喻观迥然不同,科韦切什对这两种隐喻观中隐喻特征的认识和概括(如表1所示)准确地揭示了两者的根本性差异,也在某种意义上说明了后者是对前者的合理性的全面挑战。

表1 修辞观和认知观中隐喻的特征对比

修辞观中隐喻的特征	认知观中隐喻的特征
语言性,词汇性	概念性,非词汇性
以艺术和修辞为目的	以更好地理解概念为目的
以相似性为基础	以具身经验①为基础
有意识、有目的地使用词汇的结果,拥有特殊天赋者的标志	大众都可以在日常生活中轻松自如地使用,而非特殊天赋者的专利
可用可不用的修辞格,是实现特殊效果的手段,不是人类日常交际、日常思维和推理的有机组成部分	绝非可有可无的语言取悦手段,是人类思维和推理的必然过程

关于隐喻的本质特征,约翰逊本人认为,隐喻根植于人们的日常经验之中,具有建构我们的日常语言、思维和行为的作用,新的隐喻可以使概念系统发生变化,从而使我们能够以新的方式来体验和谈论世界。因此,隐喻不仅仅是一种语言现象,而且是一种思维和行为的基本原则(Johnson,1981:33,43)。莱考夫和约翰逊明确指出,但凡要对意义和真理做出合理的解释,就必须弄清楚隐喻建构我们概念系统的方式,同时也必须对其加以详细探究(Lakoff & Johnson,1980a:486)。

概念隐喻理论通常把隐喻定义为以一个概念域来理解另一个概念域(Kövecses,2010:4),这是一个比较笼统的界定。科韦切什后来提出了一个清晰而易于理解的"标

---

① 隐喻所基于的经验既可以是身体的,也可以是感知的、认知的、生物的或文化的(Kövecses,2010:325)。

准定义":所谓概念隐喻,就是以一个具体经验域来理解一个抽象经验域(Kövecses, 2017a:13;参见 Lakoff & Johnson,1980b,2003)。从中可以看出,概念隐喻包括两个概念域,一个是源域(source domain),一个是目标域(target domain)。"所谓目标域就是要加以解释说明的概念域,源域,也叫基础(base),就是用作来源知识的概念域"(Gentner,1983:157)。在概念隐喻中,具体而清晰的概念域通常为源域,相对抽象而欠清晰的概念域则为目标域(Kövecses,2010:17),之所以如此,是因为"某一知识域一旦为人所熟知,就会用作源域(即基础)来理解新的概念(即目标域——笔者注)"(Feldman,2006:209)。科韦切什还指出,上述标准定义表明,概念隐喻既是过程,也是结果。概念隐喻的过程就是用一个经验域来理解和概念化另一个经验域的认知过程,即用源域来理解和概念化目标域的认知过程,而隐喻的结果就是由此认知过程所形成的概念模式(Kövecses,2015:20,2017a:13,2020:1)。实际上,概念隐喻的过程与结果并不像楚河汉界那样泾渭分明,而是相随相伴,相伴而生,是相互缠绕在一起的,所以,概念隐喻研究通常对此并不做严格区分。

关于概念隐喻的本质和结构,莱考夫在其《当代隐喻理论》这一概念隐喻理论的经典名篇中给出了深入而精当的解释。他指出,隐喻具有六个本质特征:1) 隐喻是我们理解抽象概念和进行抽象推理的主要机制。2) 大多数主题,从简单常识到深奥的科学理论,都只能通过隐喻来理解。3) 从本质上讲,隐喻基本上是概念性的,而不是语言性的。4) 隐喻性语言是概念隐喻的一种表层体现。5) 我们的概念系统虽然大部分是隐喻性的,但有相当一部分则是非隐喻性的;因此,隐喻性理解要以非隐喻性理解为基础。6) 隐喻使我们能够以比较具体的事物来理解相对抽象的事物,使我们能够以结构性强的事物来理解结构性弱的事物(Lakoff,1993:244-245)。他还指出,隐喻具有八个结构特征:1) 隐喻是跨概念域的映射(mapping①)。2) 这种映射具有不对称性和局部性。3) 每一映射都是源域中实体和目标域中实体之间的一个固定的本体对应集。4) 这些固定对应一被激活,映射就会把源域的推理模式投射到目标域的推理模式之上。5) 隐喻映射遵从恒定原则(Invariance Principle),即:源域的意象结构以一种与目标域的固有结构相一致的方式投射到目标域之上。6) 映射不是任意的,而是以我们的身体构造、日常经验和知识为基础的。7) 一个概念系统包含成千上万的常规隐喻性映射,这些常规隐喻性映射又构成概念系统中高度结构化的次系统。8) 映射有两种,一种是概念映射,一种是意象映射。这两种映射都遵从恒定原则(Lakoff,1993:245)。李福印(2008:132-133)根据莱考夫的上述观点把概念隐喻理论的核心内容简洁明了地概括

---

① mapping 这一术语,源于数学上两个集合中的每一成员两两对应的规则。心理学上则借以说明物质世界与概念世界对应关系的思维符号表征形式。认知科学所探讨的来源域(即源域——笔者注)与目标域之间的对应关系之譬喻(即隐喻——笔者注)运作亦属此类(周世箴,2006:76)。

为:隐喻是认知手段;隐喻的本质是概念性的;隐喻是跨概念域的系统映射;映射遵循恒定原则;映射的基础是人体的经验;概念系统的本质是隐喻的;概念隐喻的使用是潜意识的;概念隐喻是人类共有的。

莱考夫和约翰逊指出,就我们的思维和活动而言,我们的日常概念系统,从本质上讲,基本上是隐喻性的。隐喻无处不在,普遍存在于我们的日常生活之中,不仅广泛存在于语言之中,而且存在于我们的思维和活动之中。隐喻建构着我们对世界的感知方式、我们的思维方式和我们的活动。具体来讲,隐喻的本质就是以一种事物或经验来理解和体验另一种事物或经验(Lakoff & Johnson,1980a:454－455,1980b:3－5)。例如:

(1) While he was in school *he fell in love*, but *the relationship didn't go anywhere* and it quickly cooled off—*it was a complete dead-end*.

例(1)至少使用了两个概念隐喻,一个是"爱情即容器"(LOVE IS A CONTAINER),一个是"爱情即旅行"(LOVE IS A JOURNEY)。在 he fell in love 这一隐喻性表达式中,说话人是用"容器"这一具有三维空间意义的具体事物来理解和体验"爱情"这一抽象事物,描述的是所谈论的对象 he 坠入"爱情"这一"容器"之中。而在 the relationship didn't go anywhere 和 it was a complete dead-end 这两个隐喻性表达式中,说话人是用"旅行"这一日常经验来理解和体验恋人之间的"爱情关系",描述的是 he 与其恋人的爱情关系止步不前,进入了死胡同。此例还表明,正是因为隐喻在我们的日常生活和语言之中无处不在,"语言中的隐喻性表达式才往往会揭示出潜存其背后的概念隐喻"(Ritchie,2013:68)。这就是说,he fell in love 这样的隐喻性表达式之所以能够常常出现于日常语言表达之中,是"爱情即容器"这一概念隐喻在起作用,而 the relationship didn't go anywhere 和 it was a complete dead-end 这样的隐喻性表达式之所以能够常常出现于日常语言表达之中,则是"爱情即旅行"这一概念隐喻在起作用。

概念隐喻理论认为,"每个隐喻都要涉及一个源域、一个目标域和源域向目标域的映射(source-to-target mapping)"(Lakoff,1987:276)。在例(1)所使用的两个概念隐喻中,"爱情即容器"这一概念隐喻涉及的源域为"容器",目标域为"爱情",两者之间的映射是从"容器"到"爱情"的映射。也就是说,在"爱情即容器"这一概念隐喻中,认知主体依据对"容器"这种比较具体的事物来感知、体验和理解"爱情"这一抽象事物,把"容器"所具有的"内/外"固有特征映射到"爱情"之上,从而可以使用如例(1)中的 he fell in love 这样的表达式来描述某人坠入爱河的情况。"爱情即旅行"这一概念隐喻涉及的源域为"旅行",目标域为"爱情",两者之间的映射是由"旅行"向"爱情"的映射。这一概念隐喻是由"起点－路径－终点"意象图式(SOURCE-PATH-GOAL image schema)

(Lakoff,1987:283)促动的,是把"旅行"所具有的"起点"和"终点"固有特征映射到"爱情"之上的结果,从而可以使用如例(1)中的 the relationship didn't go anywhere 这样的表达式来描述恋人之间的爱情关系停滞不前的状态,使用 it was a complete dead-end 这样的表达式来表达恋人关系走到终点的结局。

由上述可知,隐喻能使我们用较熟悉的、具体的概念去理解、思考和感知抽象的、难以直接理解的概念,其方式就是把源域的结构映射到目标域上,这样的映射是在两个不同的认知域之间实现的,其基础就是经验。可见,一个概念隐喻要涉及四个基本要素:源域、目标域、经验基础和映射。源域和目标域是概念隐喻中最重要的两个基本要素,一般说来,源域较具体,目标域较抽象。隐喻的经验基础就是人的认知基础,这个认知基础就是动觉意象图式。动觉意象图式有很多种,都是基于身体经验的。这些意象图式有容器图式、部分-整体图式、起点-路径-终点图式,等等(文旭、叶狂,2003;文旭,2014:53-56)。

所谓映射,实为概念映射(conceptual mapping),是两个概念域之间的一种映射,确切地说,是一种从源域到目标域的映射,这就说明,映射具有单向性特征。另外,映射通常不是把源域的全部特征都投影到目标域之上,因此,映射又具有局部性特征。映射的单向性就是其方向性。概念隐喻通常把具体的概念用作源域,把抽象的概念用作目标域,把前者的特征映射到后者之上。隐喻过程是从具体概念到抽象概念,而不能相反,这就是概念隐喻的映射单向性原则(principle of unidirectionality)(Kövecses,2010:7;Johnson,2017:155)。这就是说,在概念隐喻中,映射只能是从源域到目标域的映射,而不能是反向映射,即"只有源域被投射到目标域之上,而目标域不能被同时投射到源域之上"(Barcelona,2003:6-7)。莱考夫和特纳(Turner)从实例中敏锐地观察到,两个隐喻即使共享两个相同的认知域,它们依然是两个不同的隐喻。之所以如此,首先是因为,它们所涉及的两个相同认知域在这两个隐喻中用作源域和目标域的认知域是不同的,其次是因为,这两个隐喻所映射的内容也是不同的(Lakoff & Turner,1989:132),但是,即使在这种情况下,映射的单向性原则依然有效(Evans,2019:310)。譬如,在"人即机器(PEOPLE ARE MACHINES)"和"机器即人(MACHINES ARE PEOPLE)"这两个隐喻中,它们所涉及的两个认知域就同为"人"和"机器",乍看起来,似乎没有什么不同,但实质上却是两个不同的隐喻。"人"和"机器"这两个认知域在前者中分别为目标域和源域,但在后者中则分别为源域和目标域。更重要的是,这两个隐喻中的映射是完全不同的,在"人即机器"这一隐喻中,映射是从"机器"向"人"的映射,是把机器的机械属性和功能属性映射到人身上,而在"机器即人"这一隐喻中,映射是从"人"到"机器"的映射,是把人的情感、意志属性映射到机器之上。然而,这两个不同隐喻中映射的方向却仍然相同,依然遵循着映射的单向性原则,映射依然是从源域到目标域的映射。埃文斯将这种情况总结为:即使两个隐喻共享了相同的两个认知域,它们仍然是两个性质不同的概念隐喻,因为它们所用的映射是完全不同的(Evans,2019：310)。

映射的局部性是指,在源域向目标域的映射过程中,并不是源域的全部特征都映射到目标域之上,而只是源域的某一个(些)特征映射到目标域之上,即"不是源域矩阵(domain matrix)的所有方面都被用于隐喻概念化",而是"只有源域矩阵的某些方面参与了源域概念和目标域概念之间的映射过程"(Kövecses,2017b)。因此,当人们运用一种事物来理解和体验另一种事物时,并不是使用源域的所有特征来理解和体验目标域,而只是使用源域的某一个(些)方面的特征来理解和体验目标域(张克定,2018)。在 John is a lion 这一隐喻性构式中,说话人就只是把源域 lion 所具有的"勇猛"这一个特征映射到了目标域 John 的身上,即运用源域 lion 所指实体的"勇猛"这一个特征来谈论目标域 John,来说明 John 的勇猛品格。

映射的局部性自然而然地引出概念隐喻的另一对特性,即聚焦(highlighting)与遮蔽(hiding)。这是一对相互预设、如影随形的特性(Kövecses,2002：92),聚焦预示着遮蔽,遮蔽也预示着聚焦。一般来讲,任何概念都有着许多不同方面的特征,概念隐喻中的源域和目标域也是如此。正如上述所说,概念隐喻中,在源域向目标域的映射过程中,源域所具有的特征中只有一个(些)特征被用于理解和体验目标域。"当源域应用于目标域时,目标域的特征中只有一个(些)特征成为焦点,而不是全部特征都成为焦点"(Kövecses,2002：91)。换句话说,"在用源域来建构目标域时,目标域的某些方面会得以聚焦,与此同时,目标域的其他方面则会被遮蔽"(Evans,2019：316)。在"论辩即战争(AN ARGUMENT IS WAR)"这一概念隐喻中,源域"战争"的"战胜"或"防御"特征被映射到目标域"论辩"之上,从而使目标域"论辩"的"战胜"或"防御"特征得以聚焦而凸显,但"论辩"的其他特征则被遮蔽而隐去,如例(2)和例(3)所示。

(2) He *won* the argument.
(3) I couldn't *defend* that point.

五　余　论

至此,我们简略梳理了隐喻的修辞观、互动观和认知观关于隐喻的主张和观点。从中可以看出,隐喻研究源远流长,异彩纷呈,各有优长。它们对隐喻所持的主张和观点虽然不同,但无严格意义上的对错之分。可以说,隐喻的修辞观关注的是隐喻的表达层面,隐喻的互动观聚焦于隐喻中两个想法之间的相互作用,而隐喻的认知观关注的则是隐喻的认知层面。周世箴(2006:68-70)在为《我们赖以生存的譬喻》所作的《中译导读》中对隐喻的修辞观和认知观做了颇具说服力的说明和解释,特转引如下:

> 其实,认知派的观点与修辞说的观点相较,与其说是水火不容的对错关系或是世代交替的新旧关系,倒不如说是不同角度的互补关系:如果将譬喻性语言①视为一座冰山,那么修辞派注重的是露出水面的表象,有许多不相关联的山头,类别依形而定,所以分类繁细。而认知派注重的则是冰山的水下部分,往往发现水表分立的山头在水下却有共同的基底。但若回到表达层面,还是要借助表层的语言表达式,此即修辞学所关注的层面。所以两者并非全无交集,只是分析语言现象的着眼点不同。

此外,作为一种语言现象,隐喻不仅可以出现在文学语言之中,而且可以出现在日常语言之中,不仅可以用于语言交际,也可以用于非语言交际。作为一种认知工具和思维工具,隐喻在人类活动中无处不在,在人类语言中具有基本相同的运作机制,因此,隐喻具有广泛的普遍性(universality);但是,世界上的各个民族、各种语言,都有各自的民族传统、文化习俗、地理环境和历史背景等方面的特性,所以,隐喻在不同民族、不同文化和不同语言中又呈现出明显的差异性(variation)②。这无疑也是非常值得探究的领域。

参考文献

[1] Aristotle. 2006. *Poetics*. Translated, with introduction and notes by J. Sachs[M]. Newburyport, MA.: Focus Publishing/R. Pullins Company.

[2] Barcelona, A. 2003. Introduction: The cognitive theory of metaphor and metonymy[A]. In A. Barcelona (ed.), *Metaphor and Metonymy at the Crossroads: A Cognitive Perspective*[C]. Berlin & New York: Mouton de Gruyter, 1-28.

[3] Beardsley, M. C. 1962. The metaphorical twist[J]. *Philosophy and Phenomenological Research*, 22,(3): 293-307.

[4] Black, M. 1954-1955. Metaphor[J]. *Proceedings of the Aristotelian Society*, 55: 273-294.

[5] Black, M. 1962. *Models and Metaphors: Studies in Language and Philosophy*[M]. Ithaca,

---

① 周世箴这里所说的"譬喻性语言"可以作狭义理解,仅指"隐喻性语言"(即英文中的 metaphorical language),也可以作广义理解,指包括"隐喻、明喻、略喻、借喻等在内的譬喻性语言"(即英文中的 figurative language)。无论是取狭义理解,还是取广义理解,周世箴这段话所述的基本道理是不变的。

② 关于隐喻的普遍性和差异性,可参阅科韦切什(Kövecses, 2005)的专著《文化中的隐喻:普遍性与差异性》。

New York: Cornell University Press.

[6] Cassin, B. 2014. Saying what one sees, letting see what one says: Aristotle's rhetoric and the rhetoric of the Sophists[A]. In C. Baracchi (ed.), *The Bloomsbury Companion to Aristotle*[C]. London: Bloomsbury Academic, 21–40.

[7] Dirven, R. 1985. Metaphor as a basic means for extending the lexicon[A]. In W. Paprotté & R. Dirven (eds.), *The Ubiquity of Metaphor: Metaphor in Language and Thought* [C]. Amsterdam: John Benjamins Publishing Company, 85–119.

[8] Evans, V. 2019. *Cognitive Linguistics: A Complete Guide* [M]. Edinburgh: Edinburgh University Press Ltd.

[9] Feldman, J. 2006. *From Molecule to Metaphor: A Neural Theory of Language* [M]. Cambridge: MIT Press.

[10] Gentner, D. 1983. Structure-mapping: A theoretical framework for analogy[J]. *Cognitive Science*, 7(2): 155–170.

[11] Hampe, B. 2017. Embodiment and discourse: Dimensions and dynamics of contemporary metaphor theory[A]. In B. Hampe (ed.), *Metaphor: Embodied Cognition and Discourse*[C]. Cambridge: Cambridge University Press, 3–23.

[12] Hawkes, T. 2018. *Metaphor*. Oxford: Routledge.

[13] Johnson, M. 1981. Introduction: Metaphor in the philosophical tradition[A]. In M. Johnson (ed.), *Philosophical Perspectives on Metaphor* [C]. Minneapolis: University of Minnesota Press, 3–47.

[14] Johnson, M. 2017. *Embodied Mind, Meaning, and Reason: How our Bodies Give Rise to Understanding*[M]. Chicago: University of Chicago Press.

[15] Kirby, J. T. 1997. Aristotle on metaphor[J]. *American Journal of Philology*, 118(4): 517–554.

[16] Kövecses, Z. 2002. *Metaphor: A Practical Introduction*[M]. New York: Oxford University Press.

[17] Kövecses, Z. 2005. *Metaphor in Culture: Universality and Variation* [M]. New York: Cambridge University Press.

[18] Kövecses, Z. 2010. *Metaphor: A Practical Introduction (2nd ed.)*[M]. New York: Oxford University Press.

[19] Kövecses, Z. 2015. *Where Metaphors Come From: Reconsidering Context in Metaphor*[M]. Oxford & New York: Oxford University Press.

[20] Kövecses, Z. 2017a. Conceptual metaphor theory[A]. In E. Semino & Z. Demjén (eds.), *The Routledge Handbook of Metaphor and Language* [C]. London & New York: Routledge, 13–27.

[21] Kövecses, Z. 2017b. Levels of metaphor[J]. *Cognitive Linguistics*, 28(2): 321–347.

[22] Kövecses, Z. 2020. *Extended Conceptual Metaphor Theory* [M]. Cambridge: Cambridge

University Press.

[23] Lakoff, G. 1987. *Women, Fire, and Dangerous Things: What Categories Reveal about the Mind*[M]. Chicago: University of Chicago Press.

[24] Lakoff, G. 1993. The contemporary theory of metaphor[A]. In A. Ortony (ed.), *Metaphor and Thought* (2nd ed.)[C]. Cambridge: Cambridge University Press, 202-251.

[25] Lakoff, G. & M. Johnson. 1980a. Conceptual metaphor in everyday language[J]. *Journal of Philosophy*, 77(8): 453-486.

[26] Lakoff, G. & M. Johnson. 1980b. *Metaphors We Live By*[M]. Chicago: University of Chicago Press.

[27] Lakoff, G. & M. Johnson. 2003. *Metaphors We Live By* (2nd ed.)[M]. Chicago: University of Chicago Press.

[28] Lakoff, G. & M. Turner. 1989. *More Than Cool Reason: A Field Guide to Poetic Metaphor*[M]. Chicago: University of Chicago Press.

[29] Lanham, R. A. 1991. *A Handlist of Rhetorical Terms: A Guide for Students of English Literature* (2nd ed.)[M]. Berkeley & Los Angeles, California: University of California Press.

[30] Mikics, D. 2007. *A New Handbook of Literary Terms*[M]. New Haven & London: Yale University Press.

[31] Nöth, W. 1985. Semiotic aspects of metaphor[A]. In W. Paprotté & R. Dirven (eds.), *The Ubiquity of Metaphor: Metaphor in Language and Thought*[C]. Amsterdam: John Benjamins Publishing Company, 1-16.

[32] Ortony, A. 1993. Metaphor, language, and thought[A]. In A. Ortony (eds.), *Metaphor and Thought* (2nd ed.)[C]. Cambridge: Cambridge University Press, 1-16.

[33] Richards, I. A. 1936. *The Philosophy of Rhetoric*[M]. New York: Oxford University Press.

[34] Ritchie, L. D. 2013. *Metaphor*[M]. Cambridge: Cambridge University Press.

[35] Slavin, M. 2018. *Metaphor and Imaginal Psychology: A Hermetic Reflection*[M]. London & New York: Routledge.

[36] Wood, M. S. 2017. Aristotle's Theory of Metaphor Revisited[J]. *Mouseion: Journal of the Classical Association of Canada*, 14(1): 63-90.

[37] 蓝纯,2005.认知语言学与隐喻研究[M].北京:外语教学与研究出版社.

[38] 李福印,2008.认知语言学概论[M].北京:北京大学出版社.

[39] 刘正光,2007.隐喻的认知研究——理论与实践[M].长沙:湖南人民出版社.

[40] 罗念生,1991,导言,载亚理斯多德(编).修辞学[M].罗念生译.北京:生活·读书·新知三联书店出版社,1-18.

[41] 牛宏宝,2013.英美语言哲学隐喻研究及其问题[J].中国人民大学学报,(6):45-54.

[42] 束定芳,1996.试论现代隐喻学的研究目标、方法和任务[J].外国语,(2):9-16.

[43] 束定芳,2000.隐喻学研究[M].上海:上海外语教育出版社.

[44] 文旭,2014.语言的认知基础[M].北京:科学出版社.

［45］文旭、叶狂,2003.概念隐喻的系统性和连贯性[J].外语学刊,(3):1-7.

［46］亚里士多德,1996.诗学[M].陈忠梅译注.北京:商务印书馆.

［47］亚理斯多德,1991.修辞学[M].罗念生译.北京:生活·读书·新知三联书店出版社.

［48］张克定,2018.英语非现实空间位移关系构式的认知机制与限制条件[J].现代外语,(5):596-607.

［49］周世箴,2006.中译导读,雷可夫,詹森编.我们赖以生存的譬喻[M].周世箴,译.中国台北:联经出版事业股份有限公司,15-162.

视觉器官词汇的共词化与语义地图*

西南大学 杨 坤 吴灵蕊**

摘 要:视觉器官是人类最重要的器官之一,汉语方言涉及大量与"眼""目"相关的表达及引申用法。本文以汉语方言为样本语言,借助跨语言共词化数据库(CLICS³)对子图的设想,从隐喻和转喻角度出发分析"眼""目"的多义引申途径,为样本方言绘制语义地图,最后讨论了视觉器官词汇的蕴含共性和语义延伸规律。汉语视觉器官词汇包括三个典型意义,即〈视觉器官〉、〈小洞、窟窿〉和〈主观情感态度〉,都与身体体验有关。汉语视觉器官词汇的语义总是从较为基础的概念向更为抽象的概念延伸。共词化子图的节点能延伸出的连线越多,它代表的概念就越基础,并且与核心概念的联系就越紧密,因此子图的构建有助于梳理语义链,为实词构建更为客观、完善的概念空间。

关键词:视觉器官;眼目;汉语方言;共词化;语义地图

Title: Colexification Analysis and Semantic Map of Visual Organ Vocabulary

Abstract: Eyes are one of the foremost organs of human beings. Chinese dialects have a number of expressions and extended usages related to *yǎn/mù* (eye) that are worth exploring. Taking Chinese dialects as the sample languages, this paper analyzes the polysemy of EYE from the perspective of metaphor and metonymy, and applies Database of Cross-Linguistic Colexifications (CLICS³) to conduct colexification subgraph of EYE in order to draw semantic maps for sample dialects and to clarify multifunctions, implicational universals and semantic extension of EYE.

---

* 本项目得到国家社科基金青年项目(NO. 17CYY001)和教育部人文社科一般项目(NO. 19YJC740005)的资助。

** 作者简介:杨坤,西南大学外国语学院副教授。研究方向:认知语言学、构式语法、句法语义的界面研究、外语教学等。联系方式:yangkunjordan@126.com。吴灵蕊,西南大学外国语学院硕士研究生,研究方向:认知语言学和构式语法。联系方式:wlr0909@163.com。

Three typical experience-related senses, 〈VISUAL ORGAN〉, 〈HOLE〉 and 〈SUBJECTIVE EMOTION AND ATTITUDE〉 of *yǎn/mù* (eye), show that "embodiment" plays a crucial role in human cognitive activities. The semantics of *yǎn/mù* (eye) always extend from the more basic one to the more abstract one. The more connections the nodes of subgraphs can extend, the more basic the concepts they represent and the more closely related to the pivot notion. Subgraph is conducive to sorting out semantic chains and is beneficial to build up more objective and comprehensive conceptual spaces.

Key Words: visual organ; *Yǎn* and *Mù*; Chinese dialect; colexification; semantic map

一 引 言

视觉器官是人类最重要的器官之一。汉语涉及大量与"眼""目"相关的表达及引申用法。近年来随着体验哲学对具身认知研究的不断深入,视觉器官词汇引起了学界越来越多的关注。体验哲学认为,人类对抽象概念(如心智、范畴、概念)的理解是基于身体经验的,它在人类认知活动中发挥着重要作用。以往对汉语视觉器官词汇"眼""目"的研究主要从共时和历时两个层面展开。共时上,主要从隐喻和转喻机制出发分析"眼"的多义性,并进行跨语言比较,如孙红娟(2007)、王茂(2010)、宋来全(2011)等的研究;历时上,侧重考察"眼""目"等视觉器官词汇的历时发展和演替,如方一新(1987)、尹戴忠(2013)等的研究。虽然基于以上视角的研究已取得一定成果,但是对"眼""目"在方言中的特殊语义的关注还不够,因此,对这类词汇语义共性的挖掘有待深入。

François(2008)提出了"共词化(colexification)"的概念,即当某种语言的一个词汇形式能编码两个功能上不同的意义(sense),则可以说这种语言共词化了这两个意义。在弗朗索瓦看来,一个意义能否被纳入语义清单关键在于两个意义是否至少在一种语言中被直接共词化,即如果在某语言 A 中词汇 a 同时具有〈意义 1〉和〈意义 2〉,就可以说词汇 a 直接共词化了〈意义 1〉和〈意义 2〉。间接共词化是指在某语言 B 中,词汇 b 必须引入其派生词、复合词、同源词等才能同时包含〈意义 1〉和〈意义 2〉。采用直接共词化能有效降低语义清单无限延伸的风险。换句话说,如果某种形式能够共词化〈意义 1〉和〈意义 2〉,那么,这种形式的多义性可以体现为〈意义 1〉和〈意义 2〉。隐喻、转喻是词汇语义延伸的重要机制,也是促使共词化发生的重要机制,如果两个意义之间能够发生共词化,那么这两个意义在功能、形态等方面具有一定关联,第二章将对此进行详细说明。

近年来跨语言共词化数据库(Database of Cross-Linguistic Colexifications, CLICS³)的建立为共词化研究提供了新的契机。该数据库以 3156 种语言和方言为样本,对人类语言的多个概念进行了共词化分析,并将其结果通过不同算法进行可视化,为跨语言的共词化分析提供了可行性。

本文采用自下而上的研究模式,首先归纳视觉器官词汇在 43 种以方言为主体的样本语言中的共词化结果,然后采纳 CLICS³ 对子图的构建理念,为汉语视觉器官词汇构建概念空间并绘制相关语义地图,最后概括汉语视觉器官词汇的蕴含共性,并对其语义引申机制做出相应解释。

二 视觉器官词汇的共词化分析

本文采用 François(2008)的共词化分析流程,首先归纳"眼""目"在我国不同方言中的语义清单,并分析相关语义引申机制,然后采纳 CLICS³ 对子图的设想,为汉语视觉器官词汇构建共词化子图,以便进一步构建概念空间。

2.1 样本语言选择及研究对象界定

本文根据《现代汉语词典》《现代汉语方言大词典》对 43 种方言中视觉器官词汇的释义进行分类归纳,同时结合北京大学语料库(以下简称 CCL)进行分析,以确保语料的真实性。

汉语中能够编码"视觉器官"这个概念的形式主要有"目""眼""眼睛",现代汉语较少使用"目"而通常使用"眼睛"(尹戴忠,2013)。本文意图构建"视觉器官"这一概念的概念空间,因此"眼""目""眼睛"等词汇形式皆为语义考察对象。同时,本文将研究对象的词性限定为名词,不考虑作为量词和动词的视觉器官词汇。"眼睛"是对"眼"的通称,指向性明确且不具有多义性。"目"常见于书面语和专业术语,而"眼"具有多义性,比如可以指"小洞、窟窿"等。视觉器官由眼球壁、眼内腔、视路和眼副器组成,"目""眼"和现代汉语常用的"眼睛"皆是对整个眼部组织的称呼,所以文中提到的"目""眼"均指整个视觉器官。

一方面,本文使用的方言样本遍布中国多个地区,北至哈尔滨方言、南至海口方言,充分保证了样本语言的多样性;另一方面,本文考察了地理环境相似的临近区域(如江沪浙地区)的方言,能够进一步发掘视觉器官词汇意义的共性和个性。此外,本文所考察的 43 种方言中,38 个地区使用"眼"表示视觉器官,福州、海口、建瓯、雷州和厦门 5 个南方城市通常使用"目"表示视觉器官。"目"的使用范围较为狭窄,除了用于上述五种方言外,只在普通话、梅县方言、洛阳方言和南宁方言中偶尔见到。

2.2 视觉器官词汇的语义清单

《现代汉语词典》中"眼"有 6 种释义:a) 人和动物的视觉器官,通称眼睛;b) 小洞,窟窿,如泉眼;c) 指事物的关键所在,如节骨眼;d) 围棋用语,由同色棋子围住的一个或两个空交叉点;e) 戏曲的拍子,如一板三眼;f) (量词)用于井、窑洞,如一眼井。《现代汉语词典》中"目"有 9 种释义:a) 眼睛,如有目共睹;b) 网眼,孔;c) 看,如目送;d) 大项中再分的小项,如项目;e) 生物学中把同一纲的生物按照彼此相似的特征分为若干群,每一群为一目,如鸟纲分为雁形目、鸡形目等;f) 目录,如书目;g) 名称,如题目;h) 下围棋时所围的空白交叉点,一点为一目;i) 姓。

François(2008)提出构成概念空间的节点必须是语义"原子",即构成一个词汇多义性的最小单元意义或功能。张定(2017:557)认为:"不能简单地将每一项功能都对应地视为词条下的一个个义项。一个义项常常可能涵盖语义图上的几项功能。"同时本文采纳 Thomas(2014)对"阈值"的设想,语义节点均来源于至少重复出现在两种方言中的语义。François(2008)进一步强调在构建语义地图时需要明确核心概念(Pivot notion)以防止语义地图的无限扩大。据此,本文将视觉器官词汇的语义切分为如下 11 个语义"原子",并采用 François 的标注方法,分别用"{ }"和"〈 〉"区分核心概念和其他概念:{视觉器官}、〈小洞、窟窿〉、〈围棋用语〉、〈关键〉、〈疙瘩、结节〉、〈主观情感态度〉、〈认知能力〉、〈视力〉、〈见识〉、〈条理和层次〉和〈戏曲拍子〉。以上语义"原子"的划分首先参考了《现代汉语词典》中的义项,随后将"眼""目"在方言中的意义和《现代汉语词典》中的义项进行匹配,若匹配失败,则考虑将这个意义定义为新的语义"原子"。在划分语义"原子"时,本文最大程度地寻找各义项的共性以避免添加没有必要的节点。附表 1 为完整的语义清单,下面将对每个语义节点的设立进行解释说明。

本文的研究对象为"视觉器官词汇",因此核心概念为"视觉器官"。眼睛位于面部,其形小、圆,呈凹陷状。普通话中"泉眼""针眼""肚脐眼"等表达,通过隐喻凸显了眼的特征,使得"眼"发展出"小洞、窟窿"这一语义。海口等方言用"目"表示"疙瘩、结节",如"柴目""竹目",这类表达也通过隐喻凸显了视觉器官"形小、圆"的特征。眼睛是人体重要的感知器官之一。在"节骨眼""题眼""诗眼"等词组中,眼部的重要性得到凸显,所以"眼"可以隐喻为"关键"之义。"眼"在某些方言中可用于表示围棋同色棋围住的空交叉点,这与"小洞、窟窿"存在相似性,因此"眼"进一步延伸出"围棋用语"这一语义。在太原、牟平等方言中,"眼"可用于表示"戏曲拍子",因此"戏曲拍子"也应作为单独的节点。眼睛是人们观察事物的重要"窗口",而视觉器官捕获的影像会影响人们的主观情绪、态度以及对事物的评判和打算等。谚语"眼不见,心不烦"也说明视觉器官所接收的影像会影响人的情绪。所以,"眼"与观察者的主观性有关。在本文调查的方言中,几乎所有方言的视觉器官词汇都可以编码"主观情感态度",如广州方言"眼热"指"妒忌别人",绩溪方言"眼红"指"羡慕并嫉妒甚至想据为己有或取而代之"。"眼"还可以表示"认知能力",如哈尔滨方言"眼毒"指"辨认能力强"。通过"物体指代功能"这一转喻,视觉器官词汇还可以编码"视力",如柳州方言"眼睛背"指"视力不好"。普通话"眼界"原指"所见事物的范围","眼"在其中通过转喻指代"所见事物","眼界"进一步隐喻为"见识的广度",相应地"眼"隐喻为"见识"。

2.3 视觉器官词汇的共词化分析

CLICS³是从概念出发构建的数据库,首个CLICS发布时仅有200余种样本语言和1288个概念,经过多次数据扩充和算法优化,目前运行中的第三代CLICS³拥有3156种语言变体和2906个概念。CLICS³收集的语言共词化信息不仅与不同语言变体配对,也与语系配对。在这种配对模式下,跨语系的共词化信息更有可能是来自于特定概念普遍具有的多义性,而不是同一语系由于互相影响或巧合产生的同音异义(Johann,2018)。

根据CLICS³对⟨EYE(眼)⟩这一概念的共词化分析,⟨EYE(眼)⟩与15个概念存在共词化现象,其中⟨EYE(眼),FACE(脸)⟩的共词化频率最高,有38种语言或方言共词化了这两个概念,如图2-1所示。

概念	语言或方言数量
FACE(脸)	38
NAME(名称)	21
SEED(种子)	17
GIVE(给)	6
GRAIN(谷粒、颗粒)	5
FRUIT(水果)	5
I(我)	4
FATHER(父亲)	4
WATER(水)	4
HEAD(头)	4
SEE(看)	4
LOOK(看)	4
SUN(太阳)	4
STAR(星星)	3
SELL(卖)	3

图2-1 概念⟨EYE(眼)⟩的跨语言共词化结果

Johann(2013)提出为跨语言或方言的多义性构建权重网络(Weighted Networks),他通过一定算法把样本语言分为不同社区,大多数大型社区中的概念构成了有意义的概念分组、概念域。Thomas(2014)认为这种网络结构能确保所有概念都按照相似性整齐排列,而相似性由跨语言共词化的数量决定,据此提出通过不同算法为CLICS³中的共词化数据构建信息图(Infomap)和子图(Subgraph)。

信息图是"基于信息论的社团发现算法(Infomap Algorithm)"的结果,这种算法将数据按一定规则划分为不同的社区,社区的中心概念由这套算法所使用的数据等因素决定,图2-2为含有⟨EYE(眼)⟩的信息图,该图以⟨GRAIN(谷粒、颗粒)⟩为中心,其中多数概念和"农作物"这一语义场有关,如⟨OAT(燕麦)⟩、⟨WHEAT(小麦)⟩等,这可能是因为"眼"在形态和尺寸上与"谷粒、颗粒"相似,两者都是"小、圆"的事物,因此在某些语言中能被共词化。例如,在安巴拉语(Embera)中"dau"既能表示"眼睛"的含义,也能表示"谷粒"。由此可以看到,信息图是特定概念语义场结构的体现,同一语义场的概念在功能、形态、用途等方面具有一定相似性。如果两个意义能够发生共词化,那么它们可能是属于同一语义场中的两个概念。

图中的节点(node)代表概念,棱(edge)的两端分别将两个概念联系在一起,如图2-2中的"EYE(眼)—SEED(种子)",指⟨EYE(眼)⟩和⟨SEED(种子)⟩存在共词化现象。棱的粗细代表共词化频率的高低,棱越粗表示两个概念的共词化频率越高,即能共词化这两个概念的语言越多。如图2-2所示,⟨EYE(眼)⟩与以下概念存在共词化关系:⟨NAME(名称)⟩、⟨SEED(种子)⟩、⟨GRAIN(谷粒、颗粒)⟩、⟨FRUIT(水果)⟩。

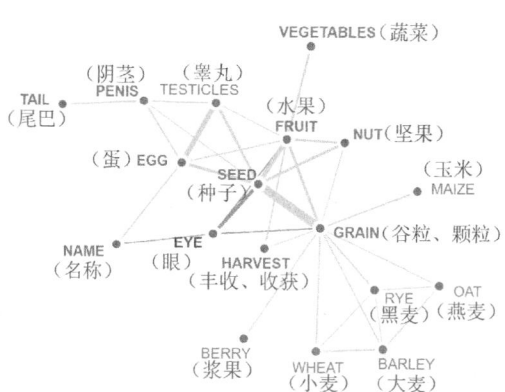

图2-2　GRAIN(谷粒、颗粒)的信息图

Thomas(2014)提出为每个概念提取子图,子图可以标记概念之间最强的联系。子图的构建流程大致如下:1)为给定概念寻找直接邻近点(direct neighbors),直接邻近点的选定需要符合阈值,即共词化两个概念的最低语系数量;2)继续为上一步找出的邻近点寻找属于它的直接邻近点。可见阈值的选取在子图构建中发挥着重要作用,如果阈值过小,所得子图偏大,则难以排除由偶然性导致的同音异义词;反之,如果阈值过

大,所得子图偏小,虽然同样能筛选出现频率最高的共词化结果,但不能实现最佳邻近点的发掘。Johann(2013)通过提高阈值,得到了如图 2-3 所示的结果。

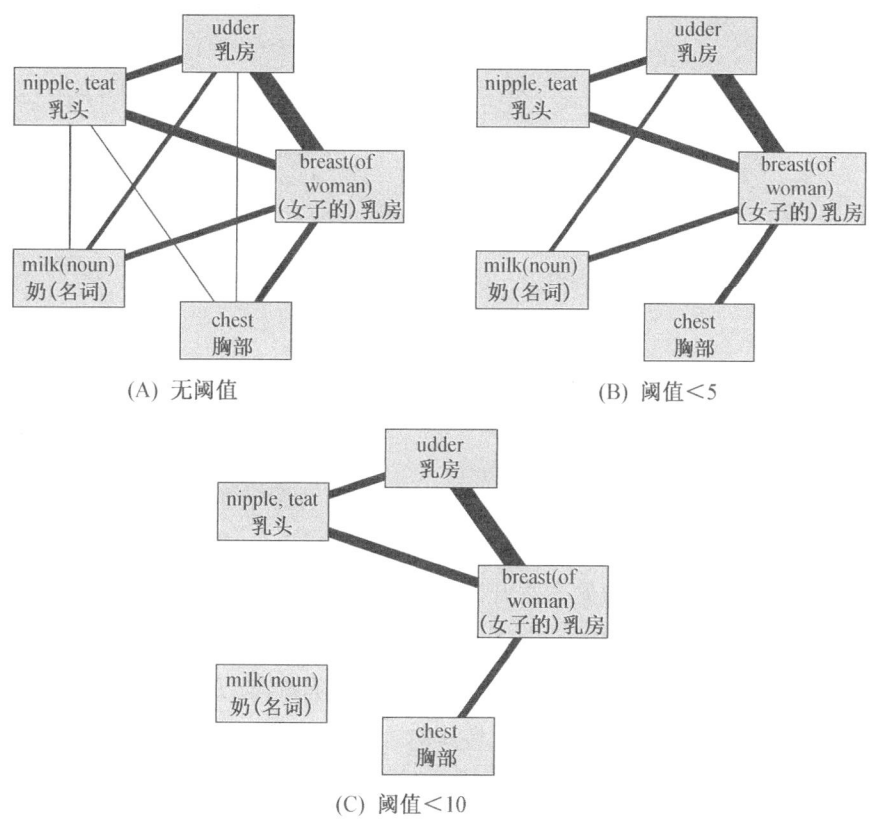

图 2-3 共词化频率的阈值设定

当没有阈值限定时,子图连接的概念最多,当阈值逐步提升,子图连接的概念逐渐变少。本文同意 Thomas(2014)的观点,认为子图的构建过程符合基于使用的模型,它能反映某些共词化概念的发生频率。发生频率越高则共词化结果越可靠,越有可能是基于特定概念的多义现象,而非巧合或同一语系中由不同语言变体间的相似性引发的同音异义。如果某种语言中的共词化模式能够跨(多个)语言或方言使用,则这是多义现象而非同音异义(Johann,2013)。

本文采纳 Thomas(2014)对构建子图的设想,在基于使用的背景下为汉语方言视觉器官词汇绘制共词化子图,如图 2-4 所示(图中的连线仅代表存在这种共词化关系,其粗细和频率无关)。

图 2-4 是阈值为 3 的汉语方言视觉器官词汇子图,也就是说,每个节点所代表的概念都至少在三种方言中出现过,〈关键〉只在两种普通话和牟平方言中出现过,因此被排除了。〈视觉器官〉作为核心概念,由其引发的连线最多,由〈小洞、窟窿〉引发的连线

21

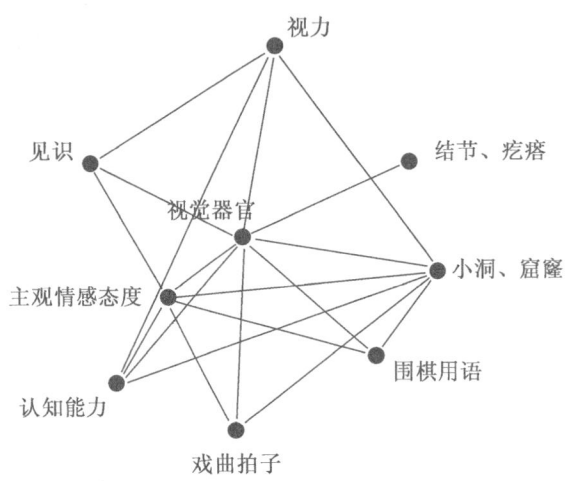

图 2-4 汉语视觉器官词汇的共词化子图

仅次于核心概念〈视觉器官〉,由〈主观情感态度〉引发的连线数量居于第三位。本文认为连线代表一种语义延伸路径,由某个节点引发的连线越多,则这个节点所代表的概念更为基础,与核心概念之间的关系就更为紧密。在梳理语义链时,可以优先考虑将更为基础的概念置于语义链的前端。

我们将 CLICS[3] 提供的概念〈EYE(眼)〉的子图进行简化,并和图 2-4 进行对比,如图 2-5 所示。汉语方言视觉器官词汇和其他语言视觉器官词汇所共词化的概念存在较大的差异,但差异中也存在共性。无论何种语言,隐喻和转喻都是触发语义延伸的重要机制。例如,不同语言使用者都关注到视觉器官具有"小、圆"这一形态特征,但不同语言的母语使用者借用这一特征所产出的语言结果各有不同,如普通话中的"眼"有"小洞、窟窿"这一隐喻意义,而安巴拉语(Embera)中的视觉器官词汇"dau"有"谷粒"的意思。转喻机制在语义延伸过程中同样发挥重要作用。比如,广州、海口等汉语方言中的视觉器官词汇通过"物体指代功能"这一转喻发展出"视力"这一语义,缅甸语中视觉器官词汇"yır"通过"部分指代整体"这一转喻延伸出"脸"的意思。

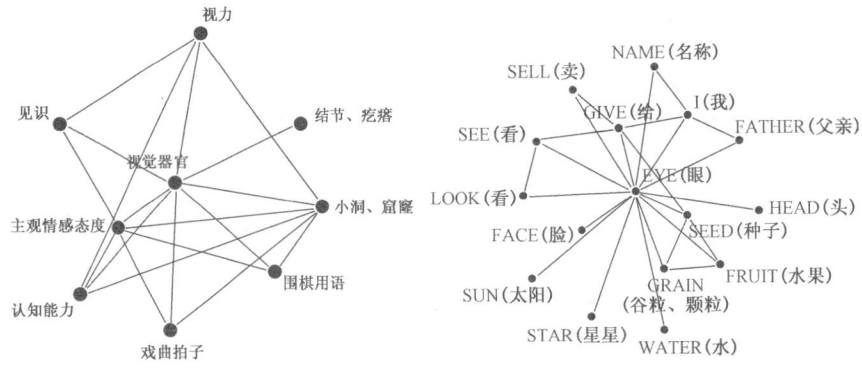

图 2-5 汉语视觉器官词汇共词化子图和 CLICS[3] 数据库中 EYE(眼)的子图对比

三 语义地图及蕴含共性解释

"语言变异的可能性是有限的,语义地图模型其实就是对语言变异有限性的归纳和总结"(郭锐,2013:127)。视觉器官词汇在不同方言/语言中的意义有所差异,借助语义地图模型我们可以更直观地发掘视觉器官词汇多功能性的共性和个性。本章将依据语义地图连续性假说(Croft,2001)、概念的本体属性(ontological properties)和经验数据(empirical data)梳理视觉器官词汇的语义链,并构建概念空间。"语义地图连续性假设要求任何与特定语言及/或特定构式相关的范畴必须映射到概念空间内的毗邻区域(connected region)"(Croft,2003:134;吴福祥,2011:30)。本体属性是普遍存在于人类大脑中的属性,它不会随环境因素(如文化)的变化而发生改变(François,2008)。通过对视觉器官词汇共词化结果和语义历时演变的考察,同时结合实际语料数据,本文发现视觉器官词汇的概念空间所涉及的蕴含共性主要发生在〈小洞、窟窿〉、〈主观情感态度〉、〈视力〉三个节点处。以下逐次进行分析。

通过对视觉器官词汇的语义进行详细分析发现,部分节点之间存在较为明显的语义延伸关系。视觉器官和小洞、窟窿、结节存在形态相似性,由此引发"视觉器官—结节、疙瘩"和"视觉器官—小洞、窟窿"两条线。在隐喻的驱动下,"小洞、窟窿"延伸出"围棋用语"和"关键"两个语义。结合贵阳方言、海口方言和杭州方言可以发现,能够用"眼"编码"围棋用语"的方言,都能用"眼"编码"小洞、窟窿";结合普通话和牟平方言可以发现,能够用"眼"表达"关键"的方言,都能用"眼"表达"小洞、窟窿"。由此,我们得到以下两条语义链:

(i) 〈视觉器官〉—〈小洞、窟窿〉—〈围棋用语〉
(ii) 〈视觉器官〉—〈小洞、窟窿〉—〈关键〉

在43种样本方言中,有36种方言中的视觉器官词汇可以传达"主观情感态度","眼""目"的语义延伸受到主观性的影响。相对于主观情绪,认知能力是更为复杂的大脑活动,因此在逻辑上,"认知能力"应处于较为基础的"主观情感态度"之后。同时,通过对样本方言的调查分析证实,凡是能传达"认知能力"的视觉器官词汇,都能传达"主观情感态度",由此我们得到第三条语义链:

(iii) 〈视觉器官〉—〈主观情感态度〉—〈认知能力〉

视觉是视觉器官的固有属性,视力是评判视觉器官好坏的标准,汉语方言通常用"视觉器官"指代"视力"。所见事物的多少会影响个人的知识储备和品行素养,结合语义清单发现,汉语方言中能够编码"见识"的视觉器官词汇,都能编码"视力",由此可以确定第四条语义链:

(ⅳ)〈视觉器官〉—〈视力〉—〈见识〉

〈戏曲拍子〉是"眼"常见的义项之一。"眼"作"戏曲拍子"的用法始于明代,而清代才有了"条理和层次"的用法。相关例句如下:

(1) 小优儿又拿碧玉洞箫,吹得悠悠咽咽,和着板眼,唱一套《沽美酒》。(明《金瓶梅》)

(2) 在下本名牛玉璜,皆因说话行事,没有板眼,所以人送外号牛腿炮。(清《施公案》)

结合附表1对蕴含关系的跨语言比较发现,普通话和牟平方言中"眼"间接共词化了〈戏曲拍子〉和〈条理和层次〉。也就是说,仅当"眼"出现在"板眼""一板一眼""有板有眼"这类搭配中,且在一定情境中,"眼"才具有"条理和层次"的意思。因此在共时层面上存在如下语义链:

(ⅴ)〈视觉器官〉—〈戏曲拍子〉—〈条理和层次〉

通过以上分析,我们可以概括出视觉器官词汇的概念空间(虚线代表间接共词化结果),如图3-1所示。

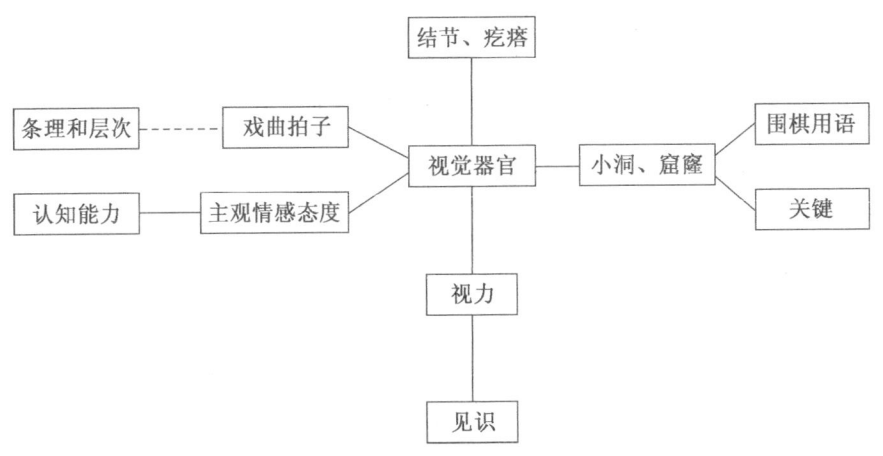

图3-1 视觉器官词汇的概念空间

为验证上述概念空间的普遍性,本文将43种方言中的视觉器官词汇分别制成语义地图,但因空间有限,只能呈现部分内容。杭州和广州是南方城市,牟平和哈尔滨属于北方,丹阳位于中国南北方交界处,上述五个城市在地域、风俗文化上具有代表性,本文为这五种典型方言和普通话绘制了语义地图,如图3-2所示。通过将各地方言的语义地图进行叠加,可以发现各方言的语义地图在〈视觉器官〉、〈小洞、窟窿〉和〈主观情感态度〉这三个节点处的重叠率较高,因此它们可以被视作视觉器官词汇语义范畴的典型意义,这与汉语视觉器官词汇共词化子图所展示的结果一致。

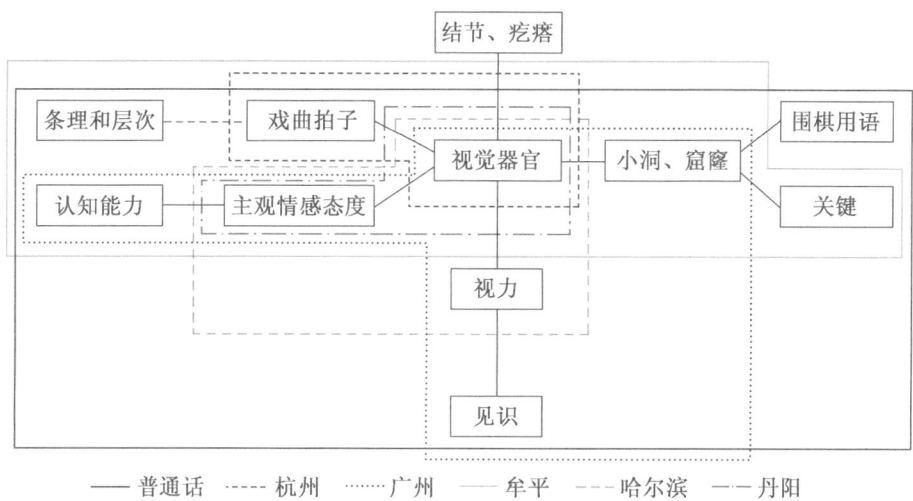

—— 普通话　---- 杭州　…… 广州　—— 牟平　--- 哈尔滨　—— 丹阳

图 3-2　典型方言视觉器官词汇的语义地图模型

图 3-3 为使用"目"表达"视觉器官"的方言构建的语义地图。相比于其他用"眼"编码"视觉器官"的方言,这五种方言只覆盖了少量节点,且主要集中在〈视觉器官〉、〈主观情感态度〉和〈结节、疙瘩〉三处。"目"逐渐被"眼""眼睛"等词替代。究其根本,不但因为"眼"具有多义性,还因为只有少数地区使用"目"表达视觉器官,导致其使用频率降低,因此逐渐被其他词汇所代替。

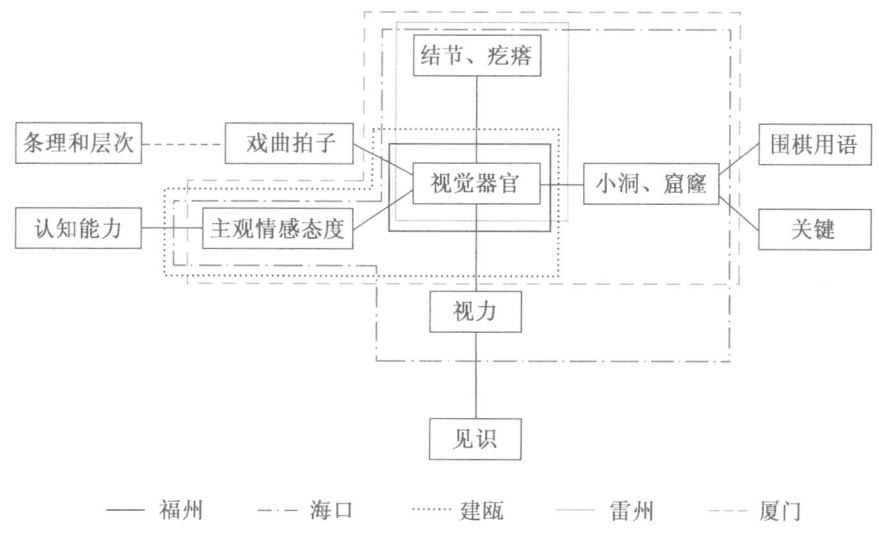

—— 福州　--- 海口　…… 建瓯　—— 雷州　--- 厦门

图 3-3　部分方言视觉器官词汇语义地图模型

经考察,本文所列的 43 种方言中视觉器官词汇的意义皆占据邻接区域,所以本文构建的视觉器官词汇概念空间具有一定程度的普遍性。具体而言,视觉器官词汇的语义涉及以下 5 种蕴含关系：
  i) 视觉器官 ＞ 小洞、窟窿 ＞ 围棋用语
  ii) 视觉器官 ＞ 小洞、窟窿 ＞ 关键
  iii) 视觉器官 ＞ 戏曲拍子 ＞ 条理和层次
  iv) 视觉器官 ＞ 主观情感态度 ＞ 认知能力
  v) 视觉器官 ＞ 视力 ＞ 见识

由以上可见，如果某种方言中的视觉器官词汇能表达〈围棋用语〉或〈关键〉的含义，则一定能表达〈小洞、窟窿〉的含义；如果能表达〈条理和层次〉的含义，则一定能表达〈戏曲拍子〉的含义；如果能表达〈认知能力〉的含义，则一定能表达〈主观情感态度〉的含义；如果能表达〈见识〉的含义，则一定能表达〈视力〉的含义。根据这 5 种蕴含关系可以看出，视觉器官词汇的语义都是从较为具体的意义向较为抽象的意义发展。本文把视觉器官词汇的语义地图按照各节点进行分类后，发现其语义投射范围主要有：
  a) 人域：{视觉器官}、〈主观情感态度〉、〈认知能力〉、〈视力〉、〈见识〉
  b) 物域：〈小洞、窟窿〉、〈围棋用语〉、〈结节、疙瘩〉、〈戏曲拍子〉
  c) 性质域：〈关键〉、〈条理和层次〉

视觉器官词汇的语义皆从属于人域的{视觉器官}出发，向物域和性质域进行引申。身体是最基本的存在，大脑理解抽象事物时会借助客观存在的事物和既有知识，因此我们对抽象事物如主观情绪态度、思维能力、概念等的理解必然会借助更为基础的身体概念。核心概念{视觉器官}属于人域，〈主观情感态度〉、〈认知能力〉、〈见识〉虽然也属于和人相关的概念，但相比客观存在的器官，这三者涉及人的情绪、心智等更为抽象的概念，因此他们是从{视觉器官}分别延伸出的语义。〈小洞、窟窿〉和〈结节、疙瘩〉分别通过概念隐喻得以延伸。相对于同一概念域的〈小洞、窟窿〉，〈围棋用语〉这一概念的理解需要借用"小洞、窟窿"的形态特征，因此属于更为抽象的物域概念。〈关键〉与事物的性质有关，由〈小洞、窟窿〉延伸而来。〈戏曲拍子〉属于音乐节拍，本文也将其划分至物域。〈条理和层次〉属于视觉器官词汇的间接共词化结果，形容事情井井有条，是由〈戏曲拍子〉延伸而来。从概念域角度来看，〈戏曲拍子〉属于物域，而〈条理和层次〉属于性质域，也可推出"视觉器官 ＞ 戏曲拍子 ＞ 条理和层次"这一蕴含关系。这与前文从跨语言比较和历时角度分析得出的蕴含关系相同，同时进一步印证了吴福祥（2014）的观点，即历时概念空间的构建受惠于语义演变，在构建词汇概念空间时，各节点的排列可以参考语义演变规律。由此，本文认为视觉器官词汇的语义延伸路径符合 Heine 等（1991：55）提出的语义演变的概念隐喻等级，即"人 ＞ 物 ＞ 过程 ＞ 空间 ＞ 时间 ＞ 性质"。

四 总 结

  视觉器官是人类观察外部世界的工具,人类对某些抽象概念的理解需要借助和视觉器官相关的具身经验。视觉器官词汇作为日常交际的常用表达,其语义在长期的高频使用中通过隐喻和转喻等方式得以延伸。首先,我们对大量的跨方言语料进行分类整理,归纳了包括〈视觉器官〉、〈小洞、窟窿〉和〈主观情感态度〉在内的 11 个语义"原子"。随后,在分析 CLICS³ 数据库中〈EYE(眼)〉的跨语言共词化结果时,我们发现在不同语言/语系中,隐喻和转喻都是多义性形成的重要机制,如有的语言中存在〈EYE(眼),GRAIN(谷粒、颗粒)〉〈EYE(眼),SEED(种子)〉等共词化关系,是因为谷粒、种子等具有和"眼"相似的形态特征。基于 CLICS³ 对子图的构建设想,我们对大量的跨方言语料进行分类整理,构建了汉语视觉器官词汇共词化子图,发现在相同机制下,不同环境因素会导致不同的语义延伸结果。比如,虽然都是基于形态相似性的概念隐喻,安巴拉语的视觉器官词汇延伸出"谷粒"这一语义,而普通话的视觉器官词汇延伸出的是"小洞、窟窿"。同时,我们认为共词化子图的节点能延伸出的连线越多,则其代表的概念更基础,和核心概念的联系就更紧密,共词化子图的构建有助于梳理语义链。基于汉语视觉器官词汇共词化子图、本体属性和经验数据,本文梳理出"视觉器官 > 小洞、窟窿 > 围棋用语"等 5 种蕴含关系,发现〈视觉器官〉、〈小洞、窟窿〉和〈主观情感态度〉这三种和身体经验有关的概念是视觉器官词汇语义范畴中的典型概念,视觉器官词汇的语义总是从较为基础的概念向较为抽象的概念进行延伸,符合 Heine 等(1991:55)提出的语义演变概念隐喻等级。最后,需要提出的是,本文构建的视觉器官词汇概念空间仅以汉语方言为样本,在汉语中具有普遍性。从 CLICS³ 的数据可以看出,其他语言中的视觉器官词汇具有不同于汉语的共词化结果,多种语言的加入有助于完善视觉器官词汇的概念空间。

参考文献

[1] Croft, W. 2001. *Radical Construction Grammar*[M]. Oxford: Oxford University Press.

[2] Croft, W. 2003. *Typology and Universals (2nd edition)*[M]. Cambridge: Cambridge University Press.

[3] François, A. 2008. Semantic maps and the typology of colexification[A]. In M. Vanhove (eds.), *From Polysemy to Semantic Change: Towards a Typology of Lexical Semantic Associations*[C]. Amsterdam and Philadelphia: John Benjamins Publishing Company, 163 – 215.

[4] Heine, B., U. Claudi & F. Hünnemeyer. 1991. *Grammaticalization: A Conceptual Framework* [M]. Chicago: University of Chicago Press.

[5] Johann, M. L. & T. Anselm. 2013. Data from: using network approaches to enhance the analysis of cross-linguistic polysemies[J]. *Studies in Health Technology & Informatics*, 68: 428-431.

[6] Johann, M. L. & G. Simon. 2018. CLICS2: An improved database of cross-linguistic colexifications: Assembling lexical data with the help of cross-linguistic data formats[J]. *Linguistic Typology*, 22: 1-22.

[7] Thomas, M. & M. L. Johann. 2014. Visualization as added value in the development, use and evaluation of Linguistic Resources. Retrieved from Jul. 27, 2021, from *http://www.lrec-conf.org/pmayerroceedings/lrec2014/workshops.html*.

[8] 方一新,1987."眼"当"目"讲始于唐代吗?[J].语文研究,(3):52-53.

[9] 郭锐,2013.概念空间和语义地图:语言变异和演变的限制和路径[J].对外汉语研究,(8):96-130.

[10] 宋来全,杨忠,2011.Eye 与"眼/目"多义现象的认知对比分析[J].当代外语研究,(6):13-17.

[11] 孙红娟,赵宏勃,2007.汉韩"眼"的隐喻对比研究[J].语言文字应用,(1):166-170.

[12] 王茂,项成东,2010.汉语"眼、目"的转喻与隐喻[J].外国语言文学,(3):153-170.

[13] 吴福祥,2011.多功能语素与语义图模型[J].语言研究,(1):25-42.

[14] 吴福祥,2014.语义图与语法化[J].世界汉语教学,(1):3-17.

[15] 尹戴忠,2013."目"、"眼"、"眼睛"历时演变研究[J].古汉语研究,(2):49-54.

[16] 张定,2017."穿戴"动词语义图[J].当代语言学,(4):546-560.

附表1 视觉器官词汇的语义清单("+"表示视觉器官词汇在该方言有此义项,空白则表示没有)

方言种类	视觉器官	小洞、窟窿	关键	围棋用语	戏曲拍子	条理和层次	疙瘩、结节	视力	见识	主观情感态度	认知能力
普通话(眼/目)	+	+	+	+	+	[+]		+	+	+	+
成都(眼)	+	[+]								+	
崇明(眼)	+	+									
丹阳(眼)	+									+	
东莞(眼)	+									+	
福州(目)	+										
广州(眼)	+	+						+	+	+	+
贵阳(眼)	+	+		+						+	
哈尔滨(眼)	+							+		+	
海口(目)	+	+					+	+		+	

(续表)

方言种类	视觉器官	小洞、窟窿	关键	围棋用语	戏曲拍子	条理和层次	疙瘩、结节	视力	见识	主观情感态度	认知能力
杭州(眼)	+				+						
济南(眼)	+	+		+						+	
绩溪(眼)	+									+	
建瓯(目)	+									+	
金华(眼)	+									+	
雷州(目)	+						+				
黎川(眼)	+							+		+	
柳州(眼)	+							+		+	
娄底(眼)	+	+								+	
洛阳(眼)	+									+	
梅县(眼)	+							+	+	+	+
牟平(眼)	+	+	+		+	[+]				+	+
南昌(眼)	+									+	
南京(眼)	+									+	
南宁(眼)	+	+								+	
宁波(眼)	+							+		+	+
萍乡(眼)	+	+								+	
厦门(目)	+	+					+			+	
上海(眼)	+									+	
苏州(眼)	+									+	
太原(眼)	+				+					+	
万荣(眼)	+									+	+
温州(眼)	+										
乌鲁木齐(眼)	+	+		+	+					+	
武汉(眼)	+	+								+	
西安(眼)	+							+		+	
西宁(眼)	+										
忻州(眼)	+									+	
徐州(眼)	+										+
扬州(眼)	+	+								+	+
银川(眼)	+							+		+	+
于都(眼)	+									+	
长沙(眼)	+										

国内外条件句研究现状及展望*

山东师范大学　张　媛**

摘　要：条件句是条件-结果关系的语言表征，反映了人类基本逻辑推理能力。国内外语言学领域对条件句的研究主要聚焦于概念和范畴、使用、动因和机制三个方面，并呈现出语言与思维并行、共时辅以历时证据、单一现象过渡到现象间联系的发展趋势。此外，实证研究虽然融合于以上各方面，但为了呈现其变化趋势及论证焦点的转变，本研究对其单独梳理。研究现状表明，条件句研究在以下六个方面可进一步推进和探索：语言表象异同所反映的思维本质异同、次类之间的关系、构成成分的微观层面分析、动因和机制的再深入、构式化研究、教学中的应用研究。

关键词：条件句研究；现状；展望

Title: Review and Prospects of Conditional Sentences Studies Home and Abroad

Abstract: Conditional sentences are the linguistic representation of antecedent-consequent relationship. They reflect human basic ability of logical reasoning. Linguistic studies of conditional sentences home and abroad are centered on three aspects: 1) concept and category; 2) usages; 3) motivation and mechanism. The following trends can be detected: language phenomena and thought in parallel, the theoretical supported by the empirical, the synchronic evidenced by the diachronic, and from single phenomenon to interconnections of phenomena. Besides, empirical studies are integrated into the above aspects, but they are combed specifically in order to present the changes in empirical methods and research focuses. Previous studies

---

* 本研究是国家社科基金重大项目——"一带一路"沿线国家语言资源数据库建设及汉外对比研究（19ZDA319）的部分成果。

** **作者简介**：张媛，山东师范大学教授，博士生导师。研究方向：认知语言学、语言对比、语言教学等。电子邮箱：cassie0848@sina.com。

suggest that research on conditional sentences can be further advanced and explored in six aspects: similarities and differences of thinking traits underlying language phenomena, the internal relationship of sub-categories of conditional sentences, analysis at the micro level of construction components, deepening exploration of motivation and mechanism, constructionalization and language teaching.

Key Words: research on conditional sentences; review; prospects

一 引 言

条件-结果关系,是哲学、逻辑学、语言学、心理学等领域的重要研究对象,跨学科证据互鉴态势正在形成。条件句是条件-结果关系的语言表征,其研究不仅可以贡献于语言学理论发展和语言本体探索,还可以为语言教学提供理论依据和应用思路。本文拟对国内外条件句的语言学研究进行梳理,呈现条件句研究的基本状貌,探索可进一步推进的空间。已有研究成果可归纳为三方面:1)概念和范畴研究;2)使用研究;3)动因和机制研究。下文分别详述。

二 概念和范畴研究

条件句的基本结构是"若(如果)A 则(那么)B"(英语"if A then B"),A 为前件(protasis / antecedent),B 为后件(apodosis / consequent)(李小五,2003),是"以条件为根据推断某种结果"的语言表征(邢福义,2001/2014:41)。

吕叔湘(2002)对"条件"的观察和分析颇具洞察力,传统研究对"条件"的概念解释基本在此框架内(如胡裕树,1995;黄伯荣、廖旭东,2002;王力,1943,1985;王维贤等,1994;张斌,2004):"条件"包括 1)可能实现的事情(如"你要见到他,给我传个信");2)和已知事情相反的事情(如"要是我认识他,我何必还来求你介绍");3)必不可少的前提(如"你请我坐车,我才去")。以上不同类"条件"对应不同类条件句:第一类为一般条件句,或称假设性条件句,或称非事实条件句,"往往被认为是最核心、最典型的条件句"(王春辉,2010a:61);第二类为虚拟条件句,或称违实/反事实条件句,这类条件句在国内外哲学、逻辑学、语言学等领域研究丰富(参见余小强,2017);第三类为前提条件句,是逻辑学领域的研究重点。已有研究往往关注某一类条件句次类,而忽视其间联系,但在"条件"概念统摄下,各次类并非彼此孤立,而是应该具有家族相似性,并围绕一定原型特征形成条件句范畴,当然其原型成员的具体特征尚需数据和质性分析才能确定,这也是下一步对条件句范畴研究的重心之一。

从条件句范畴外部来看,其与时间、因果、让步等从句的概念之间存在交叉,范畴边界模糊(Comrie,1986;Harris,1986;Quirk et al.,1985;邓云华等,2020;黎锦熙,1924/2007;邢福义,2001,2014;徐李洁,2005)。例如,条件句与时间在某些语言中有明确区分的表达,但在某些语言中可由同一结构表达,两者差异可被中和(Givón,2001;Ramsay,1987;Thompson et al.,2007)。德语中的时间概念就提供了条件连词的词汇源头:wenn相当于英语的if和when(Haiman,1986);英语中when时间从句在很多语境下都可以表示if的意义,if所编码的条件句中,时间顺序被同时编码(吴炳章,2005);汉语同样存在时间与条件范畴交叠现象(Akatsuka,1986;Visconti,2003;江蓝生,2002;吴福祥,2007),两件事情同时或先后发生,如果是非偶然的,那么往往含有条件关系,如"一开口,人就笑""饥则必食"(吕叔湘,2002:410)。但是,关于条件和时间的关系,鲜有研究尝试从条件句起源上解答两者缘何交叠的问题,前者属于复杂的逻辑思维,后者则是最为基本的认知对象,条件句在起源上是否是用于编码时间关系? 条件句的演变是否是对时间关系认知的复杂化的体现? 这些问题有待论证。

此外,条件句和让步句也存在概念交叉,其有力证据之一是让步条件句的存在(Bennett,1982;König,1986;Van der Auwera,1986)。条件句与因果句都属于"因果类复句"下的二级复句类(邢福义,2001/2014),因果句表明的是最典型、严格意义上的因果关系,而条件句则以虚拟性原因为推断前提,"有时两者很难区分"(胡怀亮,2020:52-56),如"If he lived in Japan that long, his Japanese must be very good"一句,既可以解释为因果关系,也可以解释为条件关系。

可见,无论是条件句范畴内部,还是条件句范畴外部,并不适合进行严格界限划分,模糊范畴论视角更适合其范畴界定。

三 使用研究

条件句的使用主要是指句法、语义和功能等,可从五个侧面梳理:语义特征、语法项与条件句的适应性、形式特征、话语功能和历时演变。

3.1 语义特征

多数条件句都具有假设性基本语义特征,时态和连词是区分假设性等级的手段(Comrie,1986;Wierzbicka,1996;王春辉,2010a)。时间序列象似性、非断言性、前提和结果的致使性、对比语义,以及语义双焦点特征都是相关语义研究的出发点(Dancygier,1998;Fillmore,1986,1990;Sweetser,1990;胡秀梅 2013;王春辉,2012)。研究最为丰富的语义特征是"(反)事实"语义。国外具有语言学意义的违实/反事实概念最早由 Goodman(1947)提出,指想象的没有发生或不可能发生的事情(Givón,2001;Kratzer,1981;李晋霞,2010;石飞,2019;邢福义,2001/2014;章敏,2016)。张莹、陈振宇(2020)对"事实"相关术语的解释较为清晰,可总结为三点:1) 说话者在虚构世界中提出某一事物,但不确定其在直陈世界中是否存在,称为"非事实"(non-factual);2) 当说话者表明某事物在虚拟世界中存在,但在直陈世界中一定为假时,称为"反事实"(counterfactual),相反,当说话者表明某事物在直陈世界中一定为真时,称为"事实";3) 一般的条件小句不能表示事实,只能是非事实或反事实,因为使用"条件"就说明并不肯定为真。关于最后一点,学界存在不同看法,有研究肯定了事实条件句的存在(如王芳,2014;张雪平,2014),Taylor(1997)也将事实条件句纳入分类系统。总之,条件句语义特征因条件句类别变化而存在诸多侧面,如果从条件句原型范畴的视角来考察语义特征之间的内在联系,可以建立起概念语义的连续统,从而形成解释语义及其动因的统一框架。目前学界尚未有这方面的尝试。

3.2 语法项与条件句的适应性

时态、体、语气、情态、极性等语法项需与条件句相兼容,条件句的句法表现需与其假设、非真实的语义特征相适应(Palmer,2001;王春辉,2011)。这一特征成为条件句分类的根据,如 Greenberg(1986)在 Goodwin(1889)对古希腊语条件句分类基础上,分析了动词情态与条件关系词及动词时体互动情况,在"现实-非现实"(特定事实、一般事实、反事实)和时间(过去、现在、将来)维度上划分了九类条件句,是一项较为系统的研究。

条件句的探讨经常与虚拟语气联系在一起,因为一般的印欧语违实句有时制后移(backshift)和虚假体态(fake aspect)两种特征(Quirk et al.,1985;陈国华,1988 等)。汉语中时间与假设条件句的关系不如印欧语那么明显,但依然有所体现,如雍茜(2014)通过对汉语中三种不同类型违实条件句的分析,总结出汉语属于过去时违实语言,只是过去时很难语法化为违实标记。但实际上,虚拟语气并非判断违实条件句的标准,时制条件也并非违实句的语法标记(蒋严,2000;袁毓林,2015),因为很多语言事实表明,许多与事实相反的条件句不使用虚拟语气,或者使用虚拟语气的条件句并非真正与事实相反(参见 Comrie,1986;余小强,2017)。

实际上,时、体、情态等语法项之间具有内在联系,任何一个语法项与"条件"之间的关系并非可以孤立讨论,其与"条件"之间形成的内在系统性,各关系之间相互允准或制约的条件或因素等,还需要深入描述和不同理论视角下的解释,以此反观条件-结果思维的语言表征的理据问题。

3.3 形式特征——标记词、语序选择及小句间紧密度

状语从句和主句之间的语义关系可以由三类形式策略来实现：专用状语连词、动词派生形式、时体语气标记词(Hetterle，2015)。英语中除了使用连词 if、unless、in case、on condition(that)、supposing 等之外，还可以采用倒置方式表达条件关系，如 had 的倒装结构。汉语可以不使用标记词，仅靠语境来体现关系，而使用标记词则对关系有显示、选示、转化和强化等不同作用(邢福义，2001/2014)，如用在条件小句中的"假如""假使""如果""若是""要(是)"等，用在后果小句里的标记词"就""便""则"等(太田辰夫，1958/2003；吕叔湘，2002)。标记词的另一意义是区分假设复句和条件复句(蒋冀骋、吴福祥，1997；太田辰夫，1958/2003；向熹，2010)，前者有"若""苟""倘使""如果"等引导，后者以"只有""只要""不管""除非"等引导(徐式婧，2017)。条件小句的标记词甚至可以按照假设可能性大小形成序列(Chao，1968)，虽然有学者对此存在质疑，但该观点说明不同标记词的使用与条件句假设语义之间存在内在关系。结果小句的连接词同样有其特定语义特征，如"那、那么"的语义特征可以概括为：接续性、因果性、推理性、主观性，有其使用优势及制约因素(王春辉，2015)。更重要的是，标记词发展与句法结构发展之间存在互动关系(徐式婧，2021)，这是一个正处于萌芽状态却极具研究价值的方向。总之，抓住显性标记，才有利于对条件句语义作出合理判断并厘清其历时发展过程。

语序类型和变化所涉及的研究包括类型学视角、认知动因、文体分布、历时演变和修辞效果等方面(Chafe，1984；Diessel，2001；Greenberg，1966；黎洪，2012；祁艳红，2013；王春辉，2010b；徐式婧，2017)。虽然很多语言中同时存在条件-结果和结果-条件两种语序，但在几乎所有语言中条件句的正常语序是条件-结果(Greenberg，1966)，这一语序强势性并非只是数据上的问题，而确实是反映了相应语言的特殊性(Comrie，1986)。汉语中，不管两小句是否有标记，条件一般位于结果之前，Wang(1995)和 Yeh(2000)对汉语口语语料的统计支持该结论，当然汉语中也存在条件后置的情况(王春辉，2010b)。语序选择是句法、语义和语用共同作用的结果，如句法结构的强制性、句法标记的隐现和互动、事理/认知/心理三种语义层级关系、语体的正式性等(刘春光、昔秀颖，2020)。语序变化可以达到"追补""强调""篇章衔接""欧化"等方面的表达效果(刘春光，2018)。

此外，条件小句和结果小句的紧密程度存在差异，事件条件小句贡献于主句中的事件，与主句紧密度高；而前提条件小句则建构起篇章，为与其关联的主句提供优先语境，与主句紧密度相对偏低(Haegeman，2003)。从不同复句类型来看，条件复句的小句融合紧密度低于让步复句，但是高于因果复句，与其完成演变的时间等历时因素有关(徐

式婧，2020）。近来，有研究者开始关注从属句（subordination）向非从属句（insubordination）的发展路径问题（Evans，2007；Kaltenbock，2016；Lastres-Lopez，2020；Mithun，2008），也属于小句间紧密度提高的表现，尤其是 if 句式的形式、语义和功能的演变，表现出了多功能性，如"If he could speak to Gill"。

就上述形式表现来说，语序选择方面的研究则相对来说比较成熟和全面，应该与语序的显性程度有关，但标记词和小句紧密度的研究大都倾向于语言现象描写和规律提取，对使用动因或句式紧缩动因等尚需展开探讨。

3.4 话语功能

条件句的话语功能研究主要基于事理域、认识域、言语行为域的三分法（Dancygier & Sweetser，2000；Sweetser，1990；沈家煊，2003），后续诸多相关研究都是以此为基础，如徐李洁（2005）分析了 if 条件句的句法、语义和语用的关系，论证了三域之间从具体、客观到抽象、主观，从直接、因果到间接、非因果之间的紧密联系；姚双云（2012）探讨了汉语条件句的会话功能，除表达立场这一核心功能外，还存在评价、劝进和话语终结功能。此外，条件小句是否是话题这一形式与功能的界面问题也受到关注，学界对此基本持肯定态度（Chao，1968；Haiman，1978；Jacobsen，1992；王春辉，2012；徐烈炯、刘丹青，2007）。还需要特别指出的是，仅事实条件句的话语功能研究成果比较突出，蒋严（2000）、袁毓林（2015）等在 Roese（1994）皆发现英语违实句往往用于客观推理，而汉语违实句则倾向于情绪表达。该发现不仅对于违实句理论研究有重要意义，而且为语言教学提供了思路和依据。

3.5 历时演变

系统的历时演变研究成果相对较少。Links（2009）追踪了英语中以条件小句开头的条件句的历时用法，并讨论了以动词开头的倒装条件句的限制条件，该研究反映出英语条件构式在语源上的并列关系。徐式婧（2017）在构式化理论指导下，提出汉语条件句的历时演变模式"并列构式＞次级并列构式＞主从构式"，并进一步发现关联词与句法结构随历时而互动发展（徐式婧，2021）。该研究思路新颖、论证合理，但侧重构式方面的形式证据，而概念语义在演变中的适应性调节因素没有得到足够的重视。

四 动因和机制研究

已有关于动因和机制的研究聚焦于反事实条件句的意义、条件句从句和主句的语序、从句和主句的关系本质、构式演变等内容，理论视角包括概念整合、主观化、图形-背景、入场、构式语法等,研究成果比较突出。例如,仅事实条件句反映了语言的虚拟特征,涉及人的认识、情感和视角,体现了主观性,是普通假设句的主观化表现(Langacker,2006;沈家煊,2001)。其产生的隐含义来自两个心理空间之间的"一种被强迫的不协调"(张辉,2008:22),在整合空间中浮现(Fauconnier,1994)。条件句从句和主句的语序反映了人们认知事物的基本规律(Talmy,1975;Taylor,2007),主事件凸显,构成图形,从句事件则为背景;反之,从句构成图形,主句则为背景,"图形-背景"的转换构成了条件句语序选择的认知心理基础(刘春光、昔秀颖,2020;吴炳章,2015)。当然,语序选择的动因还包括认知规律中的象似性原则、条件小句自身的对比语义特征等(Dancygier,1998;Hairman,1978;Lehmann,1988;王春辉,2010b)。语序选择作为一种认知视角,始终以从句和主句两事件的事理关系为基础,该事理关系则由诸如if等从属连词发挥入场功能而实现:if等入场元素将一定式小句转为从属分句,为另一定式小句事件发生或潜在发生提供参照情境,从而勾画出状语关系下的复杂事件(吴吉东,2019,2020;吴吉东、蔡龙权,2017)。事理关系所勾画的复杂事件中,仅事实条件句属于较为复杂的一类。Langacker(2019)利用基线/细化(baseline/elaboration)结构解释违实句:以"距离"的概念划分出即时现实(immediate reality)和非即时现实,后者又划分为即时投射现实(immediate projected reality)和非即时投射现实,违实句正是所在即时现实的基线从句(baseline clauses)到即时投射现实,再到所在非即时投射现实的基本从句(basic clauses)的细化过程,如"I will if I can"和"I would if I could"的对比。以上方面是条件构式的共时研究,关于条件句构式演变的机制,徐式婧(2017)进行历时语料考察,提出条件句产生和发展受到逻辑关系意识增强以及小句融合紧密度规律的作用,与语境吸收、构式压制、转喻等机制有关。

以往研究表明,从主观化理论和概念整合理论,再到近年来的入场和基线/细化的视角,从对条件句意义浮现的认知解释发展到意义和形式相匹配的构式的动因和机制研究,不同理论视角下条件句的认知本质得到层层剖析。但不可否认,这方面研究还可向更大语言单位和更小构成单位拓展,前者意指条件句在语篇中的表现及其使用动因,后者意指条件句内部各要素之间的概念洽和机制,如条件句标记词的概念与条件句作为整体之间的概念融合性问题、标记词进入条件句的允准和限制条件问题等。

五 实证研究

实证研究贯穿于以上各方面研究,之所以将其单独梳理,意在呈现其发展趋势和关注点的转变。随着对条件句句法-语义研究和解释的深入,实证证据是必不可少的,其主要来自心理学实验、二语习得证据,以及语料库证据等。Bloom(1981)和Au(1983)

通过心理学实验,就英汉语母语者的反事实推理能力强弱是否受到语言形式的影响,得到不同结论。前者认为汉语母语者进行反事实推理困难,后者则不以为然。两者之争引发了更多英汉语使用者在仅事实思维和仅事实表达方面的实证研究(Yeh & Gentner,2005;Yi & Feng,2006)。比如,研究者通过对阅读测试的反应准确度以及反应时间等因素的考察发现:需要特定语境信息辨别违实义时,英语使用者的准确度更高;汉语中也存在许多可以预测反事实义的句法或词汇形式,这些语言标记很大程度上影响了使用者对事实或反事实语义的理解和使用者的阅读范式。以上研究反映出违实推理的跨语言异同,以及语言对反事实推理具有一定的反作用。心理学实验的另一方向是考察条件句语义关系的性质和关系知觉对条件推理的影响(Thompson,1995;Verschueren et al.,2006;王墨耘等,2012;王墨耘、周泽志,2013),研究一般以问卷为实验手段,肯定了条件句前件对后件的充分性和必要性的知觉对充分条件推理的影响,以及对后件必要性的知觉对否定后件式条件推理的影响。此外,Zhan(2015)和Zhan等(2018)通过视觉世界范式下的眼追踪实验探讨自然语言中条件句的意义,发现所给选项的事实或假设性质直接影响条件连接词对预期性关注的诱发力。Hsu(2014)通过对比基于形式和基于语义这两种心理表征模式,以在线实验和线下语料库的方法,论证了"要不是"的反事实连词地位,他认为该标记词可以在没有语境的情况下将想象世界与真实世界区分开。除了心理学方法,也有研究关注到了英语学习者的条件句产出表现,其与母语使用者的使用情况的对比可以反映出不同的语言习惯及其思维方式,毕竟英语学习者会受到母语迁移影响。比较突出的是贾光茂(2019)的研究,该研究在认知语言学与概念迁移理论的融合发展背景下,通过考察中、美、英学习者语料库,发现中国英语学习者较少使用反事实表达,且多用于表达情感,而英语本族语者使用反事实句较频繁,且多用于客观事理分析。

以上研究表明,从测试、问卷等研究工具到眼追踪实验方法,从对整体违实语义的理解和违实推理的判断实验到前后件及连接词与条件推理或假设性质的关系的研究,条件句的心理语言学实验研究发展不仅体现在研究工具的渐趋精密化上,而且表现出其对条件推理的深层可及性,为语言学研究提供了汇流的证据和探索的空间。学习者视角的条件句习得无论对语言本体研究还是对语言教学领域都可以提供有力支撑,具有较大的研究价值。

六 研究述评及展望

研究人类语言的一个重要目标就是解释简单命题如何递归式地融合为复杂表达(Elqayam & Evans,2011;Evans,2002),该研究目标的实现必然关涉逻辑推理能力,条件句无疑是这一蓝图中必不可少的组成部分。条件句研究成果已经较为成熟和丰富，呈现出语言与思维并行、共时辅以历时证据、单一现象过渡到现象间联系的发展趋势，同时实证方法也渐趋多样化，实证工具也复杂化和精密化。综合看来，以下六个方面仍存在研究空间：

第一，相对于国外学界，国内学界对条件句的关注度较低，相对于因果句，条件句研究较少，英汉对比研究则更少。条件-结果关系反映了人类基于不全面信息的推理能力、想象不同情境之间关联的可能性的能力、理解不同关联下世界所发生变化的能力（Ferguson et al.,1986）。但不同民族的认知和思维方式存在一定差异，通过语言间的对比无疑可以揭示普遍认知能力在不同语言参数下的变体表现，从而反观民族认知和思维差异。在该层面上，外语界学者在汉外对比方面的优势尚未充分体现。

第二，条件句次类之间的关系尚未得到足够重视，由此会带来两方面问题：一是条件句分类方式难以统一，往往根据研究问题暂行分类，不利于研究的延续性；二是缺乏统一理论框架，条件句整体范畴特征无法得到充分描写和解释。因此，首先需要综合条件句的语义，基于一定理论，确定条件句范畴的原型特征和范畴成员，并最大程度扩大其适用性。

第三，条件句研究尚需深入至微观层面，以往语言学领域中的研究往往偏重形式证据，比如，标记词的历时频率变化与条件构式频率变化的互动关系，但是忽略了条件词自身的概念语义演变与条件句语义演变的关系。再如，条件句与其他状语从句的交叉问题，来自语料的形式证据较多，如 if 和 when 可以替换等，但少有研究考察不同状语从句之间的概念语义交叉，尤其从起源上考察两类状语从句的起始交叉点。

第四，条件句的动因和机制问题还需深入探讨。例如，主观化动因在条件句历时演变中的意义尚缺乏充足证据。条件句的特点在于：同一结构所表达的意义不同，如"如果……"可以表达一般假设，也可表示反事实假设；同一场景可以用不同语序结构来编码，如条件-结果语序和结果-条件语序。无论是反事实意义的表达，还是语序的倒置，都是语言主观性的体现，涉及说话者的主观视角（Traugott,1995）。所以，条件句在主观化这一主要语义演变路径方面提供了丰富的证据，同时，主观化也为条件句的历时发展提供了探索视角。再如，条件句作为构式，对其组成部分的允准和限制条件，组成部分对构式整体的概念贡献，都值得深入探讨。

第五，条件句的历时研究相对较少，这需要历时语料库的构建和语料分析，具有一定难度，但是历时研究有助于追溯条件句的语言现状的历时原因，同时，可以为学界讨论已久的语言和思维的关系提供动态证据，毕竟两者关系的共时表现是历时发展的结果。随着构式化理论的深入，条件句的构式化演变过程值得探索。

第六，条件句教学研究还是一个较新的领域，对外语学习者和汉语学习者的条件句学习现状尚无明晰考察，其偏误类型、原因、解决思路等方面还有很大的研究空间，该方面研究无疑会对教学实践产生应用价值。

总之,本研究通过对国内外条件句研究进行梳理,呈现出其多侧面的研究成果,同时也发现该领域仍存在进一步探索的空间,希望能为后续理论研究和应用研究提供一定思路和方向。

参考文献

[1] Akatsuka, N. 1986. Conditionals are discourse-bound[A]. In E. C. Traugott, A. Meulen, J. S. Reilly & C. A. Ferguson (ed.), *On Conditionals*[C]. Cambridge: CUP, 333-352.

[2] Au, T. K. F. 1983. Chinese and English counterfactuals: the Sapir-Whorf hypothesis revisited. *Cognition*, 15: 155-187.

[3] Bennett, J. 1982. Even if[J]. *Linguistic and Philosophy*, 5: 403-418.

[4] Bloom, A. H. 1981. *The Linguistic Shaping of Thought: A Study in the Impact of Language on Thinking in China and the West*[M]. Hillsdale N. J.: Lawrence Erlbaum Associates.

[5] Chafe, W. 1984. How people use adverbial clauses[J]. *Berkley Linguistic Society*, 10: 437-449.

[6] Chao, Y.-R. 1968. *A Grammar of Spoken Chinese*[M]. Berkeley: University of California Press.

[7] Comrie, B. 1986. Conditionals: a typology[A]. In E. C. Traugott, A. Meulen, J. S. Reilly, & C. A. Ferguson (eds.), *On Conditionals*[C]. Cambridge: CUP, 77-99.

[8] Dancygier, B. 1998. *Conditionals and Prediction: Time, Knowledge, and Causation in Conditional Construction*[M]. Cambridge: CUP.

[9] Dancygier, B. & E. Sweetser. 2000. Constructions with if, since and because: Causality, epistemic stance, and clause order[M]. In E. Couper-Kuhlen & B. Kortmann (eds.), *Cause, Condition, Concession and Contrast*[C]. *Cognitive and Discourse Perspectives*[C]. New York: Mouton de Gruyter, 111-142.

[10] Diessel, H. 2001. The ordering distribution of main and adverbial clauses: A typological study [J]. *Language*, 3: 433-455.

[11] Elqayam, S. & J. S. B. T. Evans. 2011. Subtracting "ought" from "is": descriptivism versus normativism in the study of human thinking[J]. *Behavioral and Brain Sciences*, 5: 233-248.

[12] Evans, J. S. B. T. 2002. Logic and human reasoning: An assessment of the deduction paradigm[M]. *Psychological Bulletin*, 6: 978-996.

[13] Evans, N. 2007. Insubordination and its uses[A]. In I. Nicolavea (ed.), *Finiteness: Theoretical and Empirical Foundations*[C]. Oxford: OUP, 366-431.

[14] Fauconnier, G. 1994. *Mental Spaces*[M]. New York: Cambridge University Press.

[15] Ferguson, C. A., J. S. Reilly, A. ter Meulen & E. C. Traugott. 1986. Overview[A]. In E.

C. Traugott, A. Meulen, J. S. Reilly, & C. A. Ferguson (eds.), *On Conditionals* [C]. Cambridge: CUP, 3 – 20.

[16] Fillmore, C. J. 1986. Varieties of conditional sentences[J]. *ESCOL*, 3: 163 – 182.

[17] Fillmore, C. J. 1990. Epistemic stance and grammatical form in English conditional sentences. *Chicago Linguistic Society*, 26: 137 – 162.

[18] Givón, T. 2001. *Syntax: An Introduction*[M]. Amsterdam: John Benjamins.

[19] Goodman, N. 1947. The problem of counterfactual conditionals [J]. *The Journal of Philosophy*, 44: 113 – 138.

[20] Goodwin, W. W. 1889. *Syntax of the Moods and Tenses of the Greek Verb* [M]. Boston: Ginn.

[21] Greenberg, J. H. 1966. Some universals of grammar with particular reference to the order of meaningful elements[A]. In J. H. Greenberg (ed.), *Universal of Language* (2nd edition)[M]. Cambridge, MA: MIT Press, 73 – 113.

[22] Greenberg, J. H. 1986. The realis-irrealis continuum in the classical Greek conditional[A]. In E. C. Traugott, A. Meulen, J. S. Reilly, & C. A. Ferguson (eds.), *On Conditionals* [C]. Cambridge: Cambridge University Press, 247 – 264.

[23] Haegeman, L. 2003. Conditional clauses: external and internal syntax[J]. *Mind & Language*, 18: 317 – 339.

[24] Hairman, J. 1978. Conditionals are topics[J]. *Language*, 3: 564 – 589.

[25] Hairman, J. 1986. Constraints on the form and meaning of the protasis[A]. In E. C. Traugott, A. Meulen, J. S. Reilly, & C. A. Ferguson (eds.), *On Conditionals*[C]. Cambridge: CUP, 215 – 228.

[26] Harris, M. B. 1986. The historical development of si-clauses in Romance[A]. In E. C. Traugott, A. Meulen, J. S. Reilly, & C. A. Ferguson (eds.), *On Conditionals* [C]. Cambridge: CUP, 265 – 284.

[27] Hetterle, K. 2015. *Adverbial Clauses in Cross-linguistic Perspective* [M]. Berlin/Boston: Walter de Gruyter.

[28] Hsu, C-F. 2014. Semantic-based mental representation of Chinese counterfactuals: evidence from a psycholinguistic study of Yaobushi[J]. *Language and Linguistics*, 3: 391 – 410.

[29] Jacobsen, W. M. 1992. Are conditionals topics? The Japanese case[A]. In D. G. Berntari, N. Larson & L. A. Macleod (ed.), *The Joy of Grammar: A Festschrift in Honor of James D. McCawley*[C]. Amsterdam/Philadelphia: John Benjamins, 131 – 160.

[30] Kaltenböck, G. 2016. On the grammatical status of insubordinate if-clauses [A]. In G. Kaltenböck, E. Keizer & A. Lohmann (eds.), *Outside the Clause: Form and Function of Extra-Clausal Constituents*[C]. Amsterdam: John Benjamins, 341 – 378.

[31] König, E. 1986. Conditionals, concessive conditionals and concessives: areas of contrast, overlap and neutralization[A]. In E. C. Traugott, A. Meulen, J. S. Reilly, & C. A.

Ferguson (eds.), *On Conditionals*[C]. Cambridge: CUP, 229-246.

[32] Kratzer, A. 1981. The notional category of modality[A]. In H. Eikermeyer & H. Rieser (eds.), *Words, Worlds and Context*[C]. Berlin: De Gruyter, 38-74.

[33] Langacker, R. W. 2006. Subjectification, grammaticalization, and conceptual archetypes[A]. In A. Athanasiadou, C. Canakis & B. Cornillie (eds.), *Subjectification: Various Paths to Subjectivity*[C]. Berlin & New York: Mouton de Gruyter, 17-40.

[34] Langacker, R. W. 2019. Levels of reality[J]. *Languages*, 4: 1-20.

[35] Lastres-Lopez, C. 2020. *If*-insubordination in spoken British English: Syntactic and pragmatic properties[J]. *Language Sciences*, 66: 42-59.

[36] Lehmann, C. 1988. Towards a typology of clause linkage[A]. In J. Haiman & S. Thompson (eds.), *Clause Combining in Grammar and Discourse*[C]. Amsterdam & Philadelphia: John Benjamins, 181-225.

[37] Links, M. 2009. Expressing conditionality in earlier English[J]. *English Language & Linguistics*, 1: 155-182.

[38] Mithun, M. 2008. The extension of dependency beyond the sentence[J]. *Language*, 1: 69-119.

[39] Palmer, F. 2001. *Mood and Modality*. Cambridge: Cambridge University Press.

[40] Quirk, R., S. Greenbaum, G. Leech & J. Svartvik. 1985. *A Comprehensive Grammar of the English Language*[M]. London: Longman.

[41] Ramsay, V. 1987. The functional distribution of preposed and postposed 'if' and 'when' clauses in written discourse[A]. In R. S. Tomlin (eds.), *Coherence and Grounding in Discourse*[C]. Amsterdam: John Benjamins, 383-408.

[42] Sweetser, E. 1990. *From Etymology to Pragmatics: Metaphorical and Cultural Aspects of Semantic Structure*[M]. Cambridge: CUP.

[43] Talmy, L. 1975. Figure and ground in complex sentences[A]. *Proceedings of the First Annual Meeting of the Berkeley Linguistics Society*[C]. California: Berkeley Linguistics Society, 419-430.

[44] Taylor, J. R. 1997. Conditionals and polarity[A]. In A. Athanasiadou & R. Dirven (eds.), *On Conditionals Again*[C]. Amsterdam: John Benjamins.

[45] Taylor, J. R. 2007. *Ten Lectures on Applied Cognitive Linguistics*[M]. Beijing: Foreign Language Teaching and Research Press.

[46] Thompson, S. A., R. E. Longacre & S. J. Hwang. 2007. Adverbial clauses[A]. In T. Shopen (ed.), *Language Typology and Syntactic Description*, vol. 2: *Complex Constructions*[C]. Cambridge: CUP, 237-300.

[47] Thompson, V. A. 1995. Conditional reasoning: The necessary and sufficient conditions[J]. *Canadian Journal of Experimental Psychology*, 49: 1-58.

[48] Traugott, E. C. 1995. Subjectification in grammaticalization[A]. In S. Dieter & W. Susan

(eds.), *Subjectivity and Subjectivization*: *Linguistic Perspectives*[C]. Cambridge: Cambridge University Press, 31 – 71.

[49] Van der Auwera, J. 1986. Conditionals and speech acts[A]. In E. C. Traugott, A. Meulen, J. S. Reilly, & C. A. Ferguson (eds.) *On Conditionals*[C]. Cambridge: CUP, 197 – 214.

[50] Verschueren, N., W. Schaeken, & W. Schroyens. 2006. Necessity and sufficiency in abstract conditional reasoning[J]. *European Journal of Cognitive Psychology*, 18: 255 – 276.

[51] Visconti, J. 2003. From temporal to conditional: Italian auqlora vs English Whenever[A]. In K. M. Jaszczolt & K. Turner (eds.), *Meaning through Language Contrast*, vol 2 [C]. Amsterdam/Philadelphia: John Benjamins, 23 – 50.

[52] Wang, Y. 1995. A corpus-based study of adverbial clauses in Mandarin Chinese conversation: A preliminary analysis[A]. In *Proceedings of PACLIC 10th*[C]. Hong Kong: City University of Hong Kong, 237 – 241.

[53] Wierzbicka, A. 1996. *Semantics: Primes and Universals*[M]. Oxford: Oxford University Press.

[54] Yeh, D. & D. Gentner. 2005. Reasoning counterfactually in Chinese: Picking up the pieces [A]. In *Proceedings of the 27th annual meeting of the Cognitive Science Society*[C]. Stresa, Italy: Cognitive Science Society, 2410 – 2415.

[55] Yeh, H-Ch. 2000. Temporal and conditional clauses in Chinese spoken discourse: A function-based study[A]. In *The Proceedings of the 14th Pacific Asia Conference on Language, Information and Computation*[C]. Tokyo: Waseda University, 365 – 376.

[56] Yi, L. & G. Feng. 2006. What if Chinese had Linguistic Markers for Counterfactural conditions? Language and Thought Revisited[A]. In *Proceedings of the Annual Meeting of the 28th Cognitive Science Society*[C]. Vancouver, Canada, 1281 – 1286.

[57] Zhan, L. 2015. *The Interpretation of Conditionals in Natural Language*[M]. Germany: Lap Lambert Academic Publishing.

[58] Zhan, L., P. Zhou & S. Crain. 2018. Using the visual-world paradigm to explore the meaning of conditionals in natural language[J]. *Language, Cognition and Neuroscience*, 8: 1049 – 1062.

[59] 陈国华,1988. 英汉假设条件句比较[J]. 外语教学与研究,(1):10 – 18.

[60] 戴好运,徐晓东,2017. 违实语义的加工机制[J]. 心理科学进展,(5):769 – 777.

[61] 邓云华,蒋知洋,2020. 英汉因果标记的不对称性及其认知机理[J]. 中国外语,(1):41 – 49.

[62] 胡怀亮,2020. 反事实条件句与因果关系[J]. 科学技术哲学研究,(6):52 – 56.

[63] 胡秀梅,2013. 汉语条件句的语义焦点与视角的双向性[J]. 汉语学习,(2):43 – 50.

[64] 黄伯荣,廖旭东,2002. 现代汉语[M]. 北京:高等教育出版社.

[65] 贾光茂,2019. 中国英语学习者反事实表达使用情况研究[J]. 外语教学与研究,(6):850 – 860.

[66] 江蓝生,2002. 时间词"时"和"后"的语法化[J]. 中国语文,(4):291 – 301.

[67] 蒋冀骋,吴福祥,1997. 近代汉语纲要[M],长沙:湖南教育出版社.

[68] 蒋严,2000. 汉语条件句的违实解释[A]. 中国语文杂志社,编. 语法研究和探索(十)[C]. 北京:

商务印书馆 257-279.

[69] 黎洪,2012.汉语偏正复句句序变异研究[D].博士论文,安徽大学.

[70] 黎锦熙,1924/2007.新著国语文法[M].湖南:湖南教育出版社.

[71] 李晋霞,2010.反事实"如果"句[J].语文研究,(1):53-55.

[72] 李小五,2003.条件句逻辑[J].北京:人民出版社.

[73] 刘春光,2018.现代汉语因果复句语序的选择性[A].方梅,曹秀玲,编.互动语言学与汉语研究(第二辑)[C].北京:社会科学文献出版社,438-457.

[74] 刘春光,昔秀颖,2020.汉语条件复句语序表达的选择性研究[J].汉语学习,(6):53-60.

[75] 吕叔湘,2002.中国文法要略[M].辽宁:辽宁教育出版社.

[76] 祁艳红,2013.现代汉语有标条件复句研究[D].博士论文,东北师范大学.

[77] 沈家煊,2001.语言的"主观性"和"主观化"[J].外语教学与研究,(4):268-275.

[78] 沈家煊,2003.复句三域"行、知、言"[J].中国语文,(3):195-203.

[79] 石飞,2019.句末"就是了"的话语立场与话语功能[J].汉语学习,(6):39-46.

[80] 太田辰夫,1958/2003.中国语历史文法[M].(蒋绍愚,徐昌华译),北京:北京大学出版社.

[81] 王春辉,2010a."假设性等级"与汉语条件句[J].汉语学报,(4):59-69.

[82] 王春辉,2010b.汉语条件句小句间的语序类型[J].世界汉语教学,(4):468-482.

[83] 王春辉,2011.汉语条件句的句法表现[J].中国社会科学院研究生院学报,(2):107-112.

[84] 王春辉,2012.也论条件小句是话题[J].当代语言学,(2):155-167.

[85] 王春辉,2015.条件句中的"那/那么"[J].汉语学习,(4):41-48.

[86] 王芳,2014.条件句的非典型成员——事实条件句[J].汉语学习,(2):56-64.

[87] 王力,1943/1985.中国现代语法[M].北京:商务印书馆.

[88] 王墨耘,朱骜,高坡,2012.充分条件句语义关系知觉对条件推理的影响[J].心理科学,(3):595-601.

[89] 王维贤,张学成,1994.现代汉语复句新解[M].上海:华东师范大学出版社.

[90] 吴炳章,2005. If-条件句的内涵语义分析——兼论 if-条件句式和 when-句式的相似性[J].现代外语,(4):341-349.

[91] 吴炳章,2015.条件完美的允准条件[J].外语教学与研究,(3):333-344.

[92] 吴福祥,2007.汉语方所词语"后"的语义演变[J].中国语文,(6):494-506+575.

[93] 吴吉东,2019.入场理论视角下时间状语分句认知工作机制研究[J].解放军外国语学院学报,(2):82-90.

[94] 吴吉东,2020.英语复句入场:连续统假说[J].中国外语,(2):51-58.

[95] 吴吉东,蔡龙权,2017.入场元素概念解析——兼关系词入场元素探究[J].外语与外语教学,(3):53-67.

[96] 向熹,2010.简明汉语史[M].北京:商务印书馆.

[97] 邢福义,2001/2014.汉语复句研究[M].北京:商务印书馆.

[98] 徐李洁,2005.条件句与主观化:对英语 if 条件句结构的认知研究[D].博士论文,上海外国语大学.

[99] 徐烈炯,刘丹青,2007.话题的结构与功能[M].上海:上海教育出版社.

[100] 徐式婧,2017.汉语条件句的构式化和历时演变[J].古汉语研究,(3):29-40.

[101] 徐式婧,2020.汉语偏正复合小句融合紧密度差异及其动因研究[J].外语学刊,(5):27-31.

[102] 徐式婧,2021.汉语条件句关联标记的发展与句法结构发展间的互动关系[J].语言教学与研究,(1):67-77.

[103] 姚双云,2012.汉语条件句的会话功能[J].汉语学习,(3):26-33.

[104] 雍茜,2014.违实条件句的类型学研究[J].外国语,(3):59-70.

[105] 余小强,2017.违实条件句:哲学阐释及语义解读[M].北京:中国社会科学出版社.

[106] 袁毓林,2015.汉语反事实表达及其思维特点[J].中国社会科学,(8):126-144.

[107] 张斌,2004.简明现代汉语[M].上海:复旦大学出版社.

[108] 张辉,2008.心理空间.Fauconnier, G. 自然语言意义建构面面观(导读)[M].北京:世界图书出版公司,11-28.

[109] 章敏,2016."要不是"反事实条件句的情态问题研究[J].中南大学学报(社会科学版),(2):206-212.

[110] 张雪平,2014."如果"类假设连词的语义功能与语用分布[J].汉语学习,(1):69-74.

[111] 张莹,陈振宇,2020.汉语的反事实条件句与非事实条件句[J].汉语学报,(3):42-59.

语用学前沿

互动仪式视角下的语码转换研究
——以闽南语-普通话为例*

匈牙利科学院/帕兹玛尼彼特天主教大学　陈劼钧

匈牙利科学院/大连外国语大学　Dániel Z. Kádár**

摘　要:本研究聚焦于人际互动中语码转换的语用功能,考察闽南地区双语社团日常交际中闽南语与普通话之间的语码转换现象。基于互动仪式概念,本研究从语用角度提出互动仪式视角下的语码转换分析框架,探讨交际者如何在互动中通过语码转换实现权利和义务的执行或转变。研究发现,互动仪式视角对理解语码转换现象的动态语用功能具有重要意义;日常交际中的语码转换往往具有仪式性特征,常标志着互动双方权利和义务的实现或转变;交际者通过对不同语言的选择和使用规定或改变人际关系,标志自身与他人权利和义务的实现或转变的同时彰显出对特定社会秩序和道德规范的遵守与服从。

关键词:语码转换;互动仪式;闽南语;普通话

Title: Ritual Code-switching: A Case Study of Minnan Dialect and Mandarin

Abstract: This paper examines the code-switching practices of a bilingual community in the Minnan area, by focusing on the pragmatic role of switching between the Minnan Dialect and Mandarin. We propose a model through which code-

---

* 本文系匈牙利科学院研究项目"互动仪式"(LP2017-5)的阶段性成果。本文得到国家留学基金资助。

** 作者简介:陈劼钧,博士研究生。研究方向:语用学。联系方式:chen.jiejun@foxmail.com。Dániel Z. Kádár,欧洲科学院院士,教授,匈牙利科学院语用研究中心主任,博士生导师。研究方向:对比语用学、跨文化语用学、历史语用学等。联系方式:dannier@dludl.edu.cn。

switching can be analysed from a pragmatic angle, by approaching code-switching through the lens of interaction ritual theory. More specifically, we explore how code-switching enables interactants to indicate and transform their rights and obligations as they co-construct their interaction. We argue that this interaction ritual view is essential to understanding the pragmatic dynamics of code-switching because in real-life language use code-switching is very often anchored in rights and obligations; i.e. it tends to have a ritual characteristic. On the one hand, code-switching allows interactants to define or change their interpersonal relationship. On the other hand, it may also indicate acceptance of rights and obligations and that of broader social orders and moral norms.

Key Words: code-switching; interaction ritual; Minnan Dialect; Mandarin

一 引 言

作为双语者互动交际中的普遍现象,语码转换的研究一直以来受到过国内外学者的大量关注。本研究以闽南地区居民日常交际语料为基础,从语用视角出发关注人际互动中的语码转换现象,旨在探讨互动中语码转换所呈现的仪式性特征以及对交际者产生的重要影响。社会语言学领域的研究如 Blom 和 Gumperz(1972)、Blom(2012)、Hull(2017)等指出了语码转换与仪式性行为之间的密切关系,但其讨论的仪式概念不包含交际互动中的仪式性行为,研究也未阐明会话参与者人际关系、权利和义务转变的动态过程;语用视角下的研究如陈伟红(2014)、孙飞凤和曾泽怀(2012)、谢进发(2012)等注意到了语码转换在交际互动中的仪式性特征,但皆未对这些特点进行系统的分析讨论。本文旨在从语用视角出发,基于互动仪式概念,提出互动仪式视角下的语码转换分析框架,以期为语码转换研究提供新的考察视角。

二 研究背景

语码转换研究始于西方学术界,20 世纪 70 年代起呈现出多元化的研究态势(王平,2020:56),所涉及领域包括语法学、社会语言学、心理语言学、语言教学、会话分析和语用学等。国内的语码转换研究虽起步较晚,但对上述路向皆有涉及,语法学路向如王琳(2014)、俞金燕(2021)等的研究,社会语言学如苏婧(2020)、孙明明和佟敏强(2016)等的研究,心理语言学如陈士法等(2020)、董俊虹和师甜甜(2012)等的研究,语言教学如刘蓉和向波阳(2020)、程昕和孙小涵(2019)等,会话分析如唐奇等(2014)、王晓燕和王俊菊(2012)等,语用学如陈伟红(2014)、孙飞凤和闫凌燕(2021)、曾泽怀(2012)等的研究。诸多理论中,顺应论对目前国内语码转换研究影响最大,很大一部分研究皆基于该理论框架展开(如黄大鹏、张景发,2016;李晓杰,2017;孙明明、佟敏强,2016;唐瑶、段成,2020;王跃平、杜敏,2019;闫凌燕,2021;朱玉金,2018)。然而国内目前尚未有立足仪式视角考察语码转换现象的研究,也未涉及语码转换和仪式之间关系的探讨。

国外与仪式相关的语码转换研究基本集中在社会语言学领域,该视角关注语码转换的社会动因及其与社会因素之间的关系(Auer,1998:3)。布洛姆(Blom)和甘柏兹(Gumperz)指出,仪式活动中语码转换的实施明确指向会话参与者权利和义务的改变(1972:116),这一指示作用是语码转换现象的重要特点之一(Auer,1998:3),所有语码选择都指向交际者的某一组权利和义务(Myers-Scotton,1988:127)。Blom(2012:124-127)提出"仪式性语言"和"仪式性语码转换"的概念,其中,仪式性语言的存在服务于仪式运作,仪式性语码转换则是为实施仪式向仪式性语言进行的转换,包括为实施咒语、诅咒和誓言,或与请愿相关的赞美、祈求和感恩等进行的语码转换。可见,该领域所讨论的仪式与日常交际互动是区分开来的(Meyer,1999:4)。

近年来不少社会语言学的研究继续探讨了语码转换在仪式性语境中普遍存在的现象(Anfosso,2019;Hull,2017;Stam,2017),但仍是将仪式与语码转换的关系静态地维持在传统仪式性行为和活动的范畴内,独立于日常交际互动之外。Virani(2020:4-9)认为语码转换是一种"语言仪式",考察了文化背景对其使用情况的重要影响。该研究实际已将仪式概念扩展到互动层面,只是其对语码转换的分析仅涉及该现象出现的场景,并没有深入到会话层面。

社会语言学领域的研究关注并考察了仪式性语码转换现象,但相关研究仍未跳出根据社会影响因素将语码转换划分归类的思路,对仪式性语码转换如何推动会话参与者权利和义务的转变也普遍语焉不详。不同于社会语言学,语用视角下的语码转换研究聚焦语码转换在互动交际中的意义,而这种意义只有通过对交际互动的动态分析才能得以解释(Tseng & Cashman,2015:4)。但目前语用视角下的仪式性语码转换研究依然欠缺,互动中是否存在仪式性语码转换、仪式性语码转换如何影响交际者的人际关系及权利和义务、又产生了什么样的影响等问题值得进一步的考察探究。

三 理论框架

Kádár(2017:12)将仪式的研究范畴扩展到交际互动语境中,从人际关系和互动的视角将仪式定义为"一种作用于人际关系的、反复出现的形式化行为,这一行为可加强或转变人际关系;仪式通过隐含的阈限模仿演绎实现,而这种演绎与关系历史(及相关的道德秩序)或一般历史性(及相关的道德秩序)密切相关;如人类学研究所示,仪式是一种情感投入的行为"①。仪式不仅指传统意义上特殊场合的仪式性活动和行为,也包括交际中协同共建的人际互动。据此,"欢迎光临"作为一种反复出现的形式化用语便是一种仪式性言语行为,其阈限地模仿了服务行业中的规约化行为,规定了实施者和接收者之间服务者与被服务者的人际关系,彰显了实施者对行业规范的遵守和服从,同时它传达了实施者的尊重之意,也让接收者产生了被尊重感。

如前所述,道德秩序与交际者的权利和义务密切相关,其概念在书中被用来阐述交际者在社会互动语境中感知到的权利和义务(Kádár,2017:27)。Kádár指出:通过实施仪式,社团成员可加强某种已有的道德秩序或创建新的道德秩序,抑或在加强已有秩序的同时创建新的秩序;如通过举行毕业典礼,学校既强调了其作为高等教育机构应履行的道德秩序,也为毕业生们创建了新的道德秩序,使他们的社会地位产生重大变化并拥有了新的社会权利和义务(xvi)。换言之,仪式的实施指向特定的道德秩序,以及交际者与互动语境相关的某种权利和义务。

事实上国内已有不少研究注意到互动中的语码转换可对人际关系产生影响(Su, 2001:431;孙飞凤、谢进发,2012:135),其具有情感传递功能(孙飞凤、曾泽怀,2012:65)、文化历史相关性(陈伟红,2014:70;张聪义、张艳君,2009:133)以及复制性(孙飞凤、谢友福,2012:106;王雪瑜,2012:119)的特点,且语码转换在不同语码间转换的本质赋予了它独特的形式性,这也就意味着互动中的语码转换本身是具有仪式性特点并具备成为仪式性行为的潜力的。但在现有研究中这些特性是分散于不同的语料中、在不同理论框架下讨论的,尚未有研究关注是否同一语码转换能同时具备所有互动仪式性行为的特点,并将其放在同一个理论框架下分析和讨论。

本研究基于互动仪式框架,假设语码转换中存在具有互动仪式性行为所有特征的

---

① "Ritual is a formalized and recurrent action, which is relationship forcing; that is, by operating, it reinforces/transforms interpersonal relationships. Ritual is realized as an embedded liminal (mini) performance, and this performance is bound to relational history (and related moral order), or historicity in general (and related moral order). Ritual is an emotively invested action, as anthropological research has shown."

仪式性语码转换,引入Kádár(2017:16)即时性(ad hoc)行为的概念,将语码转换分为仪式性语码转换和即时性语码转换两类,认为:互动中的仪式性语码转换是指作用于人际关系的、反复出现且具有情感投入性的语码转换现象;其实施根植于阈限模仿性演绎,且这种演绎与关系历史(及相关的道德秩序)或一般历史性(及相关的道德秩序)密切相关;交际双方根据仪式性语码转换的实施可促成其与互动语境相关的某种权利和义务的实现或转变。即时性语码转换即指除仪式性语码转换之外的语码转换现象,这类语码转换可能具有部分仪式性行为的特征,但并不属于仪式性语码转换,根据仪式性语码转换的性质特点可对两者进行区分(见图3-1)。

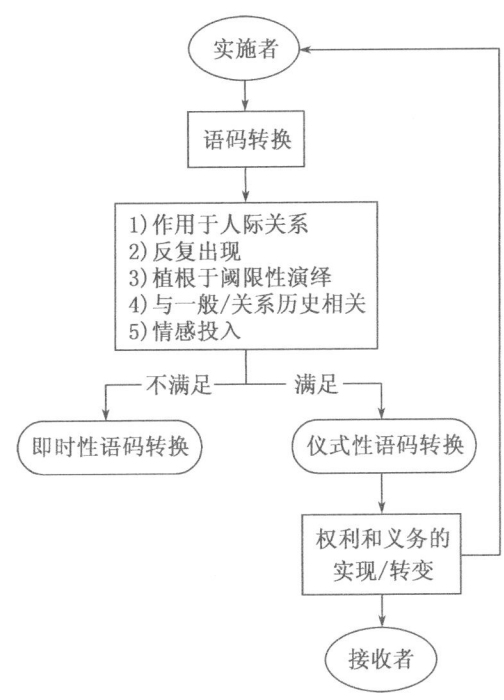

图3-1　互动仪式视角下的语码转换分析框架(拟)

基于该框架,本研究将语码转换现象的源起、实施、对交际双方产生的作用和影响综合纳入考察范畴,旨在探讨:1) 互动中仪式性语码转换存在与否的问题。2) 仪式性语码转换与即时性语码转换的区分标准。3) 仪式性语码转换对互动双方权利和义务及人际关系的影响和作用。

四 仪式性语码转换与即时性语码转换

4.1 语料收集和研究方法

本研究所选案例节取于由研究者(东山人)于 2019.10 - 2020.8 以参与观察者身份收集于漳州市东山县的实时录音,该地所讲闽南语属东山腔漳州话。因闽南语下属的各次方言之间存在一定词汇用法和发音的差别,为避免可能存在的争议,故本文所讨论的闽南语和相关注音仅指东山腔漳州话。

因所录语料皆为自然发生的日常交际会话,为避免个人隐私和道德问题,大部分会话参与者为研究者的亲友,于 2019 年 10 月获得可在接下来一年里可随时随地对他们的对话进行录音的许可。该收集法很大程度减小了录音设备和观察者的影响,除开头一两周部分被录者会注意到和在意录音设备的存在,后期的录音中被录者已不再关注自己的对话是否处于被录情况下。部分语料涉及未在 2019 年 10 月被告知的会话参与者,在录音前也皆已获得许可。

下文将通过对案例 1 的分析验证互动中仪式性语码转换存在与否的问题,并探讨仪式性语码转换与即时性语码转换的区分标准;案例 2 的分析则聚焦于仪式性语码转换对互动双方权利和义务及人际关系的作用和影响。

4.2 案例分析

例子中的下划线部分为普通话,其余为闽南语。闽南语部分采用繁体字注释,辅以下方括号内的普通话,〈〉中为非言语行为信息注释。每一话轮后标有相应的拼音,闽南语部分以《闽南方言大词典》和《台湾闽南语常用词辞典》为基础,结合东山腔漳州话的实际发音进行注释。因语气词"啦、嘛、吗、吧、哈、啊、哩"等在闽南语与普通话中的发音十分接近,故本文涉及的所有语气词的语言归属由语气词出现之前的词语决定,即语气词之前的词语为何种语言,语气词则归属于该种语言。

4.2.1 仪式性语码转换的性质特征及判定标准

例 1 节取自一段 250 分钟的同学聚会录音,时间为 2020 年 1 月 22 日,地点于东山县铜陵镇一家餐厅内,五位会话参与者 TC、WJ、JJ(25 岁)和 LL、BK(26 岁)是高中同学,关系亲密。该片段截取于录音开始后 26 分钟,对话的背景是大家刚进入店内,正在寻找合适的座位。

例1:

    1. TC:遮就可以坐啦(tsie tō khó í tsē lah)

(这就可以坐啦)

    2. WJ:遮就可以坐啦,怎著拼桌(tsie tō khó í tsē lah,tsai tiŏh phing toh)

(这可以坐啦,怎么要拼桌)

    3. JJ:毋是,阮這種桌仔袂太細隻嘛(m̄ sī,ńg tsit tsióng toh á bē thài sè tsiàh mah)

(不是,我们这种桌子不会太小张吗)

    4. LL:啊沒阮用這兩隻並起來(a bó ńg iōng tsit nǒ tsiah pīng khí lâi)

(啊不然我们用这两张并起来)

    5. LL:<u>这边有人了</u>(zhè biān yǒu rén le)

    6. WJ:哎哟,这……(āi yō,zhè)

    7. LL:坐這就好啦吧(tsē tsie tsiū hó lah ba)

(坐这就好了吧)

    8. BK:坐遮吧(tsē tsie ba)

(坐这吧)

    9. LL:<u>就这三张过来就好了</u>(jiù zhè sān zhāng guò lái jiù hǎo le)

    10. WJ:<u>椅子拉过来就好了</u>,<u>不用拼吧</u>(yǐ zi lā guò lái jiù hǎo le,bù yòng pīn ba)

    11. LL:〈指向一处狭窄的角落〉TC坐在迄哈哈哈(TC tsē a hie ha ha ha)

(TC坐在那哈哈哈)

    12. WJ:好!哈哈!(hó! ha ha!)

(好!哈哈!)

在例1中可发现:LL在话轮5、7、9、11通过在闽南语和普通话之间的来回变换使用发起了四次语码转换,而这四次语码转换都引发了下一话轮中其他会话参与者对语码转换的再次施行。

在话轮5之前,五人都使用闽南语交流,当LL在话轮5中使用了普通话后,WJ紧随着在话轮6模仿了这一行为,由原先的闽南语转向了普通话,同样的现象也发生在话轮9和10;话轮7中LL由普通话转向闽南语的时候,BK在话轮8也用闽南语回应了这一转换;当LL在话轮11又由普通话转回闽南语时,WJ于话轮12再次跟随了这一转换。

在该段对话中,由于其他成员对语码转换的模仿性实施,LL所发起的语码转换成为了其他语码转换的"源头",激活了其他会话参与者对语码转换的施行。话轮6、8、10、12这些被激活的语码转换现象因而呈现出一系列仪式性行为的特征:首先,这些被激活的语码转换都紧随于另一交际者的语码转换之后,这一阈限模仿性使它具有了重复出现的特征;其次,其使用促进了实施者与其他成员之间的人际关系,增强了实施者的社群归属感及对其他成员的亲切感,使该行为具有了情感投入性。

然而话轮6、8、10、12的语码转换皆属于即时性的语码转换。它们虽具备部分仪式性行为的特征,但其源头都来自于前一话轮的语码转换,是根植于该语境且不断变化的,并没有存在于关系历史或一般历史中可供追溯的源头。换言之,同样的语码转换-再转换的现象,即使源头发起者和模仿者不变,一旦语境发生变化它们的内涵和意义便会随之改变,对交际双方及人际关系的影响和作用也会不同。

而话轮11的语码转换包含了一个只属于会话参与者才知道的仪式。LL在这里使用闽南语调侃了TC,让他坐在一个很狭窄的座位。这种调侃是五个人之间一种心照不宣的"游戏",从高中开始TC就很喜欢开玩笑,大家也很喜欢调侃他。当LL调侃TC并激活了这一游戏时,WJ马上就明白了游戏的开始,并迅速地接上了这一调侃,给予了LL积极回应。该过程中LL通过语码转换阈限地模仿了根植于该社团关系历史中"成员们乐于相互调侃"的传统,规定了各成员之间的同学关系,拉近成员之间的距离,进而增进了相互之间的感情;与此同时LL行使了作为该社团成员可以调侃TC的权利,也强调了其他成员所具有的相同权利;WJ在话轮12通过回应亦行使和实现了自身作为该社团成员调侃TC的权利。

由此,话轮11的语码转换通过唤起一种仪式化行为,使其具有了存在于关系历史中可供追溯的源头,从而具备了所有互动仪式性行为的特征,成了仪式性语码转换。这也就证实了我们之前的假设,即互动中存在着仪式性语码转换现象。同时我们发现,仪式性语码转换的情感投入性内隐于对人际关系的作用之中;其反复出现性则是通过阈限模仿性地演绎根植于关系/一般历史中的行为呈现的。因此判断互动仪式性语码转换的核心在于:a) 是否作用于人际关系;b) 是否与一般/关系历史相关。互动中的语码转换需同时满足以上两点方可被认定为仪式性语码转换,具有部分仪式性特征但未能同时满足以上两点的则属于即时性语码转换。例1话轮6、8、10、12的语码转换虽植根于阈限模仿性的演绎,推进了人际关系并具有反复出现性和情感投入性的特点,但其源头来自当下语境中,与关系历史或一般历史中的秩序或规范无关,并未同时满足以上两点,故而认定为即时性语码转换。

4.2.2 仪式性语码转换与人际关系及权利和义务

下文我们将通过对例2的分析探讨仪式性语码转换对互动双方人际关系及权利和义务的作用与影响。

例2节选自一段29分钟的家访录音,时间为2020年1月12日,地点于东山县宫前村学生YM家中。对话中的YM(10岁)及所提到的MJ(10岁)皆为K老师(29岁)的学生,就读于东山县某小学三年级某班,YM成绩名列前茅而MJ的成绩始终在下游徘徊；YM妈妈(40岁)为YM的母亲和MJ的姑姑，S老师(50岁)是同校的老师。通过事后对K老师的采访得知：YM家是典型的渔民家庭，YM妈妈会讲普通话但流利程度不高，日常交际以闽南语为主。

该片段截取于录音开始后10分钟，对话的背景是因老师到访，而MJ父母亲皆不在家，MJ赶到YM的家中进门时屋内所发生的对话。YM家大门口与里屋之间隔着一个天井，话轮1-6发生时MJ正途径天井。值得指出的是在MJ到达之前，屋内所讨论的话题与学习无关，且在场所有人皆使用闽南语交谈。

例2：

〈MJ到大门口〉

1. YM：MJ 來啦(míng jié lâi lah)

(MJ来啦)

2. YM妈妈：MJ(míng jié)

(MJ)

3. S老师：來啦(lâi lah)

(来啦)

4. YM妈妈(对MJ)：老师，著叫啊(lǎo shī, tiǒh kiò a)

(老师，要叫啊)

5. YM：MJ 來(míng jié lâi)

(MJ 来)

6. K老师：快來快來(khuài lâi khuài lâi)

(快来快来)

〈MJ进屋〉

7. YM妈妈(对MJ)：老师，著叫啊，有叫老师没，要叫老师一下，老师(lǎo shī, tiǒh kiò a, ū kiò lǎo shī bó, tiǒh kiò lǎo shī tsit ē, lǎo shī)

(老师，要叫啊，有叫老师没，要叫老师一下，老师)

8. K老师：你怎么这么快(nǐ zěn me zhè me kuài)

9. YM妈妈：不要紧张啊(bù yào jǐn zhāng ā)

10. S老师：啊你怎么这么快(ā nǐ zěn me zhè me kuài)

11. YM妈妈：叫老师哩，叫老师哩(jiào lǎo shī lǐ, jiào lǎo shī lǐ)

在29分钟的对话中，YM妈妈作为一个普通话并不十分流利的人，基本都是使用闽南语进行交流，但在"老师"一词全部进行了语码转换，使用了普通话的"lǎo shī"，如例2所示。下文的分析将主要聚焦于"lǎo shī"一词的语码转换现象。

尊重师长是中国社会的一项基本道德规范,学生有尊敬师长的义务。同时,学校及其他教育机构应以普通话为基本的教育教学用语是我国《国家通用语言文字法》的一项规定,老师进行教学应当推广使用全国通用的普通话。家长有责任和义务配合老师的教育教学工作、督促孩子尊敬师长;孩子尊敬家长、听从教诲则是符合道德规范的行为。

如前所述,YM妈妈是MJ的姑姑而非直系家长,因MJ父母外出,YM妈妈在此次家访中代执行了MJ家长这一身份。为建立起自身作为家长的身份并履行家长的责任和义务,YM妈妈在MJ尚在门口未进屋时便大声要求MJ跟老师打招呼(话轮4),随后在话轮7和11中又反复使用了这一语码转换进行催促。

从对话中可以看出,YM妈妈在话轮4首次使用"lǎo shī"这一语码转换要求MJ跟老师打招呼时,K老师在话轮6仍是用闽南语招呼MJ;而当YM妈妈在话轮7中连续使用了四次"lǎo shī"催促MJ后,K老师和S老师在后续的话轮8和话轮10都由原先的闽南语转为使用普通话跟MJ交流;MJ在整个过程中并未对YM妈妈的催促和老师们的问候作出任何言语回应,这也使得YM妈妈愈发着急,进而在话轮11又一次进行了催促,且不仅仅是"lǎo shī"一词,整个句子都使用了普通话。

"lǎo shī"一词在该对话中属于仪式性语码转换,它根植于一般历史中的道德秩序和社会规范,且作用于人际关系。首先,实施者使用该词进行的反复催促与一般历史中"家长有责任和义务督促自家孩子尊敬师长"这一道德规范相关,同时也阈限地模仿了根植于一般历史中"普通话作为学校和教育机构基本教育教学用语"这一社会规范,反映了实施者对上述规范的认可和服从。

其次,它一方面规定了实施者作为家长与老师之间的人际关系,帮助实施者履行其作为家长配合老师教育教学工作的义务,另一方面也规定了MJ与老师之间的师生关系,指出MJ作为学生应尊敬师长的义务;与此同时,"lǎo shī"的实施强调并推动了K老师和S老师作为老师的权利和义务:该仪式性语码转换在话轮4和7的多次反复实施不断强调了两位老师的身份及其附带的权利和义务,进而引发了K老师和S老师在话轮8和10的回应,两位老师通过由闽南语向普通话的转换认同了当前家访语境中自身作为老师的身份,转而使用普通话与学生MJ交流,履行了老师应当以普通话作为教育教学基本用语的义务。

再次,"lǎo shī"这一仪式性语码转换不仅规定了上述家长-老师、学生-老师的人际关系,还推动了实施者YM妈妈与MJ之间人际关系的改变,将二人原本的姑侄关系推向了当前家访语境所需的家长和孩子的关系,转变二人身份的同时赋予了实施者作为家长教育孩子的权利和督促孩子的义务,也给予了接收者作为孩子应当尊敬家长、听从教诲这一符合传统道德规范的义务。因而在对话中YM妈妈通过反复实施"lǎo shī"这一仪式性语码转换不断催促MJ跟老师打招呼,行使其作为家长教育孩子的权利,并履行家长应督促孩子尊敬师长的义务。这里的仪式性语码转换帮助交际者完成权利和义务的转变,并促进了实施者新的权利和义务的实现。虽然对话中 MJ 没有作出任何言语回应,也即并未通过言语行为履行其作为学生和孩子的义务,对其所拥有的权利和义务的实现未起到促进作用,但同时亦没有产生负面影响,这些权利和义务并未因此而消失。

该例中,实施者通过实施仪式性语码转换不仅规定了自身作为 YM 和 MJ 的家长与老师之间的人际关系、MJ 与老师的师生关系,还推动了其与 MJ 之间由原本的姑侄关系向家长与孩子关系的转变;同时,该仪式性语码转换一方面帮助实施者履行其身为家长的权利和义务,强调了 MJ 作为学生应尊敬师长的义务,且推动了两位老师权利和义务的实现,另一方面又通过改变 YM 妈妈与 MJ 之间的人际关系及双方身份,促成了双方权利和义务的共同转变。

例 2 中仪式性语码转换的实施同时规定和改变了交际者之间的人际关系,推动了交际者权利和义务的实现及转变。在该过程中,实施者和接收者权利和义务的实现和转变都根植于该仪式性语码转换,并通过其实施促成。实施者通过对与一般历史或关系历史相关的社会规范和道德秩序的阈限性模仿,彰显出对特定社会规范和道德秩序的遵守和服从。

五　结果与讨论

案例分析发现,互动中存在着具有全部仪式性行为特点的仪式性语码转换,其作用于人际关系,具有反复出现和情感投入的特点;它的实施根植于阈限模仿性演绎,且这种演绎与关系历史(及相关的道德秩序)或一般历史性(及相关的道德秩序)密切相关。仪式性语码转换的性质特点可用于区分即时性语码转换与仪式性语码转换,判断标准为:a) 是否作用于人际关系;b) 是否与一般/关系历史相关。通过是否同时满足以上两点可区别即时性语码转换与仪式性语码转换。

同时,通过实施仪式性语码转换:1) 实施者可规定或改变与接收者之间的人际关系,或同时规定和改变双方的人际关系,如例 2 所示;2) 实施者在促成自身与互动语境相关的某种权利和义务实现或转变的同时推动接收者相关权利和义务的实现或转变;3) 接收者可通过回应影响其权利和义务的实现或转变,如例 1 的 WJ 和例 2 的老师,也可能不影响,如例 2 的 MJ。

基于此,我们对原分析框架进行了调整与补充(见图 2),并认为该分析框架具有可复制性,有助于 1) 识别互动中的即时性语码转换与仪式性语码转换;2) 分析互动中仪式性语码转换的人际语用功能以及对互动双方权利和义务产生的影响。

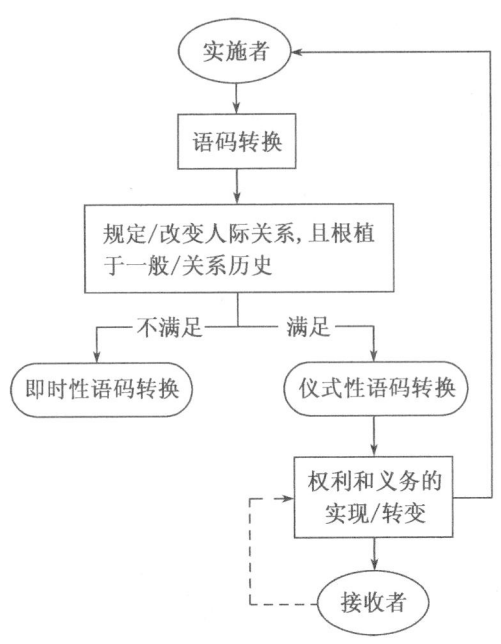

图 5-1　互动仪式视角下的语码转换分析框架

六　结　语

本研究基于互动仪式概念,将语码转换分为即时性语码转换和仪式性语码转换两类,通过具体案例分析,阐明了互动中语码转换的一系列仪式性特点,证实了人际互动中仪式性语码转换的存在,提出即时性语码转换与仪式性语码转换的区分标准,并考察了仪式性语码转换的实施对互动双方的人际关系以及权利和义务的实现或转变的影响。以此为基础,本研究提出互动视角下的语码转换分析框架,为语码转换研究提供了新的理论视角和阐释机制,对深入理解双语语境下的人际互动具有重要意义。同时,交际者通过实施仪式性语码转换所展现出的对特定社会秩序和道德规范的遵守和服从,对语码与特定社群之间的关系的探讨、交际者对社群文化的认同等研究提供了重要参考。

本研究在语料收集方法上采用提前向被录者征得未来一段时间内随时随地进行录音的许可,更大程度地减小了被录者的受影响程度,为本研究提供了真实可靠的研究语料。由于时间和地点限制,本文只考察了收集于漳州市东山县的语料,有待从其他地区收集更丰富的语料来进一步佐证和完善研究成果。同时,本文所呈现的分析框架还不够系统、成熟,交际者的社会地位、意识观念、文化认知差异等都与语码转换现象密切相关,需结合多维度视角进一步考察研究。

参考文献

[1] Anfosso, M. 2019. Ritual Speech in the Neo-Phrygian Funerary Curse Formulae[J]. *Indo-European Religion and Poetics*, 1-12.

[2] Auer, P. (ed). 1998. *Code-switching in Conversation: Language, Interaction and Identity*[M]. London: Routledge.

[3] Blom, A. 2012. "Linguae Sacrae" in ancient and medieval sources: An anthropological approach to ritual language[A]. In A. Mullen & P. James (eds.), *Multilingualism in the Graeco-Roman Worlds*[C]. Cambridge: Cambridge University Press, 124-140.

[4] Blom, J. P. & J. J. Gumperz. 1972. Social Meaning in Linguistic Structure: Code-switching in Norway[A]. In Li, W. (ed.), *The Bilingualism Reader*[C]. London: Routledge, 102-126.

[5] Hull, K. 2017. "The Language of Gods": The pragmatics of bilingual parallelism in ritual Ch'orti'Maya discourse[J]. *Oral Tradition*, 31(2): 293-312.

[6] Kádár, D. Z. 2017. *Politeness, Impoliteness and Ritual*[M]. Cambridge: Cambridge University Press.

[7] Meyer, M. W. 1999. *Ancient Christian Magic: Coptic Texts of Ritual Power*[M]. Princeton: Princeton University Press.

[8] Myers-Scotton, C. 1988. Code-switching as indexical of social negotiations[A]. In Li, W. (eds.), *The Bilingualism Reader*[C]. London: Routledge, 127-153.

[9] Stam, N. 2017. A typology of code-switching in the commentary to the Félire Óengusso[D]. Doctoral dissertation, Utrecht University, Utrecht, Netherlands.

[10] Su, H. Y. 2001. Code-switching between Mandarin and Taiwanese in three telephone conversation: The negotiation of interpersonal relationships among bilingual speakers in taiwan[J]. *Texas Linguistic Forum*, 44(2): 430-446.

[11] Tseng, A. & H. R. Cashman. 2015. Code-switching pragmatics[J]. *The Encyclopedia of Applied Linguistics*: 1-6.

[12] Virani, Z. 2020. Across cultures: Pakistani all-female speaking rituals[J]. *UTSA Journal of Undergraduate Research and Scholarly Works*, 7: 1-13.

[13] 程昕,孙小涵,2019.语码转换策略在可逆双语教学模式中的应用研究[J].高教学刊,(5): 127-129.

[14] 陈士法,彭玉乐,吴育姝,赵兰,杨连瑞,2020.基于ERP技术的英汉-汉英宾语语码转换的认知神经机制研究[J].外语教学理论与实践,(3):10-20+66.

[15] 陈伟红,2014.闽南话与普通话语码转换的语用学分析[J].厦门理工学院学报,22(6):69-74.

[16] 董俊虹,师甜甜,2012.双语者句内语码转换的内在心理动机分析[J].西北大学学报(哲学社会

科学版),42(6):169-171.

[17] 黄大鹏,张景发,2016.医务人员的语码转换及其交际功能[J].现代交际,(18):75-76.

[18] 刘蓉,向波阳,2020.英语课堂教师语码转换功能探析——以黄石市某高中为例[J].湖北师范大学学报(哲学社会科学版),40(4):128-132.

[19] 李晓杰,2017.普通话和方言语码转换的顺应性研究[D].硕士论文,郑州大学,郑州.

[20] 苏婧,2020.社会语言学视角的体育解说语码转换动机探析[J].现代交际,(8):86+85.

[21] 孙飞凤,谢进发,2013.语码转换——实现交际利益中心转移的语言手段,华侨大学学报(哲学社会科学版),(2):132-137.

[22] 孙飞凤,谢友福,2012.语言模因论对语码转换的阐释[J].泉州师范学院学报,(5):105-110.

[23] 孙飞凤,曾泽怀,2012.会话含意理论在语码转换研究中的运用[J].韩山师范学院学报,(4):62-66.

[24] 孙明明,佟敏强,2016.电视广告中汉英语码转换的语法分析及其社会功能[J].外语学刊,(4):105-108.

[25] 台湾"教育部"国语推行委员会,2011.台湾闽南语常用词辞典.2021-6-25,引自 *https://twblg.dict.edu.tw/holodict_new/*.

[26] 唐奇,王晓燕,罗策艳,2014.海归留学生面试话语的语码转换研究[J].湖南工业大学学报(社会科学版),19(5):155-160.

[27] 唐瑶,段成,2020.新闻报道的语码转换顺应分析——以《中国日报》(2018.01-2019.07)"食品安全"报道为例[J].海外英语,(21):236-238.

[28] 王琳,2014.汉英语码转换的句法变异问题探索——基于树库的动词句法配价分析[J].外语与外语教学,(5):47-53.

[29] 王平,2020.语码转换与超语对比及其启示[J].外语研究,37(2):56-62.

[30] 王晓燕,王俊菊,2012.同伴互动语码转换研究——基于英语学习者的课堂口语语料分析[J].解放军外国语学院学报,35(3):60-66+128.

[31] 王雪瑜,2012.《小孩不笨2》中语码转换的模因认知研究[J].重庆交通大学学报(社会科学版),(6):118-121.

[32] 王跃平,杜敏,2019.语码转换顺应性的多维论析[J].喀什大学学报,(5):47-53.

[33] 谢进发,2012.语码转换——模因作用及其在交际中的体现[J].剑南文学(经典教苑),(9):128-129.

[34] 闫凌燕,2021.亚裔电影中语码转换的语言顺应研究——以《摘金奇缘》为例[J].今古文创,(8):112-114.

[35] 俞金燕,2021.主体语框架模式下教师语码转换的结构特征[J].蚌埠学院学报,10(3):89-93.

[36] 张聪义,张艳君,2009.闽南方言与普通话之间的语用顺应研究[J].重庆工学院学报(社会科学版),(5):132-135.

[37] 周长楫,2006.闽南方言大词典[M].福州:福建人民出版社.

[38] 朱玉金,2018.顺应论视角下语码转换成因分析[J].现代交际,(8):90-91.

网络差评商家回应话语中的身份建构与关系管理
——言语行为视角*

南京审计大学　钱永红**

摘　要：本研究基于大众点评网上饭店商家回应网络差评的话语语料，考察商家实施的言语行为以及其构建的身份类型，并阐释商家构建这些语用身份的关系管理功能。研究发现，商家在网络差评回应话语中主要实施了致谢、致歉、承诺、请求、陈述、解释、邀请、祝愿、建议等九种言语行为，构建了诚恳认错型、补偿让利型、尽力负责型、热情服务型商家身份，其目的是为了修复、维持甚至提升与消费者之间的关系。本研究进一步丰富了人际语用视角下的身份研究成果，同时可为商家在网络公开语境下采用适当的语用策略来修复和提升与消费者的关系提供理论与实践指导。

关键词：网络差评回应话语；言语行为；语用身份；和谐关系管理

Title: Identity Construction and Rapport Management in Merchants' Responses to Online Negative Reviews: From the Perspective of Speech Act Performance

Abstract: This study, based on the data of hotel owners' online responses to negative reviews, aims to investigate the speech acts performed and the identities constructed by the merchants, as well as the interpersonal functions of these pragmatic identities. It is found that nine types of speech acts are frequently performed in the responses, namely thanks, apologies, promises, requests,

---

* 本文为国家社会基金重大项目"网络空间社会治理语言问题研究"（编号20&ZD299）、江苏省社科基金一般项目"突发公共事件外交话语的语用策略及翻译研究"（21YYB013）及2018年度江苏高校哲学社会科学研究外语教学专题项目"基于'互联网+'的混合式教学的探索与实践——《ESP管理英语》的个案研究（2018SJZT50）"的中期研究成果。

** 作者简介：钱永红，南京审计大学外国语学院副教授。研究方向：社会语用学。联系方式：402447630@qq.com。

statements, explanations, invitation, wishes and suggestions, which help to construct the merchants as people who are willing to admit mistakes, offer compensation and profit, shoulder responsibility, and provide enthusiastic service. Their fundamental motivation is to repair, maintain and even enhance the relationship with their consumers. This study may enrich current research on identity from the perspective of interpersonal pragmatics, and provide theoretical and practical guidance for online businesses to adopt appropriate pragmatic strategies to repair and enhance the relationship with their consumers in the face of negative reviews.

Key Words: online negative-review responses; speech acts; pragmatic identity; rapport management

一 引 言

研究表明,消费者自发产生的网络评论对商家形象和产品服务的销售会产生巨大影响(如 Anderson & Magruder, 2012;Chevalier & Mayzlin, 2006;Feng & Ren, 2019;Ho, 2017;Leung et al., 2013;Nakayama & Wan, 2018;Ren, 2018),因而当遇到有损商家形象的负面评价时,商家会采取有效的话语策略去改善商家与消费者之间的关系,从而尽力消除负面评论给商家带来的不良影响(Litvin & Hoffman, 2012;Looker et al., 2007;O'Connor, 2010)。如果处理不当,将会对商家的形象和声誉会产生极大的负面影响(Ho, 2017)。

目前相关话题的研究主要考察了回应话语的话步策略及其人际作用(Davidow, 2003;Levy et al., 2013;Morrow & Qian, 2020;Yamanouchi, 2020)。尽管也有少数学者关注到评论回应话语中的道歉言语行为(比如 Ho, 2017;Morrow & Yamanouchi, 2020),但尚未有学者全面考察言语行为的实施情况,探究其参与构建的语用身份以及实施的语用功能。此外,大部分研究语料均来自国外旅游网站(比如 booking.com, tripadvisor.com 等),很少涉及英语以外的其他语言的语料(Feng & Ren, 2019)。可见,目前相关领域的研究还留下很多空间(Ho, 2017;Leung et al., 2013)。

基于上述现状,本研究采集中国发达城市饭店商家回应消费者网络差评的语料,运用自下而上的分析方法,考察商家所实施的言语行为情况以及通过这些言语行为构建的语用身份,并从关系管理理论角度阐释相关身份构建的语用功能。

二 理论基础

海伦·斯宾塞奥梯(Helen Spencer-Oatey)(2000,2008)在前人关于礼貌与面子的研究(Brown & Levinson,1978;Lakoff,1973;Leech,1983)基础之上,提出了和谐关系管理模式(Rapport Management Model,以下简称RMM),并由此引领了语用学研究的人际关系转向(relational turn)(Spencer-Oatey,2011:3569)。该理论超越了关于面子和礼貌的研究,试图阐释言语交际中人们管理彼此社会关系的话语实践。在斯宾塞奥梯的理论模式基础上,陈新仁(2018a)提出一个扩展的和谐关系管理模式,对关系管理取向、关系管理的维度、关系管理的策略、关系管理的礼貌评价等几个方面进行了一定的调整和补充。

根据和谐关系管理模式,交际者选择了特定的关系管理取向后,就会对听话人的面子、利益、权利与义务、情绪、交互目标等方面进行积极管理或消极管理(陈新仁,2018a)。说话人确定了具体的关系管理维度之后,便会诉诸各种语用策略对当前交际关系实施管理,具体体现在不同域中的语言或非语言选择方面(比如言语行为域、话语域、参与域、文体域、非言语域等)。例如,陈新仁(2018b)通过实例,展示了交际者如何通过特定的言语行为(如宣告、批评、表扬、建议)的选择来建构自己或对方的身份。

另一方面,李成团、冉永平(2015)指出,身份建构是人际关系构建与调节的必经过程,而人际关系是身份构建的构成要素,二者具有非常密切的关系(Locher,2013;Spencer-Oatey,2013)。交际者可以通过身份建构来调节彼此的关系,或者有意识地对彼此之间的关系进行有效管理。也就是说,交际者可以通过语用身份的建构对关系好坏的取向和交际目标进行管理(比如选择提升关系、维持关系或忽视关系等)。

鉴于言语行为是身份建构的一种手段,而身份建构又是关系管理的一种策略,因此可以认为,言语行为、身份建构与和谐关系管理三者之间存在紧密的联系。为此,本研究将侧重从言语行为域的角度,结合言语行为的话语内容和语言形式来考察商家在网络差评回应中的语用身份构建,并采用和谐关系管理分析框架分析这些语用身份的关系管理功能。

三 研究设计

3.1 研究问题

本研究主要回答以下三个问题:

1) 饭店网络差评回应话语中实施了哪些言语行为？
2) 商家通过实施这些言语行为构建了哪些语用身份？
3) 商家构建的这些语用身份对他们与客户的关系有何作用？

3.2 语料收集

本研究语料选自于"大众点评网"。该网站于2003年4月成立于上海,是中国领先的本地生活信息及交易平台,也是全球最早建立的独立第三方消费点评网站。该平台几乎所有的信息都来源于大众,每个人都可以对商家产品或服务发表评论。我们首先从大众点评官网的三个评价等级(好评、中评和差评)中选择"差评"等级,筛选出相关评论,然后人工查找负面评论下商家的回应语料。由于该网站的评论及回复文字不支持直接拷贝的功能,因此我们先对消费者负面评论及商家回复进行截图,再用手机图片识别软件"文字提取"App进行文字提取并粘贴进 Word 文档中并整理待用。

为了使语料更具有代表性,我们选择了北京、上海、南京、深圳四个中国高度发达的一线城市或沿海发达城市的各50家人均消费在100元以上的饭店商家。因为语料收集时考虑,这四个城市网络商业相对比较发达,商家的经营理念相对较为先进,可能会更注重自身企业的线上线下形象及与消费者的关系维护;另外,饭店档次较高的商家可能会更加注重消费者的网络评价及商家形象的维护。

考虑到同一家饭店的评论回应人的应对策略可能会比较相似,因此,为了使语料更具代表性,我们每家饭店只取差评回应的第1条语料(没有商家回应的饭店则不选)。结果共收集200条差评回应语篇语料,总计28764字,平均每条回复144字左右。为了保护饭店声誉和回应人的隐私,我们在后文的语料分析中隐去了饭店名称、名字及电话号码,用字母"X"来代替。

3.3 言语行为的识别、分类、标注及统计方法

本研究参照 Searle(1979)的言语行为分类方法进行语料分析。作者采用人工方法对言语行为的类型进行标注,然后统计数量及所占比例。语料标注的例子示例如下:

(1) ① 真是非常抱歉,作为小店的管理人员让您不管在服务上还是口味上都觉得这么失望、生气,都是我们的错,是我们管理不到位。(道歉)② 叫号机的声音我们也会适当调小的,对服务于服务商的管理与培训我们也会加强的,杜绝此类事件发生。(承诺)③ 也是希望您能给我们一次改过的机会,让我们能有所进步。(请求)④ 真诚期待您的下次光临!(邀请)

还有一些句子(如下例)会同时包含一种以上的言语行为,分别计为一次:

(2) 再次向您表示诚挚的歉意(致歉),衷心期待您的再次光临!(邀请)

最后作者采用人工的方法将所有语料中使用的各种言语行为的类型和次数进行统计,考察各种言语行为使用的比例。

四 研究结果

4.1 商家网络差评回应话语中的言语行为实施情况

根据统计我们发现,200条商家网络差评回应话语中,共计涉及2 187个言语行为,主要包括致歉、致谢、承诺、请求、陈述、解释、祝愿、邀请、建议等类别。这些言语行为的内容主要涉及商家对消费者的不满意体验进行道歉、感谢消费者惠顾或给予评论、承诺解决问题提高服务水平和质量、请求对方原谅或给改进的机会、陈述经营理念、解释原因、祝愿顾客顺利愉快、邀请顾客再次惠顾、对消费者点菜或吃菜的方式进行建议等。试看以下一组例子:

(3) 很抱歉没能给您提供一个好的用餐体验。(致歉)

(4) 谢谢您的光临!(致谢)

(5) 对于您所反馈的菜品问题我们已第一时间反馈给我们的厨师长,定会加强改进。(承诺)

(6) 也希望您能给我们改进的机会!(请求)

(7) 南京xxx大酒店一贯关注食材的选择,重视食品卫生安全并珍视您的意见。(陈述)

(8) 这里需要跟您解释一下:不同的肉脂肪分布是有差异的,我们也不能保证每份肉的品相与口感是相同的。(解释)

(9) 祝您工作顺利,生活愉快。(祝愿)

(10) 期待您再次光临!(邀请)

(11) 可能您不太喜欢做熟的三文鱼,您可以单点菜单上其他的菜品。(建议)

除此之外,语料中还发现少量其他种类的言语行为,比如嘲讽、詈骂、警告、威胁、拒绝等言语行为。我们看以下一组例子:

(12) 对于恶意点评,我们保留采取法律手段的权利。(威胁)

(13) 不需要您的好评！（拒绝）

(14) 低素质的羊毛党！（詈骂）

(15) 要是都像你一样这么大肚子,自助餐馆迟早都要倒闭了！（嘲讽）

(16) 年轻人,少出来薅羊毛啊！（警告）

表 4-1 汇报的是商家网络差评回应中所实施的言语行为类别、频次及所占比例：

表 4-1 商家网络差评回应中言语行为类型、频次及比例

言语行为类型	数量（次）	比例（%）
致谢	362	16.6%
致歉	323	14.8%
承诺	286	13.1%
陈述	271	12.4%
解释	243	11.1%
请求	192	8.8%
祝愿	184	8.4%
邀请	176	8.0%
建议	117	5.4%
其他	33	1.5%
总计	2 187	100.0%

由表 4-1 可以看出,在面对消费者网络公开负面评价的语境下,商家首先倾向于采用致谢言语行为对消费者的评论进行感谢（362 次,16.6%）；其次是采用致歉言语行为对消费者提出的批评或抱怨表示歉意（323 次,14.8%）；此外,商家还选择了承诺（286 次,13.1%）、陈述（271 次,12.4%）、解释（243 次,11.1%）等言语行为对涉及的问题承诺认真调查整改、表明商户在保证服务质量方面所做出的努力、解释相关问题出现的原因等。除此之外,商家还会采用请求言语行为（192 次,8.8%）来求得消费者的理解或原谅。祝愿（184 次,8.4%）和邀请（176 次,8.0%）等语言行为也被用来对消费者的抱怨和批评进行回应,一般是邀请客人再次光临,并在客人的健康、事业等方面给予良好的祝愿,表达自己礼貌、热情的待客之道。当然,商家还会少量使用建议（117 次,5.4%）等其他言语行为进行回应,比如建议消费者选择不同的菜品、提醒消费者采用不同的食用方法,或者提前预订等,以帮助解决消费者所提到的问题或困扰。

商家通过这些言语行为具体建构了哪些类型的身份,其目的又是什么呢？下面我们将具体分析。

4.2 商家网络差评回应中言语行为构建的语用身份

身份可以包括各种维度,如属性、角色、形象等(陈新仁,2020)。一些学者关注交际者在特定情境下通过话语建构的形象身份。比如 Ho(2010)分析了学校领导给员工的电邮语料,发现邮件作者建构了负责任、理性、礼貌等形象。任育新(Ren,2012)分析了学术语境下专家实施建议言语行为时倾向于构建两大类身份:默认的专家身份和变异身份,并对其中默认的专家身份加以修饰,凸显某种特质或形象,如知识渊博专家身份、权威专家身份、谦逊专家身份等类型。借鉴上述研究的做法,本研究将商家在回应消费者批评或抱怨评论时在话语中所凸显的某些特质或形象统称为语用身份。在网络评论与回复的互动中,商家身份是默认身份,但默认的商家身份在动态交际中会根据特定语境和交际目的而被加以调整,凸显某些层面的特质,从而促进当前交际目的的顺利达成。

经语料分析,我们发现商家通过以上提及的言语行为及话语内容构建了以下类型的商家身份。需要说明的是,这些身份与言语行为的类别并非是一一对应的关系,而是与言语行为的具体内容相关,因此存在多种言语行为共同构建某种身份的现象。

4.2.1 诚恳认错型商家身份

语料分析发现,商家在网络差评回应中一般会选择采用致谢言语行为,对顾客的点评和惠顾表示感谢,然后采用致歉言语行为对顾客不满意之处进行诚恳道歉,从而构建了诚恳认错型商家身份。比如:

(17) 感谢您惠顾小店,并花时间对我们的服务提出宝贵意见。(致谢)
(18) 不合您口味我们感到抱歉哦!(致歉)
(19) 首先非常抱歉给您带来不愉快的用餐体验呢,是我们的错。(致歉)
(20) 请您给我们一次改正的机会!(请求)

这里,商家首先采用致谢言语行为的直接致谢语言形式"感谢您……",对顾客的"惠顾"和"宝贵意见"表示感谢,体现了商家面对负面批评时仍然保持礼貌待客的态度和风度,同时也体现了商家在面对批评时诚恳、谦逊的态度。商家还会采用"……感到抱歉""非常抱歉给您……"等致歉言语行为句式来对顾客的不良用餐体验、或菜品不合口味进行致歉,同时采用"是我们的错"这样的致歉表达来直接承认错误,展现了商家敢于承认不足、敢于公开道歉的诚恳态度。此外,商家还会采用"请您给我们一次改正的机会"等请求言语行为,真诚地请求对方再给商家一次机会,体现了商家诚恳认错的态度。

4.2.2 补偿让利型商家身份

语料分析发现,在面对顾客提出的抱怨或批评时,商家也通常会采用承诺言语行为,表示愿意赔偿损失;或者采用陈述或解释言语行为对自己的菜品或服务进行解释,表明自己菜品的优惠和让利实质,建构了补偿让利型商家身份,对顾客的利益予以关照。我们看以下例子:

(21)如果下次再出现这种情况,我们承诺一定会给您调换,加倍补偿您的损失。(承诺)

上例中,商家有时采用"我们承诺一定会……"这样的显性承诺句式,表明商家愿意"调换"不满意菜品并"加倍补偿损失"。商家有时也会采用隐性承诺表达"我们有一个赔一个",表明商家愿意对顾客不满意的菜品进行赔偿或补偿的态度。商家通过实施这样的言语行为,构建了补偿让利型商家身份。这与以往研究结果存在差别,比如 Levy 等(2013)发现评价等级较高的宾馆在对网络抱怨进行回应时主要采用了感激、致歉和对服务不周的问题进行解释等策略,但是很少有宾馆提到赔偿的事宜(Feng & Ren, 2019),其原因可能是商家存在逃避责任的嫌疑,也可能由于汉英网络负面回应的文化或策略存在一定差异。

4.2.3 尽力负责型商家身份

此外,商家在网络差评回应中还采用了请求、陈述及承诺言语行为来构建自己尽力负责型商家形象。比如以下例子:

(22)关于您反馈的服务问题,我们一定会加强培训。(承诺)
(23)我们做生意讲究的是诚信与品质。(陈述)

上例中,商家通过采用"关于……问题,我们一定会……"等言语形式实施承诺言语行为,承诺对顾客所反映的菜品问题进行改进,或针对服务不周问题而加强对服务人员的培训等。商家有时也会采用陈述言语行为,比如"我们做生意讲求的是诚信与品质"等陈述言语行为,对自身商家在诚信与品质方面坚持的一贯原则进行陈述,让消费者对商家的服务品质建立信心,同时也体现了商家对消费者反映的问题予以认真对待和回复的负责态度。

4.2.4 热情服务型商家身份

语料分析发现,商家在面对顾客的批评和抱怨时,除使用致谢、致歉、陈述、解释等言语行为之外,还会采用邀请言语行为来邀请客户再次光临消费,或采用祝愿言语行为对消费者表达良好祝愿,表明了商家热情服务的态度和意愿。来看下面例子。

(24) 我们衷心希望您的再次光临。(邀请)
(25) 可能您不太喜欢做熟的三文鱼,您可以单点菜单上其他的菜品。(建议)
(26) 祝您身体健康、生活愉快!(祝愿)

从上例可以看出,商家采用"衷心希望""再次光临"等语言表达方式实施了邀请言语行为;还采用了"祝您身体健康、生活愉快"等祝愿言语行为,对消费者给予了良好祝愿。此外,商家还会采用少量委婉的建议言语行为表达形式,比如"您可以……"等实施建议言语行为,对顾客就餐过程中产生的不满给予热心建议。有时,商家还会向对方提供自己的手机号码,邀请对方今后有问题随时沟通,体现了商家真诚、热情的服务态度。这些言语行为构建了商家热情服务型商家身份。

由于嘲讽、詈骂、警告、威胁、拒绝等言语行为占比较小(仅占1.5%),使用的频率较低,因此,它们所构建的身份类型暂可忽略不计。

五 商家构建上述语用身份的语用功能

本部分尝试讨论商家通过实施各种言语行为构建上述各类身份的语用功能。

身份建构是交际者在一定交际语境及社会环境背景下作出的积极选择,这种选择与交际者的交际意图与交际目的密切相关(陈新仁,2018b)。Omoniyi(2006)认为,在任何情境下,交际者的多种身份并非是以平行的方式存在;相反,交际者通常会策略性地凸显某些身份层面的特质,以便更好地达成当前交际目标。因此,我们有理由认为,商家在公开回应网络差评这种特殊语境下实施不同言语行为来建构各种语用身份是有深刻动因的,具有主动性与策略性。研究发现,商家通过言语行为构建的四种语用身份,可以从下列五个维度进行管理以改善或提升双方关系。

5.1 对面子进行管理

面子是对交际者的优点和价值的正面认可与赞同,是说话人在某一特定交际环境下从交际对方为自己有效争取的正面社会价值(Spencer-Oatey,2008)。斯宾塞奥梯认为,面子包括素质面子(quality face)和社交身份面子(social identity face)两方面内容。素质面子指交际主体在能力、技能、智力、外表和品行等个人素质方面希望得到正面评价的基本愿望,涉及个人自尊或个人形象问题。从本研究的语料分析可以看出,在面对消费者的批评、抱怨等负面情绪时,商家选择采用致谢、致歉和承诺等言语行为,对消费者提出的批评和抱怨表示虚心接受,构建了诚恳认错型商家身份,维护了消费者作为值得尊重的贵客的社交身份面子,力图获得顾客的谅解和认可,从而修复与消费者之间的关系。

5.2 对利益进行管理

大多数商家选择采用陈述、阐释和承诺等言语行为构建了补偿让利型商家身份,表示愿意对消费者感觉不满意的服务进行补偿,尽可能保障消费的利益,从而修复、维持或提升商家与消费者之间的关系。

5.3 对权利及义务进行管理

从商家与顾客的权利与义务角度来看,两者之间存在服务与被服务的关系。一方面消费者有权利得到与价格相匹配的商品或服务,另一方面商家也有义务提供相应的商品或服务,因此商家对顾客的抱怨与批评有义务进行正面、有效的回应,解决彼此可能存在的冲突。本研究语料分析显示,商家通过阐述、承诺等言语行为建构了尽力负责型身份,尽力维护消费者的权利,尽可能赋予对方自主权、主动权和联络权,表现出诚恳、良好的解决问题的态度,力图解决当前交际中存在的可能导致双方关系遭到破坏的问题。商家通过这种尽力负责型身份的构建,能较好地避免双方可能存在的冲突与关系僵化,从而有助于修复和维护双方的和谐关系。

5.4 对情绪进行管理

语料分析发现,绝大多数商家在对消费者差评进行回应的过程中,选择了致谢、致歉和承诺等言语行为,建构了商家诚恳认错型、补偿让利型、尽力(专业)负责型身份,尽可能地照顾顾客的消极情绪,让对方失望和抱怨的情绪得以缓解,从而有助于修复彼此之间存在的潜在冲突,同时还采用邀请、建议和祝愿等言语行为建构了热情服务型商家身份,从而有助于提升彼此的和谐关系。

5.5 对交际目标进行管理

语料分析发现,商家在应对消极评论时,为了修复双方关系并维持自身良好形象,会尽可能推进交际目标的顺利实现:采用言语行为建构诚恳认错型身份,接受消费者所提出的问题和批评;采用尽力负责型身份对消费者提出的问题给予解决、承诺改进,同时建构了补偿让利型身份尽可能满足对方的诉求,给予对方补偿或让利,在抚慰消费者情绪的基础上,尽量满足对方的诉求。

综上可见,在大众点评上对消费者的公开抱怨进行回应的特殊语境条件下,为了维持商家良好的商业形象从而获得更好的商业效益,大多数商家会选择从面子、利益、权力与义务、情绪及交互目标等五个维度来进行关系管理,修复或提升双方的关系。事实上,大多数商家选择了前文所述的九种言语行为(占 98.5%)进行适切的语用身份构建,而很少采用其他如拒绝、詈骂和威胁等言语行为(1.5%)进行回应,其目的是商家尽力在网络公开交际语境中维持自身良好的正面商家形象,而非由其他言语行为构建负面商家形象,影响甚至损害彼此的关系。

六 结 语

本研究分析了大众点评网上深圳、南京、上海、北京四个城市各 50 家饭店的商家针对顾客网络差评进行回应的 200 篇话语语料,发现商家网络差评回应话语中主要倾向于使用致谢、致歉、承诺、请求、陈述、解释、邀请、祝愿和建议等言语行为,分别构建了商家诚恳认错型、补偿让利型、尽力负责型和热情服务型四种类型的商家身份,从面子、利益、权利与义务、情绪和交际目标等维度对双方的关系进行管理,从而有助于解决潜在冲突,修复并提升彼此的关系。

本研究进一步表明,身份策略是交际者倾向于采用的语用策略之一,交际者可以根据情境凸显自我身份的某些特定的维度和特质来构建不同的形象身份,帮助实施当前关系管理目标。此外,本研究结合本研究所收集的差评回应语料,发现关系管理的取向除了维持、提升、忽视、挑战、破坏(陈新仁,2018a)外还可以加上"修复"这个取向,而商家回应差评时构建的各种身份主要是为了修复彼此的关系。

本研究将言语行为、语用身份构建与和谐关系管理三者有机融合,基于汉语饭店商家网络评论回应话语,进一步拓宽了网络评论研究的研究语种和网络商业范围。此外,本研究对商家图和应对网络差评具有一定的理论指导作用。考虑到本研究在语料收集及分析框架方面可能存在一定的不足,故未来研究仍可进一步探讨网络话语的身份与关系管理问题,本文权作抛砖引玉之作。

参考文献

[1] Anderson, M. & J. Magruder. 2012. Learning from the crowd: Regression discontinuity estimates of the effects of an online review database[J]. *Economics Journal*, 122(563): 957–989.

[2] Brown, P. & S. Levinson. 1978. Universals in language usage: Politeness phenomena[A]. In E. Goody (ed.). *Questions and Politeness: Strategies in Social Interaction*[C]. Cambridge University Press, Cambridge.

[3] Chevalier, J. A. & D. Mayzlin. 2006. The effect of word of mouth on sales: Online book reviews[J]. *J. Mark. Res.*, 43(3): 345 – 354.

[4] Davidow, M. 2003. Organizational responses to customer complaints: what works and what doesn't[J]. *Journal of Service Research*, 5(3): 225 – 250.

[5] DeFina, A. 2006. Group identity, narrative and self-representations. In A. De Fina, D. Schiffrin & M. Bamberg (eds.), *Discourse and Identity*[M]. Cambridge: Cambridge University Press: 351 – 375.

[6] Feng, W. & W. Ren. 2019. This is the destiny, darling": Relational acts in Chinese management responses to online consumer reviews[J]. *Discourse, Context & Media*, 28: 52 – 59.

[7] Ho, V. 2017. Giving offense and making amends: how hotel management attempts to manage rapport with dissatisfied customers[J]. *Journal of Pragmatics*, 109, 1 – 11.

[8] Ho, V. 2010. Constructing identities through request e-mail discourse[J]. *Journal of Pragmatics*, (8): 2253 – 2261.

[9] Leung, D., R. Law, H. van Hoof. & D. Buhalis. 2013. Social media in tourism and hospitality: a literature review[J]. *Journal of Travel & Tourism Marketing*, 30(1 – 2): 3 – 22.

[10] Levy, S. E., Duan, W., & S. Boo. 2013. An analysis of one-star online reviews and responses in the Washington, DC, lodging market[J]. *Cornell Hospitality Quarterly*, 54(1): 49 – 63.

[11] Litvin, S. & L. Hoffman. 2012. Responses to consumer-generated media in the hospitality marketplace: An empirical study[J]. *Journal of Vacation Marketing*, 18(2): 135 – 145.

[12] Locher, M. A. 2013. Relational work and interpersonal pragmatics[J]. *Journal of Pragmatics*, 58: 138 – 151.

[13] Looker, A., Rockland, D. & E. Taylor-Ketchum. 2007. Media myths and realities: A study of 2006 media usage in America[J]. *Tactics*, 14 (6): 10 – 21.

[14] Morrow, P. R. & K. Yamanouchi. 2020. Online apologies to hotel guests in English and Japanese[J]. *Discourse, Context & Media*, 34: 1 – 10.

[15] Nakayama, M. & Y. W. Erynan. 2018. Is culture of origin associated with more expressions? An analysis of Yelp reviews on Japanese restaurants[J]. *Tourism Management*, 66: 329 – 338.

[16] O'Connor, P. 2010. Managing a hotel's image on Trip Advisor[J]. *Journal of Hospitality Marketing and Management*, 19: 754 – 772.

[17] Omoniyi, T. 2006. Hierarchy of identities[A]. In T. Omoniyi & G. White (eds.). *The Sociolinguistics of Identity*[C]. London:Continuum, 11 – 33.

[18] Qian Y. H. 2020. Apologies in Chinese restaurants' responses to negative online reviews and rapport management: A cross-cultural perspective[J]. *Sinologia Hispanica*, 2: 119 – 142.

[19] Ren, W. 2018. Mitigation in Chinese online consumer reviews[J]. *Discourse Context and Media*, 26: 5 – 12.

[20] Ren, Y. X. 2012. Constructing identities in academic advising interaction: an adaptationist

account[D]. Unpublished Doctoral Dissertation. Nanjing University, Nanjing.

[21] Searle, J. 1979. A Taxonomy of Illocutionary Acts. *Expression and Meaning：Studies in the Theory of Speech Acts*[M]. Cambridge：Cambridge University Press.

[22] Spencer-Oatey, H. (ed.). 2008. *Culturally Speaking. Culture, Communication and Politeness*[M]. London：Continuum.

[23] Spencer-Oatey, H. 2000. Rapport management：A framework for analysis[A]. In：Spencer-Oatey, H. (ed.), *Culturally Speaking：Managing Rapport through Talk across Cultures*[C]. London：Continuum, 11–46.

[24] Spencer-Oatey, H. 2013. Relating at work：Facets, dialectics and face[J]. *Journal of Pragmatics*, 58：121–137.

[25] 陈新仁,2013.语用身份：动态选择与话语建构[J].外语研究,(4)：27-32+112.

[26] 陈新仁,2018a.言语交际者关系管理模式新拟[J].外语教学理论与实践,(03)：5-12.

[27] 陈新仁,2018b.语用身份论——如何用身份话语做事[M].北京：北京师范大学出版社.

[28] 李成团,冉永平,2015.身份构建的人际语用学研究：现状、原则与议题[J].中国外语,(2)：47-54.

雄安新区生态文明建设的话语策略研究*

河北大学外国语学院　穆军芳　成润莎**

摘　要：本文以雄安新区生态文明建设的相关新闻报道作为语料，采用话语—历史分析法，对比国内外主流媒体对雄安新区生态文明形象建构的话语策略及其语言实现方式。通过对指称策略、述谓策略、论辩策略、视角化策略及强化和弱化策略进行剖析，阐释了国内主流媒体 China Daily 和 NOW 语料库国外主流媒体对雄安新区生态形象话语建构策略的区别和特点，尝试提出区域生态文明形象建构的话语策略比较框架，为该领域深入研究提供参照。

关键词：雄安新区生态文明建设；话语策略；China Daily；NOW 语料库

Title: Discursive Strategies Research of Xiong'an New Area Ecological Civilization Construction

Abstract: Based on a collection of news reports about Xiong'an New Area ecological civilization development, this article conducts a comparative study of the domestic and foreign mainstream media's news reports on discursive strategies and lexicogrammatical realization from the perspective of DHA (The Discourse-Historical Approach). By analyzing referential strategy, predication strategy, argumentation strategy, perspectivization strategy as well as mitigation and intensification strategy, differences and characteristics of domestic and foreign mainstream media on the construction of ecological image of Xiong'an New Area are illustrated. Meanwhile,

---

* 本文为2020年河北省高等学校青年拔尖人才计划项目"新时代河北省生态文明的话语体系和话语实践研究"（项目编号：BJ2020089）的研究成果。

** 作者简介：穆军芳，河北大学外国语学院副教授，研究方向：语用学、生态话语分析和功能语言学。联系方式：Junfangmu@163.com。成润莎，河北大学外国语学院硕士研究生，研究方向：话语分析和功能语言学。联系方式：18731201596@163.com。

this article attempts to propose a comparative research framework of discursive strategies for regional ecological civilization image construction and provide a reference for in-depth research in this field.

Key Words: Xiong'an New Area ecological development; discursive strategies; *China Daily*; NOW on Web Corpus

一　引　言

生态文明建设作为中国特色社会主义事业的重要内容，事关"两个一百年"奋斗目标和中华民族伟大复兴中国梦的实现。在中国特色社会主义进入新时代背景下，必须高度重视人与自然和谐共生、协同共进的生态文明建设。于 2017 年 4 月 1 日正式成立的雄安新区(Xiong'an New Area)自从设立之初就围绕生态主题进行规划设计，以创新发展方式和绿色循环发展作为发展方向，致力于新区的生态文明建设。话语是基于特殊视角表征某一领域社会实践的方式(Fairclough,1995:14)，因此研究生态文明建设实践和生态话语紧密相连。*China Daily*(中国日报)是中国国家英文日报，也是中国了解世界、世界了解中国的重要窗口；由美国杨百翰大学马克·戴维斯(Mark Davis)教授开发的 NOW 语料库(NOW on Web Corpus)涵盖了从 2010 年到现在的国外主流媒体报道情况，是唯一可以实时显示语言实际发生情况的结构化语料库①，在一定程度上代表着国外主流媒体的舆论导向。因此，本文将选取国内主流媒体 *China Daily* 和 NOW 语料库中国外主流媒体与雄安新区生态文明相关的新闻报道作为研究对象，探究国内外主流媒体如何应用话语策略建构新区的生态形象。

二　文献概述

国内外相关领域的专家学者从不同角度对雄安新区的生态文明建设进行诸多探讨，一方面探究雄安新区生态文明建设的生态属性及相应的区域生态系统规划等。刘俊国等人(2019)对雄安新区白洋淀的生态属性进行探析，提出生态修复保护策略；申嘉澍等人(2020)以多元数据为基础，就雄安新区生态系统服务簇进行探究；国外学者泽雷

---

① 语料库地址及简介来源 *https://www.english-corpora.org/now/*.

斯吉等人(Zerizghi et al., 2020)对白洋淀浅水湖泊的生态系统进行评估分析,旨在为雄安新区的生态系统构建提供参考。另一方面关注绿色生态发展目标下经济发展模式的选择。杨蕾(2018)提出绿色产业和绿色金融相结合的创新发展路径,促进生态建设与经济发展协同共进;倪宁灵(Noesselt,2019)探究雄安新区绿色城镇化进程路径。三年多以来,雄安新区的建设规划、研究报告和相关专著等相继出版,规划目标、发展模式等研究更是方兴未艾。虽然以上研究对雄安新区的生态文明建设起到了有益的推动作用,但是目前鲜有区域生态文明话语体系和话语实践的相关研究框架。因此,本研究拟运用批评话语分析的理论和方法,对新时代背景下雄安新区的生态话语建构策略进行研究,以期为区域生态文明建设提供参照。

三 研究设计

3.1 研究语料

本文从国内主流媒体 *China Daily* 和 NOW 语料库中国外主流媒体选取语料,借助 Wordsmith 6.0 进行文本分析。首先从 *China Daily* 选取 2017 年 4 月至 2020 年 10 月关于雄安新区的相关报道,以 Eco-Xiong'an 为关键词筛选语料,运用 PowerGREP 正则表达式批量删除与主题无关的信息,用 Duplicate Cleaner 进行重复去除,最终自建包括 59 篇报道,30,158 字符的"雄安新区国内主流媒体语料库",命名为 A 库;将时间同样设定为 2017 年 4 月至 2020 年 10 月,在 NOW 语料库中以 Ecological Xiong'an 为关键词检索相应字段,通过批量删除无关主题,去除重复信息,最终自建包括 426 篇报道,405,126 字符的"雄安新区国外主流媒体语料库",命名为 B 库。

在自建的 A 库和 B 库中,用 Wordsmith 6.0 进行频次、报道热点、生态热点关键词等检索,提取高频主题词(功能词除外):Xiong'an, ecological environment, ecological protection, green, livable, tree, wetland, urban, innovation, waste reduction, forest greening, water pollution, ecological development research and innovation, air pollution eco-industry, eco-tourism 和 ecological priority,这些词直接反映了雄安新区生态文明建设的主题。其中,与生态文明建设直接相关的主题词有:ecological environment(生态环境)、ecological protection(生态保护),这些词语表明雄安新区的生态文明建设与生态环境直接相关。

表 3-1 雄安新区国内外主流媒体语料库

库别	A 库	B 库
语料来源	*China Daily*	NOW 语料库
时间	2017.4－2020.10	2017.4－2020.10
检索条件	Eco-Xiong'an	Ecological Xiong'an
新闻报道数	59 篇	426 篇
来源国家数	1 个	10 个
来源媒体数	1 个	86 个

这两个自建语料库的语料均选自网络新闻报道，在来源上具有相似性和可比性。

3.2 研究问题

本研究将回答以下问题：

(1) 国内外主流媒体对雄安新区生态文明报道采用怎样的话语建构策略？

(2) 国内外主流媒体对雄安新区生态文明话语建构策略的语言体现手段有什么异同？

(3) 国内外主流媒体对雄安新区的生态形象建构有何异同？

3.3 理论框架

奥地利批评语言学家沃达克在研究总统选举政治话语时提出了 DHA（The Discourse-Historical Approach，话语—历史分析法），之后 DHA 在研究话语时把事件和社会、政治等背景整合，从主题、话语策略等视角观察权力动态（Reisigl & Wodak, 2014:93; Wodak et al., 2009:33）。沃达克在分析特定话语实践时，例如国家身份话语、政治话语等，多次运用话语策略研究国家身份建构或者权力动态（Reisigl & Wodak, 2014:89; Wodak et al., 2009:7）。DHA 从历史语境出发对话语内在含义进行分析，应用话语策略分析语言体现形式，同时注重语言和社会的关系，揭露语言、社会和意识形态之间的复杂关系。

本研究在分析雄安新区生态文明建设的话语建构策略时，主要借鉴赖西格尔和沃达克（Reisigl & Wodak, 2014; Reisigl, 2018）的话语策略分析法。指称策略旨在回答如何通过话语表征社会行为者、对象、现象、事件、过程和行为；述谓策略旨在对事件行为主体、对象、事件过程和行为进行正面或负面话语表征；论辩策略旨在说服受话者接受特定真理主张的有效性和规范性权利；视角化策略通过定位说话者或者作者观点来表达其在话语实践中的参与度或亲疏关系；强化/弱化策略通过强化或者弱化话语的言外效力，即其义务或者认知情态身份，来确定该话语在文本中的地位（Reisigl, 2018:52）。

参照语言的话语策略,我们建立了雄安新区生态文明话语建构的国内外对比分析框架图,见图3-1。

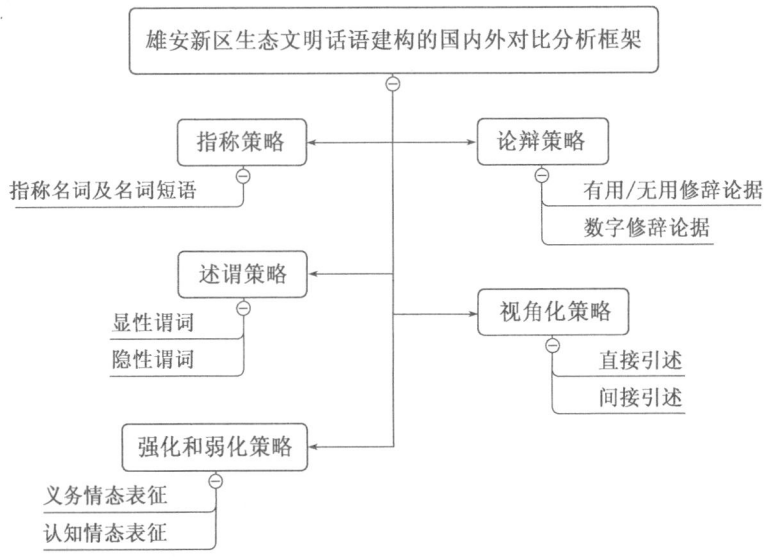

图3-1 雄安新区生态文明话语建构的国内外对比分析框架图

在图3-1中,我们尝试建立一个宏观与微观两个层面的分析框架。宏观层面对应语篇的话语建构策略,即指称策略、述谓策略、论辩策略、视角化策略和强化或弱化策略;微观层面对应话语策略的具体语言体现手段,即指称词、谓词、情态词、直接引述和间接引述及修辞论据。我们所提出的每一种话语建构策略都有其相对应的词汇语法体现方式,这将在第四部分结合具体语料进行详细分析。

四 分析与讨论

话语策略是指"有意图地使用话语实践去实现社会、政治、心理或语言目的的行为",包括指称策略(nomination strategy)、述谓策略(predication strategy)、论辩策略(argumentation strategy)、视角化策略(perspectivization strategy)及弱化和强化策略(mitigation and intensification strategy)(Reisigl,2018)。本部分将参照图3-1解析国内外主流媒体就雄安新区生态文明建设的话语建构策略及其相对应的语言体现方式。

4.1 话语策略分析

4.1.1 指称策略

在本研究中,指称策略指"如何具体表征与雄安新区相关的社会行为者、对象、现象、事件、过程和行为",语言体现方式为指示名词及名词短语(Reisigl & Wodak,2014:94)。指称策略是区域形象构建的常见话语策略(Dyer & Keller-Cohen,2000;Fairclough,1992),本研究将通过指称名词和名词短语考察不同国家媒体对雄安新区生态文明建设的相关报道,对不同媒体所代表的国家生态话语进行分析。

(1) The ministry will also aid the restoration of Baiyangdian Lake, <u>a large wetland</u>, and formulate an overall plan for the new area's environmental protection, with increased scientific and technological support for combating air, water and soil pollution, he pledged. When the new area was announced in April, one of the goals laid out was to create a "naturally scenic city with blue skies, fresh air and clean water". (*China Daily*, 2017)

(2) Xiong'an should insist on putting ecology as the top consideration, and not to build an area crowded with high buildings. Instead, it should have enough public space and a comfortable environment. Xiong'an should be properly designed, and should be <u>a high-tech, ecological, livable and smart city</u>—not only so that the city will have high efficiency industries and economic development, but also to let people and the environment get along harmoniously. (*China Daily*, 2017)

在例(1)中,*China Daily* 通过使用 a large wetland 指称雄安新区的生态建设重点区域白洋淀,以部分指代整体,指出雄安新区的建设目标为创造有蓝天、新鲜空气和清洁水源、自然风景优美的城市,突出湿地资源对于水、空气等污染的防治作用,强调白洋淀在新区生态文明建设中的重要作用。此外,雄安新区也被称为绿色智慧雄安,在例(2)中,*China Daily* 通过指称名词 a high-tech, ecological, livable and smart city,将新区建构为生态宜居城市,高水平现代化生态城市。在经济建设与生态文明建设协同共进的背景下,*China Daily* 强调雄安新区生态文明建设的优先性,同时强调人与自然的和谐相处,突出生态建设的重要性,并且通过高科技创新进行经济建设,把雄安新区打造为智慧城市而不是以牺牲环境为代价一味发展经济,彰显雄安新区的生态文明城市形象,进行肯定自身的积极建构。

(3) Then there's Baiyang Lake, a key part of Xiong'an's ecology. Once known as <u>northern China's "kidneys"</u> for its ability to filter water, today it's unfit for human contact. A casual visitor will have no trouble spotting the garbage dumps and factory discharge pipes lining the water. In 2012, scientists

determined that detoxifying the lake would require "decades of clean-up efforts". (*Malay Mail Online*, 2017)

(4) The Xiong'an New Area, blessed by Beijing's top brass and showered with resources, has become the new zenith of China's building spree ... Xiong'an is meant to be a green metropolis that will help ease Beijing's congestion, but some doubt if its rejection of manufacturing is realistic ...（*South China Morning Post*，2020）

在例(3)中，马来西亚主流媒体 *Malay Mail Online* 将白洋淀指称为 northern China's "kidneys"(中国北方的肾)，从细节上描述白洋淀当前垃圾堆积、工厂随意排污的生态现状，并利用指称名词 decades of clean-up efforts(数十年清理工作量)对白洋淀的整体生态文明现状做出评价，建构了白洋淀负面的生态文明形象，侧面展现了雄安新区生态文明建设任务之艰巨。在例(4)中，美国主流媒体 *South China Morning Post* 分别通过指称名词 the new zenith of China's building spree(中国建筑狂潮的新天地)和 a green metropolis(绿色大都市)展现雄安新区生态文明建设的重要性，通过阐释雄安新区的地理优势，展现出新区前期建设的准备条件充足，但是该媒体对雄安新区的生态文明建设能否实现持怀疑态度。

综上所述，在指称策略的使用上，A 库和 B 库中的语料都通过指称名词及名词短语建构雄安新区的生态形象。*China Daily* 通过指称词语建构了雄安新区清洁绿色智慧的城市形象；而马来西亚、美国等国外主流媒体通过指称词语在描述雄安新区生态文明建设客观条件和现状的同时，进行否定他者建构，对雄安新区未来建设的规划目标持否定和怀疑态度。

4.1.2 述谓策略

Reisigl & Wodak (2014:94)指出述谓策略是通过一些具有评价特征的语言手段界定社会行为者、对象、现象、事件过程和行为的话语特性。在国内外主流媒体就雄安新区的生态文明报道中，述谓策略主要通过具有正面或负面特征的显性或隐性谓词得以体现，这些隐性谓词可以进一步细分为名词性谓词和形容词性谓词。

(5) Xiong'an into the "perfect city" that Communist Party leaders envision ... The central government made (Xiong'an) ... which is an ambitious objective to achieve ... Countless towering cranes dominate the skyline in the Xiong'an New Area of northeastern Hebei province ... (*South China Morning Post*, 2020)

(6) Nearly 20 per cent of farmland is dangerously polluted, and 80 per cent of groundwater is undrinkable. City dwellers have often worsened these problems

by pushing their most polluting activities ...（*Malay Mail Online*，2017）

通过分析发现,部分国外媒体消极表征雄安新区的生态文明建设进程。在例(5)中,美国主流媒体 *South China Morning Post* 使用显性谓词 ambitious objective,负面评价了雄安新区的城市形象,忽视了雄安新区生态文明建设的成就,未能向受众如实地传递信息。在例(6)中,马来西亚媒体 *Malay Mail Online* 使用 dangerously polluted、undrinkable、worsened 等显性谓词表述雄安新区目前的生态问题,污染程度危险系数高使得地下水无法饮用,并且城市居民的一些活动使得问题持续恶化。这些显性谓词不仅负面表述了雄安新区当前严重的生态问题,而且侧面反映了新区未来生态文明建设的严峻形势。

（7）The high-standard planning and construction of Xiong'an ... "Future city" is not only a construction goal but also <u>a new concept of urban construction</u> ... （*Baystreet*，2019）

（8）The authorities view Tianjin *Eco-City* as a role model in several regards for Xiong'an ... the Xiong'an project has been <u>blessed</u> directly by China's top leadership and showered with central government resources. （*Tharman*，2018）

（9）One of Xiong'an New Area priorities is ecological development ... Xiong'an is seen developing into a modern city that is <u>green and intelligent</u>, ending China's "big city malaise", according to a master plan released in April. （*New Zealand Herald*，2018）

不同国家对雄安新区生态文明建设的态度存在着差异。在例(7)中,加拿大主流媒体 *Baystreet* 在报道雄安新区时使用 a new concept of urban construction 等带有正面评价意义的名词短语来描述雄安新区的设立是高水平规划和新理念融合的结果,向国内外民众传递客观、正面的雄安新区生态城市形象。在例(8)中,泰国主流媒体 *Tharman* 通过使用显性谓词 blessed(护佑)一词,正面评价雄安的生态文明建设,强调政府的政策支持。在例(9)中,新西兰主流媒体 *New Zealand Herald* 将新区描述为 green and intelligent,正面报道了雄安新区的生态文明建设,积极表征了新区的生态文明形象,

在述谓策略的使用上,两个语料库对雄安新区生态文明建设的进程都通过正面或者负面特征的显性或者隐性谓词得以体现。此外,我们进一步对比分析了两个语料库中和雄安新区生态文明建设相关的名词性谓词、形容词性谓词的使用情况,如表4-1所示。

表 4-1 *China Daily* 和 NOW 语料库与生态相关的词汇

类别		*China Daily* 示例	NOW 语料库 示例
概括性词汇		ecological protection	ecological environment
生态经济		eco-city eco-development green economic green city construction	ecological development ecological priority
生态评价	积极	water and soil conservation pollution control	waste reduction forest greening
生态评价	消极	illegal killing hunting fishing	water pollution air pollution
生态评价	中立	resource exploration	ecological development research and innovation
绿色发展		eco-tourism green GDP eco-farming	eco-industry eco-tourism
生态伦理		animal protection wildlife protection	wild animal-themed restaurant

Sinclair(2004)认为,语义韵考察研究对象因搭配而产生正面或者负面的评价色彩,是搭配词项与研究词项搭配所产生的语义特点,语义韵能够反映出作者的态度。从表 4-1 可以看出,国内外主流媒体实现述谓策略的名词性谓词,如 waste reduction(垃圾量减少)、forest greening(森林绿化),这些名词共现显示了积极的语义韵。根据语料库分析,*China Daily* 中 75%的语料从土壤、空气、水和湿地等自然资源多方面阐释雄安新区的生态文明建设进程,从动植物等微观角度积极构建雄安新区生态文明建设形象。NOW 语料库中 56%的国外主流媒体通过国家决策和创新发展方式等宏观角度建构雄安新区绿色、健康的生态形象。

我们采用述谓策略分析国内外新闻媒体的报道,发现 *China Daily* 和 NOW 语料库中大部分国外主流媒体对雄安新区的生态文明建设均以积极表征为主,而以美国为代表的部分国外主流媒体消极表征雄安新区的生态文明形象,不仅传递虚假理念,而且在一定程度上否定雄安新区生态文明建设的未来,信息具有一定的蒙蔽性。

4.1.3 论辩策略

论辩策略旨在说服听众接受特定事实要求的有效性和规范性,论辩既是口头形式(部分为视觉的),也是解决问题的认知模式(Reisigl,2014)。这些模式围绕着真理的主张和/或规范性权利的主张,通过有用/无用、数字、责任、事实、危险与威胁、羞辱等论辩题目来论证政治的包容性或排斥性、歧视等观点(Reisigl,2018)。结合语料特点,本研究主要通过有用/无用和数字修辞论据解释媒体的论辩策略。

(10) The first group of 26 high-end and high-tech enterprises have set up operations in the Xiong'an citizen service center, of which 90 percent are from Beijing ... (*China Daily*, 2019)

(11) The Xiong'an New Area in North China's Hebei province will complete an forestation project of more than 13,000 hectares with several green belts built this year ... (*China Daily*, 2019)

在例(10)和例(11)中,*China Daily* 运用大量的直观数字,如 26 high-end、90 percent 和 13,000 hectares 等证明雄安新区的生态文明建设投入较高成本,并且受到较高重视,努力实现将新区建设成为高质量现代化绿色生态城市的目标。此外,通过 more than 13,000 hectares with several green belts built,数字与文字相结合的客观表述,传递当前新区生态文明建设所取得的成就。

(12) Requirements, functional layout aimed at building a beautiful, natural, ecological environment for Xiong'an with a safe and green urban water system, and blueprints for development of high-end ... (*CGT*, 2019)

(13) ... than 70 per cent of Xiongan New Area in North China's Hebei province will be covered by water and trees, according to a leading official. (*The Straits Times*, 2017)

在例(12)中,印度主流媒体 *CGT* 使用 building a beautiful, natural, ecological environment for Xiong'an with a safe and green urban water system(为了雄安有安全、绿色的城市水系,建设美丽、自然的生态环境)的事实作为论辩题目对雄安新区的生态文明建设做出正面描述,用 beautiful、natural、safe、green 等褒义形容词描述新区生态文明建设的前景,介绍新区生态文明的建设蓝图。由此可见,印度主流媒体积极构建良好的新区生态城市形象,积极宣传雄安新区的规划建设。在例(13)中,新加坡主流媒体 *The Straits Times* 运用数字 70 per cent 直观地表达雄安新区未来郁郁葱葱的生态城市景象,正面表达对新区生态文明建设的支持。

(14) "It should be no surprise if the Xiong'an project harms the locals." says Derek Scissors, chief economist at the China Beige Book in Washington. "It was

never intended to benefit them."(*CNBC*, 2018)

(15) That's no surprise: China's four-decade economic boom has exacted a punishing price on the environment. But it does present an enormous challenge. Xiong'an, will have to serve as a model for how China can clean up its past ... That leaves the question of whether Xiong'an can avoid the pollution, traffic and social inequality that plague so many Chinese cities. (*Malay Mail Online*, 2017)

在例(14)中,美国主流媒体 *CNBC* 使用 harms 和 never ... benefit(无利/无用)作为论辩题目,论述中国的经济建设优先于生态文明建设,提出雄安新区的生态文明建设对当地居民无益处的观点,对雄安新区的生态文明建设持质疑和贬低的态度。在例(15)中,马来西亚主流媒体 *Malay Mail Online* 报道雄安新区的设立初衷时,提到中国经济建设 40 年对环境的消极影响,对新区未来的生态文明建设持有怀疑态度,对雄安新区能否避免困扰中国大多数城市的污染、交通堵塞、社会不公平等问题存有疑问。该媒体特别指出新区生态文明建设的挑战、难题等负面影响因素,意在表明新区规划建设重视经济增长的同时也要兼顾生态文明建设、城市交通难题和社会管理问题等,强调新区建设的"高难度论"。

在论辩策略的使用上,A 库及 B 库的部分第三世界主流媒体塑造的雄安新区生态文明形象主要通过有利或正面的论辩题目阐释新区生态文明建设的有用/有利事实;而 B 库中部分媒体试图通过无利或负面描述来改变民众对雄安新区生态文明建设的认知。

4.1.4 视角化策略

视角化策略主要通过直接引述、间接引述和自由引述等方式来定位发话者或书写者的观点和表现参与感或距离(Reisigl,2018)。结合语料,本部分将重点通过直接引述和间接引述阐释国内外主流媒体对雄安新区的生态形象建构。

1) 直接引述

(16) At a recent conference attended by senior officials, Li Ganjie, the environment minister ... "It's a key task for us to protect the environment in Xiong'an." he said. (*China Daily*, 2017)

在例(16)中,*China Daily* 以"保护环境"为主题句,借环境部部长之口,通过他者话语直接转述的语言手段,强调雄安新区生态文明建设的地位,塑造绿色、清洁的新区形象。在构建雄安新区生态形象时以"他者"的方式讲述,并且转述对象为管理者,使得信息更具有说服力和客观性。*China Daily* 通过直接引用权威人物话语,大量运用直接引述来建构雄安新区的生态文明形象,话语更有说服力。

(17) Xiong'an is at "world vision, international standards" ... in the coming years as part of its efforts to curb pollution and congestion. (*Baystreet*, 2019)

(18) Xiong'an is another new area of "national significance" ... to tackle China's main challenges, such as the housing bubble, environmental degradation and regional disparities. (*Bloomberg Quint*, 2018)

在例(17)和例(18)中,加拿大主流媒体 *Baystreet* 和印度主流媒体 *Bloomberg Quint* 皆通过直接引述介绍雄安新区,例如 world vision, international standards, national significance,表明报道者客观陈述事实,尊重雄安新区的设立,在增强话语客观性和真实可信性的同时,侧面展现了对新区生态文明建设的支持。

2) 间接引述

与直接引述不同,间接引述仅忠于引文内容而非形式,话语往往是对引文内容的改述或解释(辛斌、时佳,2018),因而呈现话语的主观性程度高于直接引述的话语主观性程度。

(19) Minister says eco-friendly plan key to Xiong'an New area ... (*China Daily*, 2017)

(20) He added that the protection of ecological ... (*Business Mirror*, 2018)

在例(19)和例(20)中,*China Daily* 和菲律宾主流媒体 *Business Mirror* 分别使用"Minister says ... "和"He added that ... "等间接引述方式对雄安新区的生态文明建设进行报道,在一定程度上引导读者对新区的生态形象进行主观建构。

在视角化策略的使用上,A 库中 81% 的报道使用直接引述,持客观表述的态度,表现了对雄安新区未来生态文明建设的肯定,建构新区的正面生态形象。而 B 库中 58% 的报道使用不带评价意义的间接引述,并灵活运用直接引语、间接引语和部分转述语言加引号的方式达到不同的交际目的。此外,B 库中国外主流媒体所采用的话语间接转述通常是对引文内容的改述或解释,话语的主观性高于国内主流媒体。

4.1.5 强化和弱化策略

强化和弱化策略可以增强或减轻(歧视性)话语的言外之意,从而改变命题的认知状态(Reisigl,2018)。增强/削弱策略主要体现在话语对不同情态手段的应用上(乌楠、张敬源,2019)。根据言语意义表征的差异,情态手段可分为义务情态和认知情态。前者阐释逻辑上应存在的义务、需要或者行为,而后者重点表达说话者对命题的判断和态度等(Coates,1983)。

(21) Xiong'an New Area <u>should</u> act as ... protection of the local ecological environment will be regarded as a top priority during the construction process ... (*China Daily*, 2020)

(22) President Xi has emphasized that the construction of Xiong'an New Area <u>should</u> meet the requirements of ecological civilization. Xiong'an <u>should</u> insist on putting ecology as the top consideration, and not to build an area crowded with high buildings. Instead, it <u>should</u> have enough public space and a comfortable environment. Xiong'an <u>should</u> be properly designed, and should be a high-tech, ecological, livable and smart city. (*China Daily*, 2017)

在例(21)和例(22)中,*China Daily* 通过 should 等义务情态动词表述需要、必须的意图,重点向读者仪式性承诺宣传雄安新区未来规划性建设,话语语气肯定,态度坚定,代表雄安新区生态文明建设的严肃性,表达国家建设雄安的决心,产生积极言后效力来推进雄安新区生态文明建设。

(23) Beijing, home to 22 million people, <u>may</u> try to curb population growth and relocate industries and other non-capital functions to Hebei in the coming years as part of its efforts to curb pollution and congestion. (*The Straits Times*, 2019)

(24) Three new state forests with a total area of 483,000 hectares <u>would</u> also be built in the new Xiong'an development zone in Hebei province, he said. (*uk.reuters.com*, 2020)

在例(23)和例(24)中,新加坡主流媒体 *The Straits Times* 和英国主流媒体 *Reuters* 分别使用情态动词 may 和 would 表示判断性意图,属于认知情态词。与 *China Daily* 相比,国外主流媒体情态表征的语气较弱,具有协调空间、尊重表述事实的作用,并且对新区未来的生态文明建设成就存有疑问。

在强化和弱化策略的使用上,A 库主要通过义务情态强化表征对未来雄安新区生态文明建设的决心和信心,传递着国家重视雄安新区生态文明建设的信息。B 库语料主要通过认知情态弱化表征对雄安新区生态建设的担忧,表达中国建设雄安新区生态文明当前规划良好,但未来建设成就未知的观点。

五　结　语

　　对于蒸蒸日上的雄安新区来说,塑造良好的新区生态形象对后续的生态文明建设十分必要。本文选取国内主流媒体 *China Daily* 和 NOW 语料库中国外主流媒体对雄安新区生态文明的新闻报道自建语料库进行考察,研究发现,国内外主流媒体对雄安新区生态文明建设采用的话语策略及其语言体现手段存在着差异,对应建构的雄安新区生态形象也呈现出多样化特点。指称策略上,国内外主流媒体均采用指称名词及名词短语来建构雄安新区的生态形象。*China Daily* 着力构建以建设生态文明城市为目标、国际化宜居城市的雄安新区形象;国外主流媒体则集中建构雄安新区绿色、智慧的生态形象。述谓策略上,*China Daily* 以自然资源的名词性谓词为主,微观层面建构新区生态形象,而国外主流媒体从国家政策等宏观层面建构新区生态形象;论辩策略上,*China Daily* 和部分来自第三世界国家的媒体报道多为正面,而以美国为代表的媒体报道内容多为负面,对雄安新区生态文明形象构建存在着一定的信息误导和蒙蔽。视角化策略上,国内外主流媒体均采用直接引述和间接引述的语言手段建构雄安新区的生态形象,*China Daily* 以直接引述为主,对雄安新区未来的生态文明建设予以肯定,建构其正面生态形象,而国外主流媒体对雄安新区的生态文明报道态度存在差异,采用直接引述和转述相结合的方式,话语的主观性程度高于国内主流媒体。强化和弱化策略上,*China Daily* 多通过义务情态词表征创造积极言后效力,部分国外主流媒体多通过认知情态词形成消极言后效力。通过话语建构策略对比分析国内外主流媒体对雄安新区生态文明建设的相关报道,不仅有助于新时代背景下雄安新区生态文明建设的推进,而且有助于提升新闻话语传播的广泛度和有效度。此外,在话语传播路径上,雄安新区的报道应该运用多种策略,加强对新区生态文明建设的多模态文本宣传,通过政府机构、社会大众多方面传播雄安新区的生态文明理念和建设成果,为后续开展其他区域形象的话语建构策略分析提供借鉴。

参考文献

[1] Coates, J. 1983. *The Semantics of Modal Auxiliaries*[M]. London: Croom Helm.

[2] Dyer, J, Cohen, K. 2000. The discursive construction of professional self through narratives of personal experience[J]. *Discourse Studies*,(2): 283-304.

[3] Fairclough, N. 1992. *Discourse and Social Change*[M]. Cambridge: Polity.

[4] Fairclough, N. 1995. *Critical Discourse Analysis: The Critical Study of Language*[M].

Cambridge: Addison Wesley Publishing.

[5] Noesselt, N. 2019. Sino-EU Cooperation 2.0: Toward a Global "Green" Strategy? [J]. *East Asian Community Review*, (3): 9 – 14.

[6] Reisigl, M. 2014. Argumentation analysis and the discourse-historical approach: A methodological framework[A]. In C. Hart & P. Cap (eds.), *Contemporary Critical Discourse Studies*[C]. London: Bloomsbury, 67 – 87.

[7] Reisigl, M. 2017. The Discourse-Historical Approach[A]. In J. Flowerdew & J. E. Richardson (eds.), *Handbook of Critical Discourse Studies*[C]. London: Routledge, 42 – 58.

[8] Reisigl, M. & R. Wodak. 2014. The discourse-historical approach[A]. In R. Wodak & M. Meyer (eds.), *Methods of Critical Discourse Analysis (2nd edition)*[C]. Beijing: Peking University Press, 87 – 119.

[9] Sinclair, J. 2004. *Trust the Text: Language, Corpus and Discourse*[M]. London: Routledge.

[10] Wodak, R. Rudolf, C. Reisigl, M. Liebhart, K. 2009. *The Discursive Construction of National Identity (2nd edition)*[M]. London: Edinburgh University Press.

[11] Zerizghi, T. Y. Yang. W. Wang. Y. Zhou. J. Zhang. & Y. Yi. 2020. Ecological risk assessment of heavy metal concentrations in sediment and fish of a shallow lake: A case study of Baiyangdian Lake, North China[J]. *Environmental Monitoring and Assessment*, (2): 1 – 16.

[12] 刘俊国,赵丹丹,叶斌,2019.雄安新区白洋淀生态属性辨析及生态修复保护研究[J].生态学报,(9):3019 – 3025.

[13] 申嘉澍,2020.雄安新区生态系统服务簇权衡与协同[J].地理研究,(1):79 – 91.

[14] 乌楠,张敬源,2019.中美企业机构身份的话语建构策略[J].现代外语,(2):220 – 230.

[15] 辛斌,时佳,2018.《人民日报》和《纽约时报》南海仲裁案报道中的中美官方转述言语对比分析[J].外语教学,(5):17 – 20.

[16] 杨蕾,2018.雄安新区绿色金融体系构建路径[J].河北大学学报(哲学社会科学版),(01):64 – 68.

应用语言学前沿

国家意识的语料库语言学解读*

上海交通大学 甄凤超**

摘 要：语料库语言学的词项理论可应用于对话语对象意义的解读。近年来，国家意识，作为一个话语对象，引起外语教育话语社团的注意，针对国家意识的含义，以及外语教育与国家意识的关系等问题的讨论方兴未艾。基于语料库，采用词项分析框架，我们通过观察以国家意识为关键词构成的词项，解读国家意识的相关表述和意义，从而建构国家意识的意义体系。这项分析对于在外语教育中培养和提升学生的国家意识，实现立德树人教育的根本任务具有一定的现实意义。

关键词：语料库语言学；话语对象；国家意识

Title: Interpreting the Meaning of State Consciousness in the Framework of Corpus Linguistics

Abstract: The theory of lexical items, constructed in the field of corpus linguistics, can be applied to the interpretation of discourse objects. In recent years, state consciousness, as a discourse object, has attracted the attention of the discourse community of foreign language education, and the discussion on the meaning of state consciousness and its relationship with foreign language education is now in the ascendant. Based on the concordance lines obtained for a corpus, we can observe the different lexical items of the keyword "state consciousness", which actually demonstrate

---

* 本文系国家社会科学基金重点项目"语料库驱动的汉英学术词汇配价对比与应用研究"（编号21AYY003）的阶段性研究成果。

** 作者简介：甄凤超，博士，上海交通大学外国语学院副教授。主要研究方向为语料库语言学、语料库辅助外语教学和语料库话语分析等。电子邮箱：gavinzhen@sjtu.edu.cn。

different expressions and meanings of state consciousness. A complete analysis of all the lexical items will help construct the meaning system of state consciousness, and this kind of analysis will undoubtedly shed light on the theory and practice of cultivating and improving state consciousness and achieving the fundamental task of establishing moral integrity in cultivation among foreign language learners.

Key Words: corpus linguistics; discourse object; state consciousness

一 引 言

语料库语言学的根本任务是处理语言的意义,主张从文本视角来解读意义,即意义存在于文本之内。这里的文本范围比较宽泛,包括书面语文本和口语话语。Teubert(2010)统一称之为话语(discourses),并将话语解释为一种"集合思想"(collective minds),话语社团成员通过话语对他们本人和周围世界进行意义的创造和协商。在具体操作层面,Teubert(2010)提出话语对象(discourse objects)的概念,作为话语意义分析的切入点。任何内容都可以进入话语成为话语对象,话语社团成员围绕话语对象,不断地进行意义的建构与解读。

杨枫(2020)认为在中国的外语教育政策和外语教学实践中,国家意识处于缺席的状态;2021年5月29日至30日,首届"新时代中国外语教育的国家意识话语体系构建"研讨会在山东泰安举行(李桂东,2021);2021年6月5日,首届"国家意识与外语课程思政建设研讨会"在上海交通大学举行。国家意识,作为一个话语对象,引起了外语教育教学者的注意和讨论。如何解读"国家意识"的含义成为建构和协商有关国家意识这个话语对象的前提。另外,基于对国家意识含义的解读,在外语教学中有效开展立德树人教育,使国家意识研究具有的重要现实意义。

二 意义研究的词项视角

词项(lexical items)是语料库语言学意义研究的重要发现,是基于文本分析意义的重要理论框架。Sinclair(2004a,2004b)把词项界定为一个完整的意义单位。一个词项通常由一个以上的单词组合而成,词项内部呈现向心式结构,并且由一个核将其他组成成分聚集在一起(Sinclair,2004b:119)。在分析词项的结构和意义时,Sinclair(2004a)

给出了扩展意义单位分析模型(the model of extended unit of meaning),该模型包括五个成分:搭配核(core)、搭配(collocation)、类联接(colligation)、语义倾向(semantic preference)和语义韵(semantic prosody)。其中,搭配核和语义韵是词项的必要成分,其他三个则是可选成分。Sinclair(2004a)结合文本数据实例给出了详细的分析方法和步骤。

词项理论对于语言学研究具有革命性意义。首先,词项把意义研究的视线从心理概念(mental concept)转向了真实语言使用(real language data)的意义,换言之,对于语料库语言学而言,意义不是抽象地存在于人的大脑中,而是产生于具体的语言使用中。其次,词项凸显语境对意义的决定作用。词项研究继承了人类学家马林诺夫斯基(Malinowski)的语境说和弗斯(Firth)的情景语境理论(theory of context of situation),在对"语境"的界定上更具可操作性,例如,搭配分析把文本片段视为实现词汇意义的语境(甄凤超、李文中,2017)。第三,词项摒弃了传统语义研究的最小描写路径(minimal approach),主张意义研究要采用最大描写路径(maximal approach),最大限度地扩展意义单位的规模(Sinclair,2004c)。第四,词项主张意义的构建是个共选的过程,或者说,在意义的建构中,起决定性作用的是语言的"习语原则"(the idiom principle),而不是传统的"开放选择性原则"(the open-choice principle)(Sinclair 1991)。所谓"习语原则",指语言使用者拥有大量的半预制性短语(pre-fabricated chunks),尽管这些短语内部成分看似可被拆分成更小的片段,但实际上却具有单选的关系(Sinclair,1991:110)。

Teubert(2010)提出,在真实的语言使用中,话语对象可以用词项来代替,话语对象的意义等价于词项的意义。尽管托伊伯特所说的词项与辛克莱所说的不同,涵盖的范畴更加宽泛,并且没有严格限定词项的大小,一个单词也可以成为一个词项,但托伊伯特对词项意义的分析显然还是受到了辛克莱的影响,例如,托伊伯特认为词项分析应置于更大的文本语境中进行。我们认为,辛克莱的词项无论是在理论的适切性上,还是在实现路径上,都已经发展得很成熟,可以用来分析话语对象的意义。

基于语料库的批评话语分析(corpus-based critical discourse analysis,简称CCDA)受到越来越多研究者的青睐(Baker,2006)。这类分析主要使用词语索引、搭配和关键词等技术对话语文本进行语言层面的定量统计,并在此基础上进行意识形态等相关的定性分析(Baker et al.,2008;Kim,2014;Brookes & McEnery,2020)。目前,很少有研究者使用辛克莱提出的词项分析路径,并且尚未从话语对象的视角分析国家意识的相关表述和意义。

三 "国家意识"的词项意义分析

我们选择北京语言大学"大数据与语言教育研究所"开发的BCC汉语语料库作为

研究数据来源。该语料库的库容为150亿字,是一个可以全面反映当今社会语言生活的大型语料库(荀恩东等,2016)。我们以"国家意识"为关键词,从BCC语料库中提取相关词语索引行,共获取249条,全部为有效数据。我们用扩展意义单位分析模型,分析每一条索引行,找到一些具有典型特征的表述形式,并解读这些表述的意义,从而建构"国家意识"的意义体系。需要指出的是,由于获得的语言数据有限,尚无法对"国家意识"的完整词项展开充分的描述,因此,我们本着最大描写路径原则,重点描写一些具有规律特征的模式。

3.1 动词+国家意识

通过分析数据,我们发现"国家意识"有一个典型的类联接特征,即"动词+国家意识"。所谓类联接,是指词项所呈现的句法结构特征。这个概念最早由Firth(1957)提出,指多个语法选择的共现(co-occurrence of grammatical choices),但Sinclair(2004a)的词项分析简化了类联接,只限于词性(甄凤超、李文中,2017)。

在动词的位置上,与国家意识形成搭配关系的词主要有"增强、强化、牢固树立、培养、唤起、培育、提升、淡化、形成、产生、建立、怀着、具有、高扬、体现"等。我们对这些动词展开语义倾向的分析。所谓语义倾向,指"共享一种语义特征的多个项之间频繁共现的语义约束"(Sinclair,2004a:142)。我们发现,这些动词基本上可以分成三类:产生、加强和具有。"产生"表示的是一种从无到有的意义,如产生、唤起、培养、培育、形成等;"加强"表示从弱到强的意义,如强化、增强、牢固树立、提升等;"具有"表示的是一种拥有的状态,如怀着、体现、高扬等。如下例所示(所有例子皆来自BCC语料库):

例(1)

　　他只觉得一种力量在心底升腾,他要大声疾呼,唤起人们的国家意识。

例(2)

　　谈到今后的工作,高开贤表示,他和同事们将会从三个方面去努力,一是通过各种形式的活动,增强澳门青年的国家意识和民族情感……

例(3)

　　怀着强烈的"国家意识"和历史责任感,在学校的支持下,王选他们开始创办北大新技术公司,也就是北大方正。

从这些与国家意识构成搭配关系的动词语义上看,国家意识在多数情况下表达积极的含义,即人们应当树立并提升国家意识。但是,有一个动词的含义与其他相反,即"淡化"。我们首先来看语料库中具体的例子。

例(4)

随着国际交往的日趋频繁,国内商品经济大潮中思想观念的蜕变更新,一些新闻工作者头脑中的国家意识正在淡化。

例(5)

非盟成立后,可以更加强化大陆观念,淡化国家意识,更有效地解决国家间的冲突。

例(4)是"动词+国家意识"这个类联接的一个变化形式,即"国家意识+动词",两种形式在意义上不存在差异。虽然例(4)和例(5)中与"国家意识"搭配的动词都是"淡化",但表达的态度却是截然不同的。例(4)中的"国家意识"表达的仍然是一种积极的含义,新闻工作者不应该淡化国家意识;而例(5)中的"国家意识"明显呈现出一种消极的含义——它会激化国家间的冲突。为了促进不同国家的和平共处,需要淡化甚至消除这类"国家意识"。尽管这样的例子在语料库中出现的频数不高,却丰富了我们对于国家意识的解读,换言之,我们在界定国家意识时,不能想当然地认为国家意识只表达积极的含义,在某些具体的语境中,国家意识也可解读为一种消极的含义。

3.2 国家意识+是+……

第二种典型的类联接是"国家意识+是+……",或者"……+是+国家意识"。这一结构直接对国家意识进行释义。我们对该类联接中与国家意识形成搭配关系的词或者短语进行语义倾向的分析,发现主要可以分成两大类:

第一类表示一种具体的内容,如唱国歌、首都意识、国旗理念、语言文字规范意识、地域意识、国防资源等。如下例所示:

例(6)

使用规范的国家通用语言文字,是国家意识的体现。

例(7)

  国家意识是一种崇高的民族精神和对中国人的认同感。

  从这些例子可以看出,国家意识是可以具体而微的,并且内容非常丰富,在界定其含义时,要依据具体的语境而定,换言之,可以将国家意识定义成某种具体的意识,如写规范字、唱国歌、护国旗的意识等。另外,从这些内容上看,国家意识一定是上升到人民的、民族的、国家的高度,是一种以维护国家和人民的利益为目的的思想理念。
  第二类表示的意义比较宽泛,不凸显具体的内容,如责任感、自豪感、认同感等。如下例所示:
例(8)

  国家意识是社会个体基于对自己祖国的历史、文化、国情等的认识和理解,而逐渐沉积而成的一种国家主人翁责任感、自豪感和归属感。

例(9)

  国家意识是人们在历史进程中形成的对国家的态度、情感、认知以及信念、习俗、价值认同的复合存在形式。

  尽管没有第一类表述的内容那么具体,但同样表达出国家意识是超越社会个体的范畴,是个体表达对国家的一种情感、态度和认识。在该类联接中,国家意识表达的是一种积极含义。

3.3 ……+的+国家意识

  第三种典型的类联接是"……+的+国家意识",可以实现为"名词+的+国家意识"和"形容词+的+国家意识"。名词又可分为表示人的和表示国家的,如(中国)澳门青年的国家意识、新加坡人的国家意识、中国仪仗兵的国家意识;中国的国家意识、战后日本的国家意识等。我们对在该类联接中与国家意识形成搭配的词进行语义倾向的分析,发现国家意识具有四个属性特征。
  首先,国家意识具有时代性特点。在不同时期,人们对国家意识的理解和解读是不一样的,换言之,国家意识的含义具有明显的时代烙印。如下例所示:

例(10)

  从中国社会关系以家族性而非契约性为主导的特质看,从普天之下,莫非王土,率土之滨,莫非王臣的文化积淀来看,可以从某种意义上说,中国在相当长的历史时期内未能形成现代意义上的国家意识。

例(11)

  战后初期在美国占领军的指导下,日本开始了新型国家意识的构建过程。战后日本的国家意识体现出阶段性特点,即50年代表现为美国占领下的民主主义;60—70年代在战后教育的催促下,国家民族主义再兴;80年代国家整体右倾化。

  从上述例子可以看出,国家意识随着时代的变迁,呈现出不同的含义。例(10)的现代意义上的国家意识,不同于中国封建社会中所产生的国家意识,后者体现的是封建王朝的意志。例(11)更加体现不同的时代所赋予的国家意识的含义,战后日本在不同的时期,根据国情的变化,国家意识的含义也在发生着改变。

  其次,国家意识具有地域性特点。不同的国家会根据自身具有的历史、文化、民族等特点来界定国家意识的含义,有时候同一个国家因为区域的特点,会突出强调国家意识的某些特殊内涵。如下例所示:

例(12)

  新加坡是一个历史较短的多种族社会,各族群不但要加强对自身文化和传统的了解,更应增强共同的国家意识,在不同传统、国家和国际价值观中寻找正确的平衡点。

例(13)

  14—16世纪是英国国家意识产生与发展的重要时期,王权与国家管理机制的融合则是形塑民族国家的重要动力。在国家意识觉醒之后,英国也开始染指于海外扩张与殖民贸易,其民族国家逐渐走向成熟和强大。

  上述两个例子中对国家意识的界定显然具有典型的区域性特点。新加坡是个多种族的国家,提倡的国家意识是平衡不同传统、国家和国际价值观的重要政治措施,也就是说,由于新加坡是个历史较短的移民国家,各个不同传统、文化和价值观的种族移民到新加坡共同生活,因此,需要构建共同的国家意识,各种族才能和谐共处。英国民族国家形成于 15—16 世纪,但其民族国家意识主要萌发于 14 世纪反对罗马教廷的斗争和与大陆国家的战争冲突的漫长过程中,其国家意识中具有独特的宗教、政治和经济的元素。

第三,国家意识具有明显的社会和政治属性。国家意识并不是抽象的概念,而是与我们的日常生活息息相关。如下例所示:

例(14)

> 善于把反映爱国主义精神的国家意识体现到日常工作和生活中去。

例(15)

> 培养青年人的国家意识,在我们眼里,已是中国特色政治生活方式里的一项传统组成部分,也是具有战略意义的大政方针。

例(14)把国家意识解释为爱国主义精神,这种精神不是虚无缥缈的口号,而是能够真真切切地反映到我们的日常工作和生活中。例(15)更加体现了国家意识的政治属性,将培养青年人的国家意识看成是具有中国特色的政治生活方式,是符合国家战略发展需求的一项大政方针,其重要意义不言而喻。

第四,国家意识具有社会个体属性。尽管国家意识具有社会统一性,最终却要落实到具体的社会个体身上,并且会因个体差异引起具体内容上的不同。如下例所示:

例(16)

> 《沉沦》是郁达夫的代表作,是除了《狂人日记》之外"五四时期"最受人关注的作品之一,《沉沦》将"零余者"的形象塑造得栩栩如生,其中蕴含着浓厚的国家意识。

例(17)

> 而二叶亭四迷本人,这位热爱屠格涅夫、果戈理,因力倡透过现象写本质而蜚声文坛的现实主义作家,出于自身朴素的国家意识而毫不犹豫地接受了委任。

《沉沦》是部文学作品,作者郁达夫在小说中把主人公塑造成一个典型的"零余者"的形象。他具有多重的性格,除了有个性解放、民族复兴和社会进步的要求与愿望,又有资产阶级知识分子的诸多弱点。他的国家意识实际上是对祖国贫弱的哀伤,是一种朴素的爱国主义思想。二叶亭四迷是位日本作家、俄罗斯文学翻译家,也是一名著名的现实主义作家。现实主义作家往往会摒弃浪漫主义的主观想象和抒情,通过对社会现实作如实细致的描绘,揭露社会的黑暗,倡导社会改良。因此,对于现实主义作家的二叶亭四迷而言,国家意识更多体现的是对国家现实的关怀。

最后,国家意识具有话语伦理特征,其背后有着深刻的社会政治、经济、文化和道德价值观念的影响。因此,有的表述体现了正确的价值观念,而有的表述明显不负责任,投射的是一种是非界限模糊的观念。如下例所示:

例(18)

> 他提倡能够体现大格局的"国家意识和民族感情",他认为一个人对"生于斯、长于斯"的土地,没有舔犊之情,就不会有浓厚的爱国思想,一个人只有走出狭小的自我,拥有广阔的胸怀,才能有大的作为。

例(19)

> 狭隘国家意识的长久,本来就充分证明了人类政治方面愚蠢度的过高,人类一直主体上仍然玩着这般无趣且痛楚的游戏,与人们缺乏认真的思想精神有关。

例(18)中所讲的国家意识萌生于对祖国母亲的感恩,表达的是大格局,体现了积极向上的价值观。例(19)中将狭隘的国家意识与某种愚蠢的人类政治以及消极的人性关联起来,反映了一种消极的价值观。

3.4　通过(以)……,增强(提升)+国家意识

这是一个经过拓展语境后找到的类联接,可以表述为"介词+……,动词+国家意识",介词主要有"通过""以",动词有"增强""提升"等。整个结构表示的意义重点是增强国家意识的方式或路径,如下例所示:

例(20)

> 通过重大航天工程增强国家意识和制度认同。

例(21)

> 以媒体宣传、通俗读物、民间文化为载体,传播宣讲社会主义核心价值观,增强

市民的爱国情怀和国家意识。

从上述两个例子可以看出,国家意识是可以通过具体的手段和方式得到增强。例(20)中的重大航天工程,能够彰显一个国家的综合实力,通过成功实施这样的工程,提升人民对国家的自豪感和认同感。例(21)解释了如何增强普通市民的国家意识,即通过大众媒体或者更为生活化的方法,给市民传递社会主义核心价值观,潜移默化地提升他们的国家意识。

四 对外语教育的启示

首先,我们迫切需要在外语教育中加强对学生的国家意识的培养。在检索的语料中,国家意识会与"教育"共现,却没有出现"外语教育"。也就是说,过去很少有人从外语教育的视角来谈国家意识的培养与提升。我们在知网中用国家意识为关键词,搜索到的文章题目中也极少同时出现外语教育和国家意识。或许可以说,目前,外语教育工作者还没有充分认识到培养学生的国家意识的重要性,还没有将国家意识的培养和提升置于外语教育的核心地位。用杨枫的话来说,"虽然我国的各级各类外语教学指南文件中也有'中国文化''中国情怀'等表述,但这些提法缺乏理性光辉和思想深度"(杨枫,2020:1)。换句话说,国家意识的理念在我国的外语教育中是严重缺失的。他明确提出了高等外语教育的国家意识的理念,认为"外语教育必须坚持国际视野与母语文化互为主体,立足本来,吸收外来,既要超越狭隘的文化义和团心态,还要融创具有普世意义的价值观,以培养学生价值判断的能力,使其成为有本有原,顶天立地的国家栋梁"(杨枫,2019:1)。在国际形势波谲云诡的今天,在百年未有之大变局的今天,"迫切需要将国家意识纳入国家语言政策规划和外语教育改革实践"(杨枫,2020:2)。

其次,通过培养学生的国家意识,可以落实外语教育立德树人的根本任务。通过解读国家意识的含义,我们发现:(1)国家意识既可以高度概括成一种责任感、自豪感,又可以被具体细化,如使用规范字、唱国歌等,是立德树人教育的重要内容。王守仁(2021)认为立德树人中的"德"可以分为三个层面,位于最上层的"大德"统摄一切,指心系国家和民族,强调爱党、爱国、爱社会主义、爱人民、爱集体。"大德"实际上就是国家意识。但是,目前我国外语教育在培养学生的国家意识、实现立德树人根本任务方面还存在着诸多问题,尚缺乏行之有效的具体举措和实施途径。(2)国家意识具有时代特征,不同时期,不同年代,国家意识会被赋予新的含义和内容,相应地,立德树人教育也应与时俱进,体现出时代特色。例如,随着我国综合国力和国际地位不断提升,讲好中国故事,传播好中国声音,展示真实、立体、全面的中国,是加强我国国际传播能力建设的重要任务。要更好推动中华文化走向世界,首先要坚定文化自信,而文化自信又是国家意识的一个重要内涵,我们的立德树人教育同样也需要增强学生对中国传统文化的认识和理解,从文化自觉走向文化自信。(3)国家意识具有典型的话语伦理特征,在不同的话语语境下表述的国家意识,其背后隐藏着极其深刻的社会经济、政治、文化、道德和价值观念等因素的影响。如例(5)中的国家意识指一种狭隘的民族主义,不利于不同国家之间的和平共处。在外语教育的过程中,要引导学生树立正确的话语伦理观念和立场,以及判断和识别不符合正确理论观的言论和表述。(4)国家意识的表述具有典型的国别和区域特征,不同国家、不同文化,对国家意识的定义会有所差异。例如,由于新加坡是个多种族国家,并且历史较短,因此,新加坡人的国家意识更强调种族融合的意义。在外语教育中,要正确引导学生认识和理解世界文化的多元性,以开放包容的姿态拥抱世界,促进各国不同文化的融合。

五 结束语

话语社团围绕同一个话语对象不断地进行阐释和协商,建构并丰富了话语对象的意义。我们作为语言研究者,在分析语言的同时,也成为话语社团成员,参与到对意义的解读与释义。因此,严格意义上讲,在语言的交互过程中,只存在着两个角色,即"我"和"你",不存在纯粹的第三人称视角,即观察者或者研究者(Widdowson,1995;Sinclair & Mauranen,2006),因为一旦任何人对语言或者话语展开研究,他就必然进行意义解读,就必然成为"我"或者"你"。我们基于语料库,使用词项意义分析框架,对检索到的语言数据进行意义分析,把对"国家意识"这一个话语对象的理解和释义呈现给读者,这本身也是一个话语协商的过程,话语对象的意义在这个过程中不断地被建构、协商和解构,不断地发生和演变。

参考文献

[1] Baker, P. 2006. *Using Corpora in Discourse Analysis*[M]. London: Continuum.

[2] Baker, P., C. Gabrielatos, M. Khosravinik, M. Srzyzanowski, T. McEnery & R. Wodak. 2008. A useful methodological synergy? Combining critical discourse analysis and corpus linguistics to examine discourses of refugees and asylum seekers in the UK press[J]. *Discourse & Society*, 19(3): 273-306.

[3] Brookes, G. & T. McEnery. 2020. Correlation, collocation and cohesion: A corpus-based critical analysis of violent jihadist discourse[J]. *Discourse & Society*, 31(4): 351-373.

[4] Firth, J. R. 1957. *Papers in Linguistics, 1934-1951*[M]. Oxford: Oxford University Press.
[5] Kim, K. H. 2014. Examining US news media discourses about North Korea: A corpus-based critical discourse analysis[J]. *Discourse & Society*, 25(2): 221-224.
[6] Sinclair, J. 1991. *Corpus Concordance Collocation*[M]. Oxford: Oxford University Press.
[7] Sinclair, J. 2004a. *Trust the Text* [M]. London: Routledge.
[8] Sinclair, J. 2004b. Progress and prospects in corpus linguistics[J]. 现代外语, (2): 113-128.
[9] Sinclair, J. 2004c. *How to Use Corpora in Language Teaching* [M]. Amsterdam: John Benjamins.
[10] Sinclair, J. & A. Mauranen. 2006. *Linear Unit Grammar: Integrating Speech and Writing* [M]. Amsterdam & Philadelphia: John Benjamins Publishing Company.
[11] Teubert, W. 2010. *Meaning, Discourse and Society* [M]. Cambridge: Cambridge University Press.
[12] Widdowson, H. G. 1995. Discourse analysis: A critical view[J]. *Language and Literature*, (3): 157-172.
[13] 李桂东,2021. 首届"新时代中国外语教育的国家意识话语体系构建研讨会"综述[J]. 当代外语研究,(3):109-112.
[14] 王守仁,2020. 论"明明德"于外语课程——兼谈《新时代明德大学英语》教材编写[J]. 中国外语,(2):4-9.
[15] 荀恩东,饶高琦,肖晓悦,臧娇娇,2016. 大数据背景下BCC语料库的研制[J]. 语料库语言学,(1):93-109.
[16] 杨枫,2019. 高等外语教育的国家意识、跨学科精神及应用理念[J]. 当代外语研究,(2):1-2.
[17] 杨枫,2020. 外语教育国家意识的文化政治学阐释[J]. 当代外语研究,(6):1-2.
[18] 甄凤超,李文中,2017. 弗斯的意义理论与语料库语言学[J]. 外国语,(4):15-24.

公共空间"语言粗鄙化"现象及其治理*

中国语言战略研究中心　王　玲　陈新仁**

摘　要: 针对近几年引发广泛关注的"语言粗鄙化"现象,本文围绕四个问题展开讨论,包括语言粗鄙化现象的识别、语言粗鄙化现象的生成动机、负面影响和现实接受度以及治理等内容。结合调查和访谈的数据,建议用"自下而上"的"治理"取代"自上而下"的"管理"。具体治理思路是"立足事实,以人文本"。理论上,强调分层级治理的意识,重点治理公共空间的语言粗鄙化;实践上,弄清楚每个层面语言粗鄙化的问题所在,采用多元化、差异化的方法,同时兼顾现实语言使用者的需求和反馈。

关键词: 低俗词语;语言粗鄙化;公共空间;语言治理

Title: The Phenomenon of "Language Vulgarization" in Public Space and Its Governance

Abstract: In view of the phenomenon of "language vulgarization" which has aroused widespread concern in recent years, this paper focuses on four issues. It includes the recognition for language vulgarization, the generative motivation of language vulgarization, its negative impact, the acceptability in public space and the governance strategy. Based on the survey and interview data, it is suggested that "top-down" management be replaced with "bottom-up" governance. The specific governance idea is "based on facts and people oriented". Theoretically, it emphasizes the awareness of hierarchical governance, focusing on the language vulgarization of public space. In practice, we need to find out the problem of language vulgarization at

---

* 本文系国家语委"十三五"基金重点项目"新时代城市语言文明建设研究"(ZDI135-100)和国家社会基金重大项目"网络空间社会治理语言问题研究"(20&ZD299)的阶段性成果。

** 作者简介:王玲,南京大学副教授,研究方向为社会语言学、城市语言学。联系方式:njsabrina@163.com。陈新仁,南京大学教授,研究方向为语用学、语言政策与规划。联系方式:cxr3354182@163.com。

each level, adopt diversified and differentiated methods, and take the needs and feedback of language users into account.

Key Words: vulgar words; language vulgarization; public space; language governance

---

一 研究背景

近年来,社会中的语言粗鄙化现象引发关注。2015 年,人民网舆情检测室公布了 2014 年排名前 25 位的网络低俗词语排行榜(尼玛、屌丝、逗比、砖家/叫兽、艹、你妹、装逼、草泥马、我靠/我擦/我中艹蚰蚰、妈蛋、逼格、特么的、撕逼、滚粗、蛋疼、小婊砸、傻X、跪舔、绿茶婊、心机婊、碧莲、碧池、土肥圆、你 M 的、矮矬穷、焚蛋/坟蛋),还公布了报刊标题中使用率在前 10 位的网络低俗词语排行榜(屌丝、砖家/叫兽、逗比、草泥马、逼格、绿茶婊/心机婊、滚粗、装逼、土肥圆、矮矬穷)。2018 年,教育部国家语委发布的《中国语言生活状况报告(2017)》中公布了包括网易新闻、百度贴吧、爱奇艺等国内影响较大的 30 个网站低俗词语使用频次的统计报告。

以"粗鄙""粗鄙化""语言粗鄙(化)""粗鄙词语""低俗词语""低俗语言"等作为关键词,依托《中国主要报纸电子数据库》和《中国知网》全文数据库,搜索了 2001—2021 年间相关的报道和文章(截止日期 2021 年 6 月 30 日)。从纸媒来看,20 多年间,《光明日报》《人民日报》《南京日报》等主流媒体中与此话题相关的文章共 85 篇。可见,"语言粗鄙化"现象的确已经引发广泛关注。不仅媒体关注"语言粗鄙化"现象,学术界也在研究相关现象。

以"语言粗鄙(化)、粗鄙化、文化粗鄙化、网络语言、语言文明"等为关键词,从《中国知网》可搜索到相关论文 223 篇(截止日期 2021 年 6 月 30 日)。有趣的是,与报纸一样,学术期刊对此话题最热烈的讨论也是集中在 2014—2016 年间。从关注的主要内容来看,话题涉及范围较广:讨论较多的是批判文学作品包括影视作品中的粗鄙语言或文化粗鄙化问题(张筱荣、朱平,2015;郑根成,2013);逐渐地,学界开始讨论语言粗鄙或文学、文化粗鄙的影响和危害(王炎龙、刘丽娟,2008),及其与全民素质、社会文明的关系(常进锋,2016;刘土林,2011);也有学者讨论了语言粗鄙化的原因和动机,还有的专门讨论了网络低俗词与语言粗鄙化的关系,管理策略等内容(石琳,2017;王洋、管淑侠,2016)。

最近,讨论仍在继续,开始从虚拟世界的网络语言转移到现实世界的语言使用。2016 年,人民政协官网发布题为"言语粗鄙化应当警惕"一文,指出网络低俗词语从虚拟空间进入现实世界,并影响到小说、报刊、电视和文艺娱乐节目等;另外现实生活中一些有身份的人的话语也受到影响。文章认为这些变化会导致国人行为粗鄙化和文化的退化。

二 研究问题和研究方法

本文的研究问题有:1) 语言粗鄙化的界定与识别。已有的讨论中,有的对语言粗鄙化未界定,只是认为使用了低俗的网络词语就是语言粗鄙化。但语言粗鄙化并不仅限于这些词语的使用,它有更为复杂的表达形式。有讨论将语言粗鄙化视为文化粗鄙化的一部分,从社会道德层面界定,认为只要表达违背了社会道德规范,价值观低下的,就是语言粗鄙化。只有清楚界定什么样的语言表达属于语言粗鄙化,我们才能很好地识别并合理有效地治理。2) 对语言粗鄙化的生成机制进行讨论。是不是任何层面的语言粗鄙化都需要管理或治理?如果不是,哪些层面的语言粗鄙化是治理的重点?要回答这一问题,就要弄清楚语言粗鄙化的发生根源。3) 基于事实数据分析语言粗鄙化的负面影响并讨论其接受度。很多报道和论文基于个人的观察,来讨论语言粗鄙化的影响或危害,或者凭借理论想象提出管理策略。现实中语言粗鄙化的负面影响是否存在差异?语言使用者感受到的语言粗鄙化对社会或个人的影响后果或危害是否存在程度差异?4) 对"自下而上"的治理思路进行讨论。语言粗鄙化影响到的是社会现实中的每一个语言使用者,对这一现象的治理或管制,最终也希望现实中的每一个人受益,能共同努力促进我国社会文明风气的改善。因此,基于事实调查的"自下而上"的治理思路才会更有效果。

本文语料主要通过问卷调查和访谈法相结合的方式获得。问卷调查法主要搜集受访者年龄、性别、职业、受教育程度等背景信息(见表2-1);访谈法主要用来搜集受访者对标语的看法和态度。首先请受访者说明对四类标语口号的接受状况;然后请他们说出接受或者不接受某类口号的原因。

表 2-1 调查样本信息 表(N=270)

性别	男	130 人/48.1%
	女	140 人/51.9%
年龄	17~22 岁	51 人/18.9%
	23~27 岁	120 人/44.4%
	28~39 岁	38 人/14.1%
	40~49 岁	35 人/13%
	50 及以上	26 人/9.6%

(续表)

教育程度	初中及以下	27人/10%
	高中(中专)	29人/10.7%
	本科(大专)	141人/52.2%
	研究生及以上	73人/27%
专业	人文社科	149人/55.2%
	工科	34人/12.6%
	理科	46人/17%
	其他	41人/15.2%
职业	学生	112人/41.5%
	教师	28人/10.4%
	商人	6人/2.2%
	企事业人员	124人/45.9%

问卷调查共收集有效样本270份,有效访谈录音232份,女性样本140份(占51.1%),男性样本130份(占48.9%);年龄跨度为17岁(含)至80岁(含)之间,职业包括学生、教师、企事业单位工作的公司经理、政府公务员、医生、护士以及商人等;受教育程度从初中及以下至研究生各阶段。主要选取了四类标语口号:第一类,包含错字类,该类分两种。一种是打印错误或错别字,比如,"保护人民群众的什么财产安全""为实现中华民族大福星的中国梦不屑奋斗"等;另一种也是打印错误或错别字,但会引起不好联想。比如,"文明没有旁观者,你我都是贱行人""全国文明城市领导小姐办公室"等。第二类,包含性暗示等会引发不良联想的字,比如,"宜春,一个叫春的城市""做爱的上海女人"等。第三类,语义逻辑不通类,比如"强奸不如嫖娼(市公安局宣)""抢劫不如去炒股"等。第四类,内容和格调粗鄙类,比如"一人拒绝多生,全村人工授精""让全村怀上二胎,是村支书不可推卸的责任"。调查结果如下。

三 公共空间"语言粗鄙化"的界定和识别

生活中的语言使用者如何看待"语言粗鄙化"现象?2017年,针对南京某高校在校大学生开展的一次关于"语言粗鄙化"的调查中,当被问及"你认为什么是语言粗鄙化"时,71.3%的受访者的答案是:个人使用较多低俗词语表情达意。而且他们承认很多低俗词语从网络学来。当被问到"哪些场所最能听到、看到或最经常用这些粗鄙词语"时,89.66%的受访者回答是在宿舍和同学交流时会听到、用到不雅词语,79.31%表示在论坛和贴吧经常看到;22.41%表示曾经在教室、大商场等公共领域使用过少量的网络低俗词。

结合上面的调查,我们认为应该区分社会公共空间和私人场所的语言粗鄙化。社会公共空间(或公共空间、社会公共领域)是城市居民共享的空间,其话语特点在于公开性,区别于私人场所中的个人话语(Allen & Burridge,1991)。社会公共空间可按地域分类,如城市或乡村公共空间;也可按话语媒介和方式分类,如网络公共空间和电影电视等媒介公共空间等。

语言粗鄙化不等于使用网络低俗词语、粗鄙词语。语言粗鄙化是指在公共空间存在的一种话语风格倾向,表现为用词污秽低俗、逻辑错乱、语病百出等形式。不仅包括用词粗鄙,也包括格调粗鄙、内容粗鄙、形式粗鄙等。整个话语风格体现出低俗不雅、价值观和精神品格低下等特征,这既违背社会公共空间话语表述的规则,也违背城市文明话语体系的规范。由此可知,语言粗鄙化不一定总会和使用粗鄙低俗词语相关联。

"粗鄙化"也不完全等同于"粗俗化"。根据现代汉语词典的解释,"粗俗"突出言语、举止品位不高或趣味低级,缺乏文化修养,如"粗俗的话语、粗俗不堪的小说"(江蓝生、谭景春、程荣,2012)。从文献来看,粗俗化语言是和高雅化语言相对而言的。俗语词是指口语中那些粗俗且难登大雅之堂的词,也就是"粗俗化"指的是浅显易懂,适合大众的内容(朱庆之,1992)。从语言学角度理解,粗俗化或世俗化语言是"接地气儿"的语言,也就是用大众最容易理解的语言去表达。莫言曾经指出,所谓的民间写作,就是站在老百姓的角度、丢掉知识分子的立场思考问题,否则就是粉饰的伪民间创作。"粗俗化"与"粗鄙化"最大的不同在于,"粗俗化"是用浅显易懂的语言让人们理解世界,发现生活的美,而不是迎合大众低级审美趣味。粗鄙(化)语言通常被描述为低俗化,多使用让人难以启齿的不雅词汇、粗俗用语、贫乏和无趣(蔡雨坤,2016;姚静,2015),比如,低俗的称呼语、粗鄙词、詈骂语等(张焕香、李卫红,2013)。

"语言粗鄙化"与"语言暴力化"有交叉但不尽相同。以网络"标题党"为例。"标题党"喜欢用煽情、惊悚、污秽和侮辱性的词句赚取眼球,许多内容严肃的文章,也会配上恶俗的标题。比如《梵高的"破鞋"引发撕逼大战》,实际说的是海德格尔、夏皮罗、德里达等人对油画《鞋》的不同阐释;而《这帮姑娘不穿衣服怎么也不害羞》说的是一种新的艺术探索形式。对270人的访谈结果显示,67.3%的受访认为这类标题过于追求震撼效果,隐喻身体器官的脏话及其变体脏话特别容易引发不好联想。超过50%的人认为这些不是语言粗鄙化,而类似网络语言暴力。可以看出,两者存在交集,语言粗鄙化可以用来实施语言暴力。比如,上面例子中,语言暴力化是通过使用粗鄙不雅的语言来实现的。区别在于,语言暴力是侮辱贬低对方,并会对对方造成严重精神和心理创伤。粗鄙化语言会冒犯对方,引发交际方的误解或不良感觉,但造成的后果轻于语言暴力化。最重要的,有些语言暴力的实施不需要通过粗鄙化的语言,而是会采用其他方式。

在识别语言粗鄙化之前,需要考虑语言粗鄙化的主体是否仅限于个体。公共空间中,语言粗鄙化的实施主体呈现出多元化的特色,不仅仅局限在社会成员个体,也涉及社会不同层面。既包括语言使用者个体,也包括管理部门层面和企业、事业部门层面。管理层面包括:政府部门制作号令、宣传用语时,在社会语境中产生的语言粗鄙化状况;企业、事业部门层面的语言粗鄙化现象包括两个方面:既包括企事业部门语言文明环境营造和推广中存在的语言粗鄙化,也包括企事业部门语用实践中出现的语言失范、诚心失范、道德失范和审美失范等现象。

公共空间领域,多元化主体的语言粗鄙化可以有两个判别维度:显性语言粗鄙化和隐形语言粗鄙化。第一维度的显性语言粗鄙化比较直白,是指直接采用低俗污秽或者下流词语表达情感、看法等的话语使用倾向。主要使用与性器官和性行为等有关的词语、贬低男性或者女性的词语以及与动物有关类的词语等等。

1) 主流体制的演员<u>干</u>过什么他们自己没数吗,主流<u>牛逼</u>渣浪<u>牛逼</u>,据我所知德云社可没有谁敢调侃毛爷爷吧。(张云雷调侃伟人事件)
2) "绿茶婊只是明<u>骚</u>女汉子才是暗<u>贱</u>"(新闻报道标题)
3) 养女不读书,不如养头<u>猪</u>;养儿不读书,就像养头<u>驴</u>(宣传标语)

第二维度的隐形语言粗鄙化,具有一定的隐蔽性,是指并不直接使用低俗、粗鄙的词语,而是通过词语、图片暗示或某些词语的不当使用等,让听众或观众直接感受到恶俗、粗鄙、格调低下等色彩的话语风格倾向。

4) 尊敬的西安市民请管住您的裤裆。(西安市,2014)
5) 做麻黄碱,生孩子不长屁眼(福建长汀县南山镇政府,2016)
6) 这种让耳朵高潮的艺术,偏偏被我们弄成色情(文章标题)

四 "语言粗鄙化"现象的生成机制

在某大学的一次校园辩论赛中,一位受邀嘉宾,某主流媒体的主编(校友,40岁左右的女性)在颁奖环节评论发言时说:"这次辩论赛,深切感受我校选手的精彩表现,每个选手都很牛逼,我坐在台下观赏的时候觉得爽翻了。"对她这段评论,我们访谈了在高校工作的教师和人员(15人)。首先,多数人感觉不舒服、尴尬,理由是不符合她的身份及不适用于当时所处的环境,认同这就是语言的粗鄙化。这些被访谈者表示,可以猜想这位主编的初衷是,使用"牛逼、爽翻了"等词语拉近与大学生的距离,但当时的语境下,极端不合适。降低了她的个人形象,显得品格低俗,而且不专业,职业素养偏低。当被问及"如果在私人场所(比如吃饭闲聊时)听到这段话,会感觉如何",多数人表示,仍然会觉得不符合她的身份和形象,但可以勉强接受,只是觉得语言粗俗,但还构不成粗鄙。

同样一段话,为什么会产生不同的感觉呢?根据这句话"什么人在什么样的场合用什么样的方式对什么人说了什么话"(Who says what to whom, when and how)(Wilson & Elliot,1983),可以发现公共空间语言粗鄙化的生成机制。公共空间的话语实质是交际,话语表达的效果是一个动态变化的过程,最终的效果取决于说话人、听话人、说话场所、说话方式等多种因素。上述访谈的例子,正是在交际的几个因素交织影响下才促成了语言的粗鄙化。当人们评价"语言粗鄙"时,实际上是感受到了说话人所采用的词语、表达话语的方式对当下社会公共空间的侵犯,因而感到异样或不适。不同的语言使用空间对用词和表达风格的要求,其实是一个从宽松到严格的连续统;在这个更替过程中,语言风格倾向会出现"鄙-俗-雅"的渐进变化。当语言使用和表达出现在非常严格的社会公共空间,语言使用中俗的部分就会演变成粗鄙的现象。

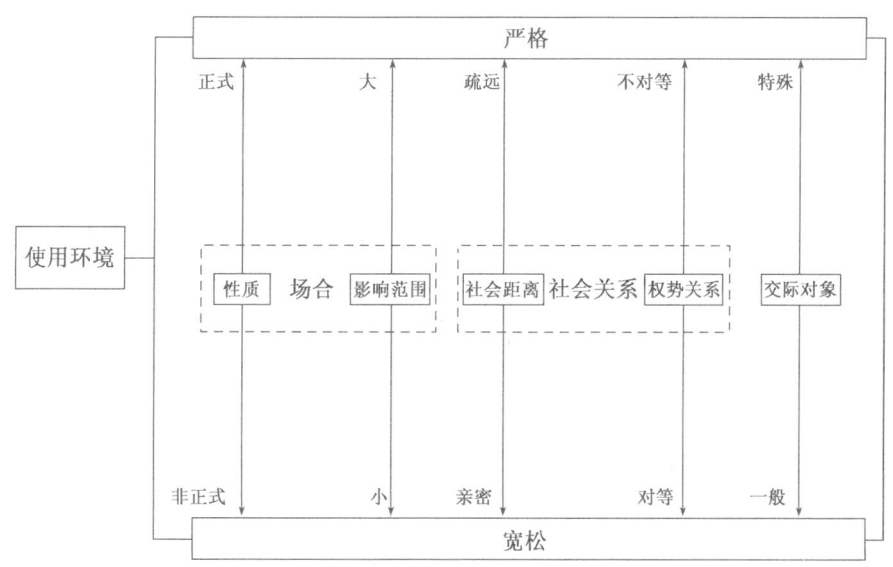

图 4-1　"语言粗鄙化"现象的生成机制

图 4-1 揭示的是公共空间下,语言粗鄙化的生成机制。主要的影响因素包括:1)场合(when):公共空间也存在严格与宽松、开放程度大与小的区别。场合越正式、开放程度越高,影响人群越多,对说话人的要求就越严格。2)交际对象(to whom):说话人和听话人的社会距离和社会权势关系。说话人和听话人处在不同社会权势关系时,如果说话人处在社会权势关系较高的位置,听话人和说话人的社会距离较远,关系较疏远,语言使用环境要求高。身份越高,要求越严格。社会权力地位越接近,社会距离越近,关系相对亲近。说话人和交际对象社会距离越近,亲密程度越高,语境要求越宽松。

如果交际对象中存在儿童、长辈等特殊群体或社会距离较远的群体,双方关系疏远,语言使用环境要求更加严格。除了与上述因素有关之外,语言粗鄙化现象的产生还与话语投射到使用环境的形式有关。目前来看,话语传播方式包括网络渠道、公共媒体渠道和现实渠道。网络和社会公共空间渠道会加速语言粗鄙化的泛滥,其影响的范围、人数、深度等也会不断增加。

上述高校的例子中,说话人(主编评委)相对于交际对象(大学生)而言,其所处的社会地位较高,掌握的权力资源较多;另外,说话人与听话人的社会距离也较大,彼此关系较疏远;还有,当时的交际环境是属于非常正式的而且开放程度较高的社会公共空间。所有这些要素综合一起,就形成了非常严格的语言使用环境,对该说话人的话语内容和话语表述方式也是趋于正式和严肃的。正因为该说话人的用词和表达方式不符合当时环境和自身社会身份的要求,才让别人感觉其语言的粗鄙化。可见,在公共空间领域,对某些低俗词语的使用,如果不符合自身的角色定位、社会权势关系等的定位,会造成其语言的粗鄙化,在一定程度上也会降低个人文明形象。从深层看,有一定社会身份和社会影响力的个体的语言粗鄙化背后,反应的是趣味与审美的衰退。

五 "语言粗鄙化"的负面影响和现实接受度

当前社会公共空间"语言粗鄙化"之所以引起警觉,究其原因,在于"度"的失控,导致"世俗"变成了"恶俗""通俗"变成了"媚俗""庸常"变成了"粗陋""人情"变成了"矫情"和"滥情",从中性的"俗"走向了劣性的"鄙"。如前述,社会公共空间语言粗鄙化的实施主体不仅有个体,还有政府管理部门和企事业单位等,由于所处社会位置、社会角色定位不同,其语言粗鄙化的影响程度也有差异。现实生活中,公共空间语言粗鄙化的负面影响和接受度是否存在差异?为此,我们以管理部门和企事业单位发布的宣传标语口号为例,结合问卷和访谈数据来做进一步分析。

作为城市语言景观一部分的标语口号,其功能包括:1) 目标导向功能,通常包括告知国家重要决策和相关的政策等,比如"实施全面两孩政策,促进人口长期均衡发展""严打黑恶犯罪,弘扬社会正气"等;2) 规劝教化功能,包括示范榜样、陶冶情操、道德感召、思想启迪和管理规范等。比如"天下无难事,只怕有心人""言必信,行必果""环境关系你我他,综合整治靠大家"等;3) 动员激励功能,包括表达意愿、决心和誓言等。比如"未来由我创,爱拼才会赢""态度决定一切,奋斗成就未来""追求客户满意,是你我的责任"等。可这些标语口号有交际的说话人和听话人吗?根据语言景观理论,制作标语口号的管理部门和企事业单位就是说话人,现实生活中看到这些标语口号的个体就是听话人。管理部门、企事业单位由于所处的地位和掌握的资源都高于生活中的读者,他们的社会距离较远,关系也比较疏远,也就是说,这些特殊"说话人"的交际场合要求是非常严格的,而且由于开放程度非常高,辐射到的人群数量众多,整个城市、整个社会有时甚至会有超国界的影响。基于此,其话语内容和话语方式(即标语口号的内容)也特别需要符合社会公共话语规范。

可近年来,标语口号语言的粗鄙化却非常突出,而且其负面影响也很大。2019年,汪惠迪在新加坡《联合早报网》发表题为"标语大国的尴尬"一文,指出我国城市的标语口号存在"歧义误导、语义不明、胡说八道、恶语诅咒"等怪象,汪先生认为这不仅严重污染了城市的文明,而且也不符合中国大国的形象。标语口号的现实读者(城市市民)是不是也有类似的感受?不同类别的标语口号,其负面影响是否存在差异?

调查结果显示,对于第一类含有错别字的标语口号,不管是哪一类的错字,接受度均随着学历的升高而递减,即受教育程度与错别字标语接受度负相关。

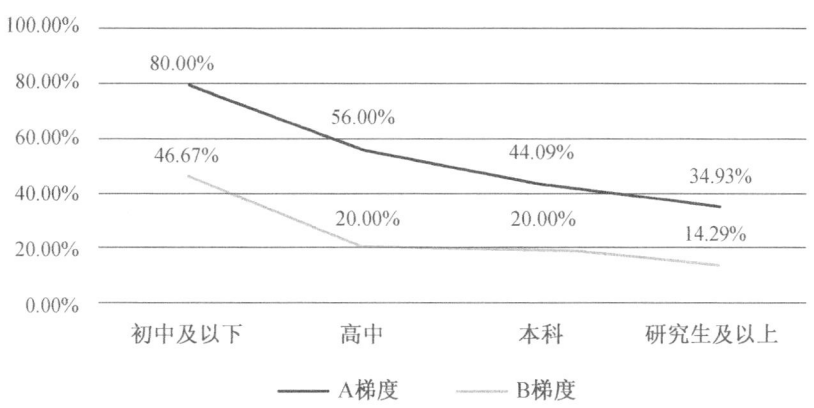

教育程度不同群体对A、B梯度错别字标语接受度

图 5-1　受教育程度与含错字标语口号的接受度

另外,第一类含错别字标语的接受度普遍比第二类接受度高(接受度约高20%)。最主要原因是第二类含错字的标语更易引起不好的联想,负面影响大。比如,"文明没有旁观者,你我都是贱行人"。受访者认为整个口号传达的意思很正面,对于其内容也很赞同。但一个"贱"字消解了所有的积极意义,不妥当,引起反面效果,降低了做文明人的积极性。有些受访者表示,作为中国人读起来,错别字"贱"让人觉得张贴者有故意侮辱人之嫌;对于国外读者,可能会让他们产生城市宣传者素质低的想法,因而会有损中国人以及中国城市的形象。同样的"全国文明城市领导小姐办公室",多数受访者都知道是打字错误,但觉得很讽刺的是,一个文明城市领导办公室,居然把关键的"小组"误打为"小姐",让人觉得很低俗,工作态度不严肃,对整个部门的执行力和公信力产生质疑。

受访者对于第二类包含性暗示等不良联想标语接受度很低,比如"做爱的上海女人"等。以此条标语为例,共有256人持反对态度,占总人数的94.8%。反对的理由有:"做爱"两个字含有性暗示,低俗粗鲁;标语有歧义,会让人产生不好的联想;场合不合适,影响城市形象。从语言形式上看,该标语存在因断句产生的歧义,可以有两种断句:"做爱的/上海女人"或"做/爱的/上海女人"。"做爱"一般指性生活,不适合在正式场合公开谈论,而"爱的/上海女人"也没有明确清晰的意思。两种解读意义都很模糊,无法理解宣传的内容和目的;从社会观念来看,若理解为"做爱的/上海女人","做爱"表达较粗俗,不适合出现在公共场所,且标语中还带有城市名,可能会对城市的宣传造成负面影响。根据会话含义理论中的礼貌原则,该标语不仅存在歧义,在我们的调查中有受访者提到该标语不尊重女性,使用低俗的词汇形容女性,是一种侮辱和贬低。

  对于第三类逻辑语义不通的标语,以"强奸不如去嫖娼"为例,有265人持不接受态度,占总数的98.1%。其中男性129人,占比48.7%,女性136人,占比51.3%。不接受的原因归为:1) 用词粗俗直白,含有性暗示,而且容易产生歧义。2) 太过口语化。3) 不管嫖娼还是强奸都属于违法犯罪行为,都应该坚决杜绝,说不上哪个比哪个好,这样的宣传不利于构建和谐社会。4) 标语有诱导嫖娼之嫌,传递的是一种扭曲的三观,不能起到教育作用,会给社会带来负能量。5) 带有强制色彩。从语言形式上看,"A不如B"指B优于A,但此标语中的"强奸"和"嫖娼"均属于违法行为,不存在优劣性的对比。男性受访者指出,虽然这句话有点道理,但更像是私下的调侃,不适合张贴在公共场所。官方标语应该是严肃正经的。从价值观念上来看,标语应宣传积极健康的价值观,与我国的法律法规相符,但强奸和嫖娼都属于违法行为,不应放在标语中进行宣传。还有受访者指出:本来不强奸还有很多别的正常的事可以做,这条标语说得像不强奸就只能嫖娼一样。

  第四类,以"一人拒绝多生,全村人工授精"为例,不接受的总共260人,占总人数的96.3%。虽然从语言形式上来看,此标语句式整齐,而且"生"与"精"押韵,似乎体现了标语拟定者的精心设计。但此标语在社会观念与语用功能上的严重缺陷导致了大众对其普遍不接受的态度。首先从社会观念上来看,此标语严重违反了社会主义核心价值观,带有封建糟粕与负能量,所以不被大众接受。"全村人工授精"含有封建"连坐、株连"的思想,不应出现在当代文明社会;同时,在公民拥有充分自由的现代社会,"多生"并非一个强制性的规定,不能因"一人拒绝"而进行类似于"人工授精"这样强烈的制裁;从语用功能上来看,"人工授精"一词将人与动物等而列之,带有强烈的不尊重、恐吓威胁的语言情绪。即使创作者想运用恐惧诉求理论来达到震慑效果,使大家多生二胎,这样的恐吓和威胁只会更不利于二胎政策的宣传,让受众产生抵触和抗拒的情绪。

  受访者对上述四类语言粗鄙化标语接受状况是否存在差异?图5-2显示,受访者对这四类标语的接受状况存在差异。按照最不能忍受的程度排序时,多数人的顺序为:包含性暗示等不良联想标语>内容和格调粗鄙类>语言逻辑不通类>含性暗示等不良联想作用的错别字类＞含错别字类。

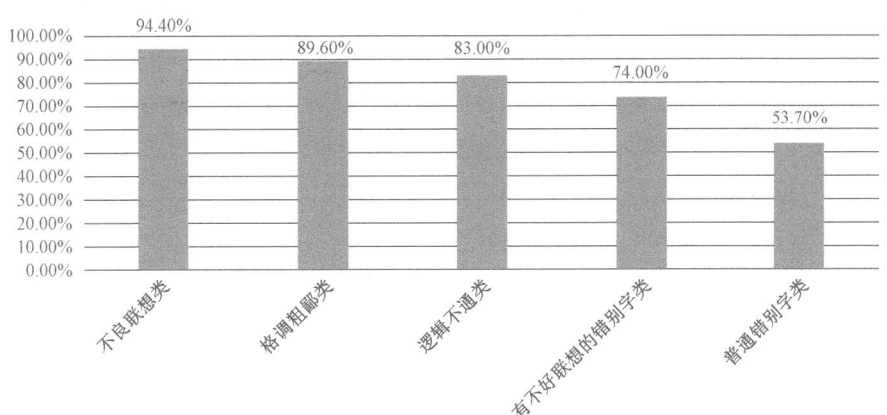

图 5-2 受访者对四类标语的接受状况图

受访者表示，公共空间的标语口号，均由处在社会权势地位较高的管理部门或企事业部门发布，这类标语应该要有一定的权威性和积极向上的引导性。标语口号传达的是一种理念，它们在公共场所张贴，塑造着公共空间，因此，它们的发布者要有责任意识，应当严谨地对待标语的制作、张贴。这样才能起到正面效果，促进公共空间理性文明话语氛围的营造和提高，才不会降低城市和国家的格调。

六 公共空间"语言粗鄙化"的治理思路与举措

最近，学界已开始关注网络语言粗鄙化的治理问题。比如，2015年，教育部组编的《中国语言状况年度报告》中呼吁网络语言粗鄙化需要治理，规范网络语言的必要性逐步得到社会认同；专家们也呼吁网络用语应有底线，防止滥用粗鄙词汇伤害社会文化。随后，主流媒体和学术界均开始采取一些具体行动。作家冯骥才曾在全国两会上表示，不讲究的公共空间、被污染的公共语言，是社会文化粗鄙化的一部分。社会公共空间语言的使用需要慎重选择并严格把控，如果任其蔓延，整个社会、国家的文明形象会受到污染。

语言治理是语言规划领域在其发展过程中产生的一种新提法，强调实施语言规划行为时采用的具体途径、手段或方法（Walsh，2012；郭龙生，2015）。突出是"治理"而不是"管理"，主要强调语言规划观由"自上而下"到"自下而上"的转向。与传统意义上的"管理"相比，"治理"强调多元主体管理以及民主、参与式、互动式管理，而不是单一主体管理（姜涛、李晓义、李建标，2013）或大一统、命令式的管理。语言实践显示，以国家为主体的"自上而下"的语言规划付诸实践时，会不可避免地出现政策上的整齐划一与多元化语言生活状况冲突的局面。面向单一主体的"自上而下"管理模式难以应对日益复杂和多变的语言矛盾和语言需求。相比之下,"自下而上"的语言规划模式具有针对性,将家庭、学校、社区、企业等多元主体纳入研究范畴,号召"全民参与",而且真正考虑现实话语中存在的实际语言问题,更加具有"针对性"。这一视角可以与"自上而下"的语言规划形成互补,能将问题反馈到宏观规划的环节,再由完善后的宏观规划推进微观的语言治理,有助于城市社区建设文明、和谐的语言生活,提升城市文明形象,并能在一定程度上推动经济的发展和维护社会的稳定。

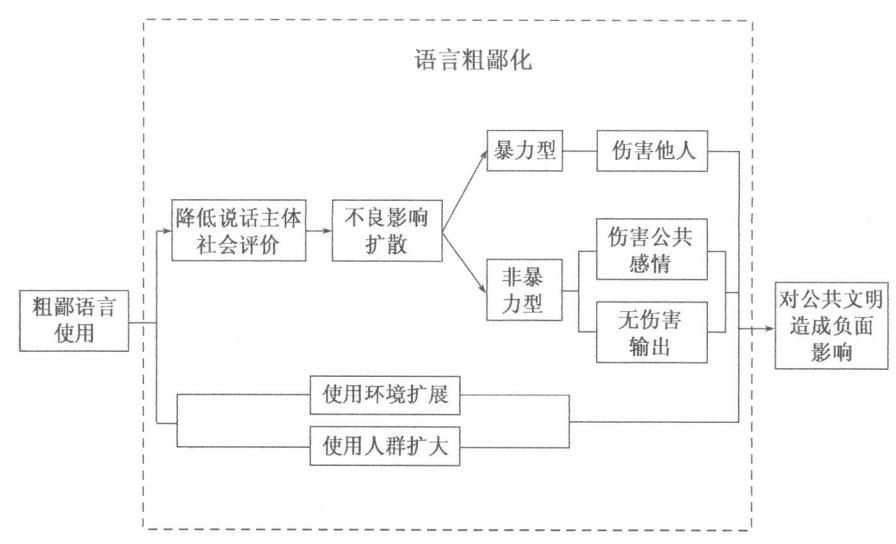

图 6-1 语言粗鄙化的治理思路

对语言粗鄙化现象治理的主要思路是"立足事实,以人为本"。该思路有助于实现语言使用者(居民)、语言治理与社会发展的良性互动,从而为政治稳定、经济发展、文化繁荣、民族团结、人民幸福、社会安宁国家统一提供有力保障。具体的治理路径(如图 6-1),需要从学术理论研究和社会实践两方面做起。

从学术理论层面来看,如图 6-1,在治理语言粗鄙化现象时,要从理性出发。首先,区分治理的空间。弄清楚语言粗鄙化在网络虚拟空间还是现实空间,是公共空间还是私人场所。从消极影响看,当前的治理重点应该是公共空间领域的语言粗鄙化;其次,对社会公共空间内的语言粗鄙化现象仍然要具体分析,要根据语言粗鄙化消极影响的层级来进行分层次、分轻重治理。比如,城市管理部门和企事业单位的标语口号,从现实人们的调查反馈来看,对于不同层级、不同类别的语言粗鄙化标语,人们的容忍程度和接受状况是存在差异的。对于最不能忍受的标语,应该率先进行治理,立即取缔、修改或者重新拟定等,这样的方法可以有的放矢,效果也很凸显。对于只是轻微影响到公共感情的,则可以因语境或交际对象的差异进行差别治理或引导。

比如,以"从小便相识,大便情更浓"的接受度为例。这条标语调查结果有些出乎意料,受教育程度与接受度成正相关,即受教育程度越高,对此口号的接受度越高。为什么学历越高的人,接受度反而越大呢?"从小便相识,大便情更浓"这句标语的原意是想表达"小的时候我们就相识了,随着年岁的增长,我们之间的情谊就愈加深厚",而它不好的原因在于为了硬凑成对仗工整的格式,随意减少和拼凑字词,使用了"小便"和"大便"这两个词语,断句不对就会有歧义。而且,"小便""大便"容易引起不好的联想。受教育程度不同的受访者均给出了自己的理由。初高中学历的受访者,一看见"小便""大便"这类词,就表示不适合出现在标语中,很尴尬;但本科、研究生及以上的受访者,则表示,这种标语一般多出现在"老同学聚会"的场合,放在这种语境下是可以接受的。因为"很有趣","聚会的同学都认识也很熟悉,同学之间无伤大雅",而且,这条标语的使用,"让整个聚会有幽默感,可以活跃气氛";其他积极评价还有"诙谐""字面上简单理解并无错误""说明同学间关系比较好"等。但接受者都强调一定要分场合,只有在熟人聚会这类较封闭的场合才能使用。如果张贴在公共空间,就有"恶搞"感觉,让人觉得"低俗、不文明、不雅观";也会"有歧义,容易造成误解"。这种基于事实的数据提示我们,标语口号是否粗鄙化,常与交际对象、交际场合等密切相关。再比如,标语"二胎政策好,我要生二宝",或"你若酒驾,我便改嫁"类。多数受访者认为此类标语谈不上高大优雅,虽然简单直白通俗,但绝对没有粗鄙化。如果放在农村这样的语言环境下,应该可接受度会更高一些,因为农村语境下,很多读者受教育程度偏低,简单、朗朗上口的标语,他们更容易理解,接受度更高。

个体层面粗鄙化的治理,也需要依据事实影响,有针对性地引导或治理。一些有社会地位或社会影响力较大的人,应该倡议其提高语言意识,在公共空间杜绝或减少粗鄙语言和表达的使用。倡议其注意用词表达的正面引导作用,可以"俗"但不宜"鄙"。社会公共空间开放程度很高,对于有社会影响力的个体,应该强化其语言的示范和引导作用,他们的不当用词和表达会带动语言粗鄙倾向在年轻一代中流行,容易导致认知混乱、强化玩世不恭等一系列消极心态,影响社会的和谐稳定。

从实践层面可以采取以下举措:1) 网络语言粗鄙化调查和网络低俗词汇发布;2) 社会现实中粗鄙化调查和大众心目中粗鄙词语排行榜建设。通过粗鄙词语的宣传和发布,提高网民的语言意识,倡议在社会公共空间拒绝或减少这类词语的使用。在实践方面,需要从以下几个方面努力:1) 网络监管,减少粗鄙词语在网站、论坛等的使用;2) 报纸、期刊拒绝或减少粗鄙低俗语言的使用;3) 电视媒体等拒绝或减少粗鄙低俗语言的使用,推行社会公共空间传播和表达规范。对名人、主持人要号召其发挥示范带头作用,可以纳入职业考核或个人信用系统中,同时考虑适当的惩罚措施;4) 行业文明用语规范化。倡议学校、公职人员、窗口单位等公共服务体系的在职人员的文明用语使用规范;5) 要明确禁止粗鄙低俗语言出现在校园,并且引导学生理性认知语言粗鄙化现象。

参考文献

[1] Allan, K. & K. Burridge. 1991. *Euphemism and Dysphemism: Language Used as Shield and Weapon*[M]. New York: Oxford University Press.

[2] Walsh, J. 2012. Language policy and language governance: A case-study of Irish language legislation[J]. *Language Policy*, 4: 41-50.

[3] Wilson, N. & J. Elliot. 1983. *Sociolinguistics and Language Acquisition*[J]. New York: Newbury House.

[4] 蔡雨坤,2016.关于脏话性别差异的再思考[J].新闻界,(16):16-21.

[5] 常进锋,2016.青少年网络低俗语言泛滥的社会学透视[J].青年探索,(6):78-83.

[6] 郭龙生,2015.双语教育与中国语言治理现代化[J].双语教育研究,(2):23-28.

[7] 江蓝生,谭景春,程荣,2012.现代汉语词典(第6版)[M].北京:商务印书馆.

[8] 姜涛,李晓义,李建标,2013.治理的功能、结构与演化:一个概念模型[J].天津社会科学,(2):72-77.

[9] 刘士林,2011.中国都市化进程的病象研究与文化阐释[J].学术研究,(12):39-47.

[10] 石琳,2017.新媒体语境下网络低俗语言的生成与传播[J].社会科学家,(3):149-154.

[11] 王炎龙,刘丽娟,2008.博客语言暴力及其治理机制[J].新闻记者,(9):90-92.

[12] 王洋,管淑侠,2016.青年网络流行语粗鄙化对策分析[J].中国青年社会科学,(5):13-19.

[13] 姚静,2015.电视节目主持人对语言通俗化与粗俗化界限的把控[J].当代电视,(8):59-70.

[14] 张焕香,李卫红,2013.北京高校大学生语言文明状况调查研究[J].语言文字应用,(3):8-16.

[15] 张筱荣,朱平,2015.网络文化低俗化论析[J].甘肃社会科学,(2):30-233.

[16] 郑根成,2013.电视节目低俗化的深层反思[J].湖南大学学报,(2):155-160.

[17] 朱庆之,1992.佛典与中古汉语词汇研究[M].中国台湾:文津出版社.

中国语境下大学生英语写作者的身份构建研究*

南京大学　俞　希　南京师范大学　曹洪霞**

摘　要：本文融合立场和文化双重视角，提出中国语境下英语写作者身份的测量维度，并展开了写作文本分析和写作行为态度问卷调查。结果表明，中国语境下大学生英语写作者身份具有以下主要特点：一、学生对于中国立场的表达强度总体较高；二、学生在英语写作中较为频繁地运用中国式思维；三、学生一致认可学习中国化英语表达的必要性。这些特点也显示出写作者身份表达行为和态度之间的差异以及中国文化英语教学现实与学生期望之间的差异。因此，有必要在中国英语写作教学中引入中国文化，建立身份特性，进一步培养文化自信和正确价值观。

关键词：写作者身份；中国语境；立场；二语写作

Title: A Study on the Construction of University English Users' Authorial Identity in the Chinese Context

Abstract: From the dual perspectives of stance and culture, the current study proposes dimensions for measuring English users' authorial identity in the Chinese context, and incorporates a textual analysis of university students' English writing with a questionnaire survey of their writing behaviors and attitudes. Results show that students display an overall high intensity of Chinese stance, a frequent employment of the Chinese way of thinking in English writing, and a general agreement on the importance of introducing the Chinese culture in English. These

---

*　本研究是2018年度江苏省社会科学基金课题"中国语境下英语新闻写作者的文化身份构建研究"（编号：18YYB012）的阶段性成果。

**　作者简介：俞希，南京大学外国语学院副教授。研究方向：二语习得、社会语言学。邮箱：yuxi@nju.edu.cn。曹洪霞，南京师范大学外国语学院讲师。研究方向：二语习得、英语教育。邮箱：carolchx@126.com。

patterns also point to the gaps between the behaviors of and attitudes towards the enactment of authorial identity, and between the reality of English teaching in China and students' expectations for the role of the Chinese culture in teaching. Therefore, it is necessary that elements of the Chinese culture be included in English teaching, so as to construct the Chinese identity in writing, and to boost cultural confidence and develop proper values.

Key Words: authorial identity; Chinese context; stance; L2 writing

一 引 言

习近平总书记于2013年8月首次将"讲好中国故事,传播好中国声音"作为明确的工作要求提出。随后,2017年党的十九大报告和2018年全国宣传思想工作会议又进一步强调"推进国际传播能力建设,讲好中国故事"。在此指导方针下探讨中国英语学习者如何在写作中构建身份,有助于提升中国文化的国际传播成效,并促进我国大学英语写作教学中的文化反思。因此,本文在中国语境下聚焦大学生英语写作者身份的展现,旨在厘清该概念的内涵,了解学习者的相关语言行为和态度,从而为以英语写作为载体讲述中国故事、优化英语教学提供参考。

二 国内外相关文献综述

2.1 写作者身份概念

身份(identity)一词源自社会心理学,很多学者将其视为社会文化概念(Bucholtz & Hall,2005;Lee,2013)。21世纪以来,二语使用者身份逐渐引发语言学界的研究兴趣(Majchrzak,2018;Virkkula & Nikula,2010);而近十年伴随着二语写作研究社会层面的兴起,写作者身份概念开始受到关注(常小玲,2018;徐锦芬、聂睿,2015)。Hyland(1999:101)将写作者身份定义为"写作者为传递其与主题和读者之间的关系而在文本中表现自我的方式"。二语作者通过写作行为"表现自我"的同时,还表达出语言的文化属性以及对其所属群体的认同。

随着身份研究的推进,多数学者对写作者身份的社会性、动态性、多元性、协商性和自发性等特点已初步达成了共识(Cremin & Locke,2017;Ivanič,1998;Luzón,2018;Matsuda,2015),对写作者身份的实证研究也已全面展开。在此背景下,英语写作者身份的维度及其测量工具还需进一步研发(唐芳、许明武,2015)。

2.2 写作者身份构成

由于研究对象和视角的不同,有关写作者身份构成的讨论在学界一直都是自成体系,分类各异。具有代表性的是Ivanič(1998)提出的写作者身份框架,将写作者身份分为四个方面:(1)自传式自我;(2)语篇自我;(3)作者自我;(4)在社会文化和机构环境中自我的种种可能性。该框架凸显了写作者身份的多重属性和维度,尤其是社会性。Burgess和Ivanič(2010)又在此基础上将写作者身份的发展阶段和内在关系进行了拓展,加入了"读者印象中的作者"这一元素。Swartz(2008)也在写作过程模型中强调了身份元素,在学生的传统写作过程中加入了协商性和反思性的身份建构行为。吴格奇(2013)则聚焦学术论文作者身份,将其划分为话语构建者身份、社会文化身份、专业身份和机构身份。这些研究从理论和实证、静态和动态等不同角度阐释了写作者身份的组成要素,为进一步探索其内涵奠定了基础。

此外,研究者们也运用各种参数对写作者身份进行了定质定量分析。就文本而言,立场(有时也称元语言)被视为写作者身份建构的重要表征或策略(如Hyland & Guinda,2012;Olinger,2011;Tardy,2012)。就文化而言,分析视角较为多元,例如Ahmed和Myhill(2016)讨论了埃及大学生社会文化背景及个人经历对其二语写作身份的影响;Feng和Du-Babcock(2016)基于语用策略考察了中国大学生英语商务写作中文化身份的构建。Cui(2019)则通过批评语篇分析,综合文本中人称代词的使用与话语和社会实践,探究了英语意识形态对二语学生学术写作身份构建产生的影响。在中国背景下,写作者身份较为直观的量化标准体现为隐性中国思维或显性中国文化的英语表达(文秋芳、俞希,2003)。此外,身份信念和态度也是写作者身份调查的重要方面(唐芳、许明武,2015),往往通过问卷或访谈等方式作为对语篇分析的补充。

2.2.1 立场表达

立场表达是体现写作者身份的一大显性维度。Hyland(2005:176)认为,立场"表达的是文本'声音'或团体认可的个性",是一种态度,指"作者展示自我和表达评价、观点和承诺的方式"。具体而言,Hyland(2005)把学术语篇中作者的立场解构为四个部分,即模糊限制语、确定表达语、态度标记语和自我指称,并提出包括立场与介入两个维度在内的写作者身份互动构建模型。很多学者(如Rahimiv & Kuhi,2014;Wu & Paltridge,2021;吴格奇,2013)也运用立场的这几个方面作为表达写作者身份的参数分析语篇。Lancaster(2016)在此基础上增加了否定标记语这一参数,通过考察大学生论文写作的立场表达反映了三个立场特性,即相对他人观点的差异性、相对分析对象的思辨距离以及相对教学内容的语篇一致性。从定性分析角度，Thompson(2012)、Li 和 Deng(2021)均提出了包含内容、结构和整体三个方面的模型考察学生的写作立场。此外，梁凤娟(2017)指出，社会文化维度成为近年来语篇立场表达的新趋势。

2.2.2 中国文化英语表达

在中国语境下，学者们探讨了本土化英语（或中国英语）的文化表达与身份认同之间的关系。中国英语"向世界传播了中国文化"，同时在英语全球化的过程中"展现"、"建构"并"强化"了中国英语学习和使用者的民族文化身份(李文中,2006:134;沈惠忠、袁轶锋,2013:2;张天宇、周桂君,2014:141)。而建立中国英语使用者的语言身份认同感也是"中国观点的世界表达的前提"(梁健丽,2016:132)。高一虹和许宏晨(2015)总结了近十年对于中国英语的探索，期待引发对于以中国英语承载文化身份认同的深度思考。这些探索包括了有关中国英语各语言层面的实证分析，涉及中国文化在各类语篇中的英语表达，如俞希(2009)和陈新仁等(2012)。俞希(2020)通过对中国大学生英语新闻稿的文本分析，提出中国语境下英语写作者文化身份的显性语言特征和隐性行文方式两大维度，为基于中国文化英语表达和中国思维习惯等参数的写作者身份测量提供了基础和依据。

2.2.3 身份表达行为和态度

身份表达的行为和态度常常在文本基础上，通过针对受试者本身的问卷和访谈来实现。就写作者身份而言，Pittam 等(2009)探究了学生对于学术论文中写作者身份的信念和态度，提出强化该身份有助于提高写作能力；Deng(2012)通过文本分析和深度访谈考察了中国学生博士论文写作过程中学术作者身份的建构行为，发现了该身份的动态属性；就文化身份而言，任育新(2008)通过问卷调查了中国大学英语学习者对不同文化层面内容的认同和态度，发现他们具有较强的母语文化身份意识；Virkkula 和 Nikula(2010)、Schroeder 等(2015)与 Majchrzak(2018)分别以问卷、访谈等形式调查双语使用者的语言态度和经历，讨论了语言文化背景对其身份的影响。这些研究以人为本，对身份表达进行了较为深入细致的探索，或对写作教学提出了有益的建议，或对英语通用语使用者应对双重文化提供了重要启示。

综上所述，身份建构在英语写作研究和跨文化研究中的重要性日趋彰显，然而多数研究考察的是学术论文，鲜有学者在中国社会文化背景下探究英语评论写作这一文体。对于写作者身份的社会属性或写作者的群体身份也较少有实证探索。此外，根据常小玲(2018:139-140)对写作者身份建构研究的分类，特征研究是"对写作者在文本中的定位以及相应的语言特征进行分析"，而过程研究则是"对写作者在不同语境中建构身份的协商与发展过程进行记录和分析"。因此，本文从立场和社会文化双重视角，结合语篇分析和问卷调查，融合写作者身份构建特征与过程研究，并辅之以态度研究，旨在更加全面地在中国语境下阐释英语写作者身份的共性和复杂性。

三 研究问题和方法

基于现有文献基础,本文重点探索大学生如何在中国语境下构建其英语写作者身份,即在英语写作文本及写作行为中如何体现、凸显和看待自己的"中国身份"。具体说来,本文试图回答以下三个研究问题:

(1) 大学生在英语评论写作文本中是如何体现中国身份的?
(2) 大学生在日常英语写作行为中是如何凸显中国身份的?
(3) 大学生对中国身份在英语表达中的体现持何种态度?

研究对象是来自于南京两所知名高校英语专业低年级学生共计60名,其中一年级38人,二年级22人。我们让学生课后观看探索频道出品的关于习近平总书记治国理政思想的三集英语纪录片《中国:习近平时代》(China: Time of Xi),然后撰写英语评论。该纪录片系统而生动地讲述了中国故事,涵盖众多中国文化内容;而学生的英语评论或多或少会受到纪录片英语表达的影响,同时也会自然地在中国语境中用英语展现其中国身份。

学生在提交评论的当天在课堂上完成身份调查问卷,有效回收率为100%。问卷涉及学生在该评论写作和其他英语写作中表达中国身份的行为习惯和态度意识,包括三个部分。第一部分是个人信息,第二部分是基本测试题,列出了纪录片中出现的一些介绍中国社会文化的表达,请学生根据记忆写出其对应的英语,例如"小康社会""经济新常态""人类命运共同体"等。第三部分是选择填空题,让学生根据其日常英语学习情况和此次观看纪录片撰写评论的经历,在五级量表或所提供的选择中勾选最符个人情况的选项,并进行适当展开和举例。

对于学生评论的文本分析主要依据以下标准:我们将中国语境下大学生英语写作者身份的文本表达解构为中国文化和中国立场的表达,并参照现有研究框架对这两大类别进行细化界定。其中,中国文化主要体现为对中国特有事物和现象、中国政策理念、专有名词(主要指中国机构、职务和品牌名称,不包括人名地名)的表达以及阐述观点时中国引语或中国传统思想/比喻的使用。中国立场则反映为自我指称(第一人称复数指代中国)、情感型和评价型态度标记语(仅用于表达对中国故事、中国政府、人民、社会、政策等的态度而非个人对纪录片的态度);模糊限制语和确定表达语(仅指以中国人身份表达对中国或他国的观点);加之以 China, China's 或 Chinese 等用作句子主语的表达以及体现中国立场的整句等。我们逐字逐句对学生写的评论根据表3-1进行标注,每篇评论中重复出现的词句只统计一次,然后将数据输入 SPSS 进行统计;同样对问卷中的定量数据也进行统计和分析,对定性数据做归类和讨论。

表 3-1 大学生英语写作中国身份文本表达参数

维度	参数	解释或示例
中国文化	1a. 中国特有事物和现象	pipa, Alipay
	1b. 中国政策理念	Chinese Dream, Belt and Road
	1c. 中国机构职务品牌名称	politburo, party secretary, Huawei
	1d. 中国引语或中国传统思想/比喻	"eat bitterness"
中国立场	2a. 自我指称	第一人称复数(we; us; our)指代中国
	2b. 态度标记语(情感型)	proud, faith, admire
	2c. 态度标记语(评价型)	agree, successful, rapidly
	2d. 模糊限制语	may, seem, to some degree
	2e. 确定表达语	never, of course, everyone
	2f. 其他	"中国"(China, China's, Chinese)用作主语;整句表达中国立场等

四 结果与讨论

以下基于对文本数据和问卷的分析,分别对三个研究问题做出详细阐释和论证。

4.1 英语评论写作中体现中国身份的方式

大学生英语评论写作中的中国身份主要通过上述相关表达参数的方式体现。表4-1列出了两个维度共10个参数在60篇评论中出现的总频率、均值(人均使用频率)和百分比。

表 4-1 写作者身份参数出现的频率

参数	总频率	均值	百分比
1a. 中国特有事物和现象	56	.93	2.09%
1b. 中国政策理念	250	4.17	9.32%
1c. 中国机构职务品牌名称	32	.55	1.19%
1d. 中国引语或中国传统思想/比喻	18	.30	0.67%
2a. 自我指称	475	7.92	17.70%
2b. 态度标记语(情感型)	116	1.93	4.32%

(续表)

参数	总频率	均值	百分比
2c. 态度标记语（评价型）	869	14.48	32.39%
2d. 模糊限制语	52	.87	1.94%
2e. 确定表达语	602	10.03	22.44%
2f. 其他	213	1.78	7.94%
总计	2683	43.89	100%

表4-1显示，大学生在英语评论写作中使用最频繁的三个参数都是表达中国立场的，分别是评价型态度标记语、确定表达语和自我指称，总频率分别为869、602和475次，共计达到参数总和的72.53%。这一方面是受到了评论内容和性质的影响，另一方面也反映出大学生对于中国立场的表达强度总体较高。其中，评价型态度标记语包括各类评价性形容词和副词以及表明观点的非情感型态度动词，体现了学生对中国事物和现象的独有思考和判断；确定表达语显示出学生对中国社会文化所持的明确或坚定立场；而自我指称在本研究中特指以第一人称复数(we,us,our等)指代中国，这一参数的频繁使用(人均7.92次)凸显了学生对自己所属的群体身份(即中国文化身份)的强烈认同感。下面将举例分析。

［1］It is *clear*（2c）that investment in infrastructure is an *ambitious*（2c）and *successful*（2c）project.

［2］Living in China, a *big*（2c）country with a population of nearly 1 billion 400 million, I'm always curious about how this country is so *harmonious*（2c）and *stable*（2c）; the leaders of this country must have made *great*（2c）efforts.

例［1］和例［2］两句话中，作者运用若干评价性形容词（均用参数2c标注）表达了自己对中国社会、政策以及领导人的态度。这些都是中国媒体和日常语境中的高频词汇，并且和大多数其他作者所使用的态度标记语一样，属于表达正面态度的褒义词汇。这说明大学生写作者不吝于展现自己对新时代中国的积极立场。这也验证了俞希（2009）关于中国英语报章写作中高频使用此类本土化特征的发现。

［3］Although there are *so many*（2e）mistakes and difficulties, *never*（2e）give up, *never*（2e）fall down, a change is going to come inside of *everyone*（2e）and *every*（2e）country.

［4］China still has a long way to go, and to make sure that goes smoothly, I *believe* (2e) more trust *should* (2e) be given to its people, who are *most* (2e) desperate to see its motherland's prosperity.

如[3]和[4]所示，大学生作者在中国社会发展等问题中，通过确定表达语展现了其较为积极鲜明、毫不含糊的立场。这与其评价型态度标记语的使用趋于一致，同时也进一步强化了自己的态度。

[5] And the most amazing part of the changes in *our* (2a) country is that *we* (2a) truly find a way to develop with the combination of modern cultures, foreign cultures and *our* (2a) traditional culture.

诸如例[5]中第一人称复数指代中国这样的叙述在学生评论中也比比皆是。虽然纪录片主要以第三人称视角讲述中国故事，但多数大学生作者在思考和写作中却自然地表现出中国文化代入感和中国身份意识。除人称代词以外，作者们还使用了 motherland 和 homeland 这两个身份特征和感情色彩较浓的词语表示中国，共计出现 19 次。

相比而言，情感型态度标记语的使用远远少于评价型态度标记语。这一方面可能是因为评论写作者更多倾向于就事物发表客观看法，较少涉及个人情感；另一方面，中国学生大多相对比较内敛，鲜于在正式写作中公开表达自己的好恶，即使是正面积极的观点也多半体现为诸如 good、important 和 agree 之类的评判而非 amazed、delight 或 admire 这些表示情感的形容词、动词或副词。另一个有趣的反差来自模糊限制语和确定表达语。相对后者(人均使用达到 10 个)，前者的频率非常有限(人均不到一个)。这也许源自中文的写作习惯以及情态动词的缺位，但同时也进一步验证了学生对其中国立场表达的确定态度。与现有关于学术论文写作的研究结果相比，两类态度标记语的使用频率差异趋于一致(如刘应亮、陈洋，2020)，而模糊限制语的使用明显少于确定表达语这一趋势却恰恰相反(如 Rahimiv & Kuhi，2014)。这既体现了中国学生写作立场的鲜明特性，又从某种程度上反映了评论写作和学术写作在立场表达上的差异性。

此外，在展现中国文化的参数中，介绍中国政策理念的最多，人均用到 4.17 个。这固然是受到了纪录片内容的影响，但是也说明了大学生对这些与自己中国身份相关的新时代表达的关注程度。例[6]就提到了当今中国的三个重点目标，即"中国梦""中华民族的伟大复兴"以及"实现小康社会"。

[6] Hence, he came up with a concept called *the Chinese dream* (1b), which consists of everyone's individual dreams, aiming at *the great rejuvenation of the Chinese nation* (1b). *To realize the goals of a moderately prosperous society*

(1b), putting emphasis on the popular feelings, Xi put his eyes on not just material products but every area of culture.

4.2 英语写作学习中凸显中国身份的行为

问卷中涉及英语写作学习中凸显中国身份的行为包括三个部分:一是评论写作本身,二是日常英语写作,三是中国文化英语表达的学习。表 4-2 列出了这三类行为的频率。其中,写作中对于中国身份的凸显具体表现为提及中国文化、体现中国式思维和表达中国立场的频率,在五级量表中数字越大表示越频繁。其中,中国式思维是受中文或中国传统文化影响而在谋篇布局和观点形成时体现出来的思维方式,中国立场则指从中国角度出发、符合中国思维特点的立场,两者都有别于西方思维和西方立场。

表 4-2 英语写作学习中凸显中国身份的行为频率

行为	类别	均值	标准差
评论写作	在这篇评论中提及中国文化内容的频率	3.67	1.084
	在这篇评论中体现中国式思维的频率	3.72	.783
	在这篇评论中表达中国立场的频率	3.88	.804
日常英语写作	在英语写作中提及中国文化内容的频率	2.72	.691
	在英语写作中体现中国式思维的频率	3.48	.748
	在英语写作中表达中国立场的频率	2.72	.691
	在英语写作中选择中国场景或中国话题的频率	3.00	.844
行为	类别	频率	
中国文化英语表达的学习	学习途径:(1) 收听/收看英语音频/视频;(2) 阅读英语报刊;(3) 浏览英语网站;(4) 下载英语 APP;(5) 其他	(1) 48;(2)24;(3) 21;(4) 20;(5) 3	
	学习来源:(1) 国内出版物或网站等;(2) 国外出版物或网站等;(3) 两者并重;(4) 其他	(1) 10;(2) 15;(3) 33	

从调查结果总体而言,在我们重点考察的评论写作中对于中国身份的凸显均高于日常英语写作。这一点并不难理解,因为该评论是命题作文,涉及的就是中国社会的政治经济等话题,学生自然会更多地凸显其中国身份。

从写作中凸显身份的实际内容来看,评论写作和日常英语写作差异最大的方面是表达中国立场的频率,前者(3.88)明显高于后者(2.72);体现中国式思维在两者中都比较频繁(分别是 3.72 和 3.48),也就是说学生在各类英语写作中经常使用典型中国思维方式而不受题材影响。这也进一步验证了 Zhang 和 Hadjioannou(2021)有关中国学生在学术写作中通常诉诸中国思维等"跨语言使用"(translanguaging)行为的发现。而除中国思维之外,在日常英语写作中学生对于中国身份的凸显度都不是很频繁(均不高于3)。其中,学生平时在英语写作中选择中国场景或中国话题的频率均值为3,即"有时选择"。究其原因,表示经常选择的受访者们多数表示,对中国场景话题"更熟悉更了解""更有把握",更有学生提到自己作为中国人对此具有"亲切感"或"民族自豪感",在情感上给予肯定;而表示偶尔选择的受访者中很多觉得涉及中国文化的语言表达"较难""能力有限",因而"有意避免",或是受写作任务主题的限制而较少写有关中国社会的文章。

至于中国文化英语表达的学习,学生人均选择两种途径,最常利用的途径是收听收看英语音频或视频,其次才是阅读。而在阅读来源中,只有少数学生仅通过国内出版物或网站获取信息,多数都会选择国外相关资源。

综合来看,英语写作学习中凸显中国身份的行为和学生作者在评论中体现中国身份的方式大体一致,即中国文化提及和中国立场表达频率中等偏高,而中国式思维则属于隐性的身份表达,较难量化。虽然学生们认为自己写作行为中的中国式思维比较频繁,不过他们对此的理解可能会有个体差异,数值仅供参考。此外,平时学生们也不疏于学习中国文化英语表达,选择媒介趋于多样化。

4.3 对英语表达中展现中国身份的观点态度

问卷还调查了大学生写作者对于英语表达中展现中国身份的观点态度,具体包括对中国文化英语表达的关注度、熟悉度和对其必要性的认知。表4-3显示的总体趋势是,学生对中国文化英语表达的关注度和熟悉度并不高,但对其必要性都持相当肯定的态度。

表4-3 对展现中国身份的观点态度

观点态度	类别	频率
收看这部纪录片时最关注的内容	(1)语言;(2)视角;(3)立场;(4)思维方式;(5)故事讲述	(1) 12;(2) 29;(3) 13;(4) 13;(5) 24
观点态度	均值	标准差
对中国文化英语表达的关注度	2.93	.918
对中国文化英语表达的熟悉度	2.45	.594
用英语介绍中国文化的必要性	4.57	.621
收看有关中国社会的英语视频对于在写作中用英语介绍中国文化的帮助	4.28	.524
中国英语教学应该包含中国文化内容的数量	4.10	.402

具体而言,受试者多数认为自己对中国文化英语表达的关注度一般(均值为

2.93),这一点也可以从他们收看纪录片时最关注的内容中得到验证,即他们更多关注其视角和故事讲述,而对语言、立场和思维方式的关注相对较少且较为平衡。因此,也就不难解释他们为何在有关纪录片中反复出现的十个介绍中国社会文化的英语表达基本测试题中,均分只有 2.25 分(满分 10 分)。此外,大学生写作者对中国文化英语表达的熟悉度就更低了,他们的自我评分仅为 2.45,当然这也是关注度较低导致的一个直接结果。

而有趣的是,学生们较为一致地认可学习用英语介绍中国文化和讲述中国故事的必要性(均分高达 4.57),其中 61.7% 的学生认为非常有必要,35% 的学生认为比较有必要。对此,他们给出的解释主要涉及三个方面:(1) 在全球化过程中,应该通过英语这种通用语言"向世界传播中国文化""传达中国声音"并"增强自身的文化影响力";(2) "促进文化交流是个双向的过程,在外语学习过程中既要通过外语学习他国文化,又要懂得使用外语介绍中国文化",这样也"有利于减少错误的解读";(3) 用英语介绍中国文化"有利于我们更深地了解中国文化"、增加自己的"文化语言积累""增强民族自豪感和认同感"。这些理由充分显示了大学生对其中国身份的强烈意识和积极态度。另外,受试者普遍认为收看有关中国社会的英语视频对于在写作中用英语介绍中国文化非常或比较有帮助,且中国英语教学应该包含大量或一些中国文化内容。这些都表明了他们对中国文化英语表达的认可。

4.4 结果讨论

从以上结果中我们发现了两重差异,即大学生写作者身份展现行为和态度之间的差异,以及英语教学中涉及中国文化的现实与学生期望之间的差异。以下分别对这两重差异进行分析。

首先,综合评论写作和问卷自述来看,大学生平时在英语写作中对中国文化内容这一显性身份维度的关注度和熟悉度并不高,仅因受到纪录片主题内容的影响会增加文化表达数量;在中国立场这一隐性维度上,日常英语写作中同样由于主题的局限,其使用频率不高,只在评论写作中显示较高的频率,体现为积极和明确的身份意识和态度。然而,绝大多数学生在认知上都对其中国身份持相当认同的观点。这说明,意识往往先行于行为,尤其是在现有资源并不充足或便利时,学生对其身份的英语表达能力便受到限制,这不仅包括主动的输入行为,也包括积极的输出行为。另一种解释是,身份的建构"有些是刻意的,有些是习惯性而并非完全自觉性的,有些是互动协商的结果,有些是源自他人的洞察和再现,而有些是广泛意识形态过程和结构的产物"(Bucholtz & Hall,2005:585),在写作中是个复杂而难以测量的行为,因此其具体表现与直接明了的态度调查结果会有所偏差。

其次,英语专业学生并没有像想象中那样,只期望学习"纯正的"英美文化或本族语者所使用的英语。他们基于对英语作为全球通用语的认识,认为中国文化内容应该在中国英语教学中占据一定比例。而问卷调查显示的实际情况则是,中国文化在英语课堂教学中出现的频率和中国文化在英语教材中出现的频率都偏低(分别是 2.95 和 2.73),而且学生对一些常见中国政策理念的英文表达并不熟悉,即使是观看了纪录片仍然没有内化为自己语言积累的一部分,这说明英语教学中需要重视和加强中国身份意识和中国文化表达的比重,让学生能够学以致用,真正做到"利用英文宣传中国文化"。而学生的态度也表明,如果渗入中国元素的英语教学付诸实施,他们愿意也能够提高相应的英语表达能力并承担双向交流的职责。

这些结果也许能为中国语境下的英语教学提供一定的启示。从学生的能力发展而言,2018 年底颁布的《中国英语能力等级量表》在书面表述、语用和翻译能力等方面,多次提到"跨文化语际中介能力"和"准确表明立场"等能力,这也正是本研究所提出应该关注培养的重点。而从"立德树人"的思政教学角度而言,传承中华文化、展示中国立场、培养主流意识形态价值观是外语教学的重要使命。因此,有效地发展学生用英文讲述中国故事、从而构建中国身份认同、促进中国话语体系建设的主观能动性和实践能力,需要从教学体系、课程设置、教材编写、教师素养和教学评估等多层面做出相应的调整,以适应全球化时代国家战略发展对外语人才的需求。

五 结 语

综上所述,中国语境下大学生英语写作者身份具有以下主要特点:一、较之中国文化英语表达,大学生对于中国立场的表达强度总体更高,兼具确定性和积极性;中国文化参数中,中国政策理念出现的频率最高;二、大学生在评论写作和日常英语写作中都较为频繁地运用中国式思维,而前者比后者更多地表达中国立场;三、学生普遍认为自己对中国文化英语表达的关注度和熟悉度并不高,但一致认可其必要性。这些特点还显示出大学生写作者身份表达行为和态度之间的差异,以及中国文化英语教学现实与学生期望之间的差异。

本文融合立场和文化双重视角,提出了中国语境下英语写作者身份的测量维度和参数表,并运用于中国大学生英语评论写作文本的分析中,同时还辅之以考察写作行为和态度的问卷调查,可以为相关写作者身份研究提供借鉴。本文的研究结果以及构建的模型也对中国英语教学具有一定借鉴意义,正如沈惠忠、袁轶锋(2013:4)所指出的,中国语境下英语的"本土认同感及双语创新尤其重要",因此需要在中国英语教学中构建身份特性,树立文化自信。教师可以通过适当增加中国文化输入,让学生学会用英语传递中国声音和讲述中国故事,进一步培养其跨文化能力和正确的价值观。这也是顺应时代和国家发展需要、体现"立德树人"和综合能力发展观念的教学新趋势。

参考文献

[1] Ahmed, A. & D. Myhill. 2016. The impact of the socio-cultural context on L2 English writing of Egyptian university students[J]. *Learning, Culture and Social Interaction*, 11: 117-129.

[2] Bucholtz, M. & K. Hall. 2005. Identity and interaction: a sociocultural linguistic approach[J]. *Discourse Studies*, 7(4-5): 585-614.

[3] Burgess, A. & R. Ivanič. 2010. Writing and being written: Issues of identity across timescales [J]. *Written Communication*, 27(2): 228-255.

[4] Cremin, T. & T. Locke. 2017. *Writer Identity and the Teaching and Learning of Writing* [M]. London and New York: Routledge.

[5] Cui, W. 2019. L2 Writers construct identity through academic writing discourse socialization[J]. *Journal of English as an International Language*, 14(1): 20-39.

[6] Deng, L. 2012. Academic identity construction in writing the Discussion & Conclusion Section of L2 theses: Case studies of Chinese social science doctoral students[J]. *Chinese Journal of Applied Linguistics*, 35 (3): 301-323.

[7] Feng, H. & B. Du-Babcock. 2016. "Business is Business": Constructing cultural identities in a persuasive writing task[J]. *English for Specific Purposes*, 44(1): 30-42.

[8] Hyland, K. 1999. Disciplinary discourses: Writer stance in research articles[A]. In C. Candlin & K. Hyland (eds.), *Writing: Texts, Processes and Practices* [C]. London: Longman, 99-121.

[9] Hyland K. 2005. Stance and engagement: A model of interaction in academic discourse[J]. *Discourse Studies*, 7(2): 173-192.

[10] Hyland, K. & Guinda, C. S. 2012. *Stance and Voice in Written Academic Genres* [M]. London: Palgrave Macmillan.

[11] Lee, I. 2013. Becoming a writing teacher: Using "identity" as an analytic lens to understand EFL writing teachers' development[J]. *Journal of Second Language Writing*, 22: 330-345.

[12] Ivanič, R. 1998. *Writing and Identity: The Discoursal Construction of Identity in Academic Writing*[M]. Amsterdam: John Benjamins.

[13] Lancaster, Z. 2016. Expressing stance in undergraduate writing: Discipline-specificand general qualities[J]. *Journal of English for Academic Purposes*, 23: 16-30.

[14] Li, Y. & L. Deng. 2021. Disciplinarily capable and personally unique: Voicing disciplinary identity in personal statement writing[J]. *Journal of English for Academic Purposes*, 50: 1-15.

[15] Luzón, M. 2018. Constructing academic identities online: Identity performance in research

group blogs written by multilingual scholars[J]. *Journal of English for Academic Purposes*, 33 (1): 24–39.

[16] Majchrzak, O. 2018. *Learner Identity and Learner Beliefs in EFL Writing*[M]. Switzerland: Springer.

[17] Matsuda, P. K. 2015. Identity in written discourse[J]. *Annual Review of Applied Linguistics*, 35: 140–159.

[18] Olinger, A. R. 2011. Constructing identities through "discourse": Stance and interaction in collaborative college writing[J]. *Linguistics and Education*, 22: 273–286.

[19] Pittam, G., J. Elander, J. Lusher, P. Fox. & N. Payne. 2009. Student beliefs and attitudes about authorial identity in academic writing[J]. *Studies in Higher Education*, 34(2): 153–170.

[20] Rahimivand, M. & D. Kuhi. 2014. An exploration of discoursal construction of identity in academic Writing[J]. *Procedia-Social and Behavioral Sciences*, 98: 1492–1501.

[21] Schroeder, S. R., T. Q. Lam. & V. Marian. 2015. Linguistic predictors of cultural identification in bilinguals[J]. *Applied Linguistics*, (1): 1–27.

[22] Swartz, S. M. 2008. *Composition and Identity: A Theoretical Approach to First-Year Composition*. 900. Retrieved July. 7, 2020, from *http://knowledge.library.iup.edu/etd/900*.

[23] Tardy, C. M. 2012. Voice construction, assessment, and extra-textual identity[J]. *Research in the Teaching of English*, 47(1): 64–99.

[24] Thompson, P. 2012. Achieving a voice of authority in PhD theses[A]. In K. Hyland, & C. S. Guinda (eds.), *Stance and voice in written academic genres*[C]. Palgrave Macmillan, 119–133.

[25] Virkkula, T. & T. Nikula. 2010. Identity construction in ELF contexts: A case study of Finnish engineering students working in Germany[J]. *International Journal of Applied Linguistics*, 20(2): 251–273.

[26] Wu, B. & B. Paltridge. 2021. Stance expressions in academic writing: A corpus-based comparison of Chinese students' MA dissertations and PhD theses[J]. *Lingua*, 253: 1–18.

[27] Zhang, X. & X. Hadjioannou. 2021. Chinese graduate students' translanguaging practice in the context of academic writing in English[J]. *Applied Linguistics Review*, *https://doi.org/10.1515/applirev-2021-0020*.

[28] 常小玲,2018.英语写作者身份建构研究:概念、理论与方法[J].外国语文,(2):138–144.

[29] 陈新仁等,2012.当代中国语境下的英语使用及其本土化研究[M].北京:北京大学出版社.

[30] 高一虹,许宏晨,2015."世界英语"及"中国英语"研究:新世纪的挑战与展望[J].新疆师范大学学报(哲学社会科学版),(5):122–129.

[31] 李文中,2006.英语全球化及其在中国本土化的人文影响[J].河南师范大学学报(哲学社会科学版),(3):131–134.

[32] 刘应亮,陈洋,2020.中美学生硕士论文写作中立场标记语对比研究[J].中国外语,(2):81–89.

[33] 梁凤娟,2017.跨文化视角下的语篇立场表达[A].陈建平,尤泽顺等.社会、文化、身份与话语建构——中国社会语言学新探索[C].北京:人民出版社.

[34] 梁健丽,2016."全球视野"与"本土意识"——"世界英语"视角下的"中国英语"研究前沿热点[J].学术探索,(11):132-139.

[35] 任育新,2008.中国大学英语学习者文化身份的调查与分析[J].外国语言文学,(1):46-52.

[36] 沈惠忠,袁轶锋,2013.中国英语教学与研究的新构架:感知、实践与范式[J].外语教学理论与实践,(1):1-7.

[37] 唐芳,许明武,2015.英语写作者身份研究:回顾与展望[J].外语界,(3):41-50.

[38] 文秋芳,俞希,2003.英语的国际化与本土化[J].国外外语教学,(3):6-11.

[39] 吴格奇,2013.英汉学术论文中的作者身份建构对比研究[M].杭州:浙江大学出版社.

[40] 徐锦芬,聂睿,2015.基于CiteSpace的国际二语写作研究动态可视化分析(2004—2014)[J].外语电化教学,(3):3-9.

[41] 俞希,2009.中国英语报章用词的本土化特征[M].南京:南京大学出版社.

[42] 俞希,2020.中国大学生英语新闻语篇中的写作者文化身份[J].外语学刊,(6):79-85.

[43] 张天宇,周桂君,2014.语言变体与文化身份——以中国英语变体为考察对象[J].河南师范大学学报(哲学社会科学版),(4):139-141.

[44] 中华人民共和国教育部国家语言文字工作委员会,2018.中国英语能力等级量表.

英语写作焦虑量表中的项目功能差异：
基于多维 MIMIC 模型的分析[*]

南京大学　朱　适　朱雪媛[**]

摘　要：本研究使用多维 MIMIC（multiple indicators，multiple causes）模型分析了普通高中和高职高专学生在英语写作焦虑上的项目功能差异（differential item functioning，DIF）。验证性因子分析（confirmatory factor analysis，CFA）表明三因素结构分别适用于这两组数据。CFA 还表明，英语写作焦虑量表所测量的普通高中和高职高专学生的焦虑潜变量是相同的。在使用 MIMIC 调节变量的研究中发现，每周英语课时数对有意义的 DIF 效应具有影响。

关键词：英语写作；写作焦虑量表；项目功能差异；MIMIC 模型

Title: A Differential Item Functioning Study of English Writing Anxiety Scale Using a Multidimensional MIMIC Model

Abstract: This study utilizes the MIMIC method to deal with multiple covariates, multiple dimensions and ordered categorical variables with threshold structures to study differential item functioning among English Writing Anxiety Scale items across students from normal high schools and vocational high schools. CFA indicates that the three-factor structure works for the data. It also indicates that the English Writing Anxiety Scale measured the same constructs between students from ordinary high schools and vocational high schools. It is found in the study that in-school English class periods have partial effects on items with meaningful DIF effects.

---

[*] 本文为国家社科重点项目"基于多模态库的中国大学生英语学术交流能力的自动评测研究"（20AYY013）的部分研究成果。

[**] 作者简介：朱适，南京大学外语部副教授，研究方向为语言测试与教育测量，联系方式：szhunju@163.com。朱雪媛，南京大学外语部讲师，研究方向为应用语言学。

Key Words: English writing; writing anxiety scale; differential item functioning; MIMIC model

一 背景介绍

1.1 外语写作焦虑

焦虑是人类最根本的感觉或情绪之一(Huberty,2012),它反映了人们主观上"对预期事件的某种关注"。焦虑的表现形式体现在生理、行为和认知三个维度(dimensions):生理维度包括头痛、心率增加、胃痉挛和肌肉紧张;认知维度包括视觉记忆、空间记忆和工作记忆失调和注意力缺乏;行为症状可以是"戒断或缺乏参与"(Huberty,2012)。

大多数研究发现高焦虑水平与学业成绩之间存在统计意义上的显著性负相关。研究(Chapell,Blanding,Silverstein,Takahashi,Newman,Gubi & McCann,2005)表明,具有低焦虑水平本科生的GPA高于那些高焦虑水平的本科学生。Cassady(2004)指出高焦虑水平对学生的考试准备、考试状态和考试反应都有强烈的负面影响。

焦虑的形式多种多样,包括外语焦虑、测试焦虑、社交焦虑和数学焦虑等。外语焦虑是研究较多的焦虑形式之一,是外语学习者情感因素的一个重要变量,是认知、情感和行为反应的集合。外语焦虑是一种"对外语的真正恐惧",是"学习者因外语学习过程的独特性而产生的一种与课堂外语学习相关的自我意识、信念、情感和行为的综合体"(Horwitz et al.,1986:128)。

在外语写作这一特定情景中,外语写作焦虑被视为是一种特质性焦虑,是一种比较强烈的对于写作产生的恐惧和逃避心理(Woodrow,2011),它阻碍写作过程的顺利进行,导致写作困难,使学习者对写作任务以及相关的写作活动产生消极的情绪体验。外语写作焦虑虽然与一般外语焦虑有一定相关性,但由于其特殊属性使其成为一种专门针对外语写作输出过程的语言学习焦虑。由于负责存储和处理信息的工作记忆空间有限(Engle,2002),具有高外语写作焦虑水平的学生在面对外语写作问题时实际上必须同时处理两个任务:解决外语写作问题和应付他们的忧虑。当外语写作焦虑程度高的学生处理外语写作任务时,他们在大脑区域有更多与负面情感相关的活动。与此同时,在与工作记忆任务相关的大脑领域则显示较少的活动。

Cheng(2004)编制的《二语写作焦虑量表》是目前公认的关于外语写作焦虑研究的

权威量表,量表共有22个项目。作者使用探索性因子分析,提炼出量表所涉及的三个因子(维度):认知焦虑、身体焦虑和回避行为。郭燕和秦晓晴(2010)使用Cheng的量表,通过问卷与访谈两种形式对中国某大学非英语专业学生的外语写作焦虑状况进行了调查。他们使用探索性因子分析分析了该量表的维度,发现外语写作焦虑是由四个因子构成:课堂教学焦虑、构思焦虑、回避行为和自信忧虑。该研究使用探索性因子分析,而该统计方法一般用于设计新的测量量表时检验量表的因子结构。对量表维度在理论和实践上都有一定了解的情况下,研究者一般应使用验证性因子分析以检验量表的外部效度。探索性因子分析中所有因子间要么全相关,要么全不相关,而验证性因子分析因子间关系取决于已有理论和具体实践,因此可以有些因子相关,有些因子不相关。验证性因子分析在理论上更有意义,也更加简约(王济川、王小倩、姜宝法,2011)。

1.2 项目功能差异

项目功能差异(differential item functioning,DIF)是指来自不同组的具有同样潜质的被试在回答相同的题目时具有不同的期望项目反应(Kim & Yoon,2011),也就是说两组被试在某题上的答题差异不是由于特质差异引起的,而是由与测验无关的因素引起的。这意味着这些题目对某一组的被试过分容易或者具有偏差。项目功能差异是项目反应理论中常用术语,在因子分析中这被叫作组间测量差异(measurement variance)。

传统的项目反应理论中的DIF检验方法假设一维性(unidimensional),指测验只测量被试的某一种特质(如整体焦虑),而忽略了特质的多维度(如写作焦虑的多维性);也就是说,被试对测验结果的反应只受一种能力水平支配,而不受其他能力水平的束缚。为了克服这种局限性,本研究使用MIMIC(multiple indicators, multiple causes)模型来克服这一局限性。MIMIC模型本质上是纳入协变量的CFA模型,是对单维或者多维数据进行DIF检验时的一种灵活有效的方法,适用于检验协变量的组间测量不变性(measurement invariance),也适用于连续变量或者有序分类变量(Cheng, Shao & Lathrop, 2016; Wang & Shih, 2010)。

用于检测定序变量项目功能差异的MIMIC模型分为两个部分:测量模型和结构模型。测量模型表示为

$$y_i^* = \lambda_i \theta + \beta_i z + \varepsilon_i$$

y_i^*为潜在响应变量,λ_i为因子载荷,θ为潜变量,z是组别变量,β_i是组别效应(反映了潜在响应变量y_i^*和组别变量之间的关系),ε_i是测量误差。如果β_i具有统计显著性,它意味着组别变量z对y_i^*有直接效应,表明项目i具有均一变化DIF(Wang & Shih,2010)。

如果潜在响应变量 y_i^* 与观察到的序数响应 y_i 与阈值模型相关联，则其可以被示为：

$$y_i = \begin{cases} 0 & when\ y_i^* \leqslant \tau_{i1} \\ 1 & when\ \tau_{i1} < y_i^* \leqslant \tau_{i2} \\ \cdots \\ C & when\ y_i^* > \tau_{iC} \end{cases}$$

其中 τ_{ic} 是彼此相邻的两个得分类别之间的阈值(Cheng, Shao & Lathrop, 2016)。结构模型可以表示为：

$$\theta = \gamma z + \xi$$

其中 γ 是分组变量 z 的回归系数。如果 γ 是显著的，则潜在性状存在组差异，这通常称为"影响"。

在 MIMIC 模型中，项目辨别参数或因子载荷被限制为在组间相等。因此，该模型只能测试均匀的 DIF。根据 Woods 和 Grimm(2011)，如果分组变量 z 和潜在特征 θ 之间存在相互作用，那么相互作用"是测试不均匀 DIF 的关键"(Woods & Grimm, 2011)。

本研究使用多维 MIMIC 模型研究中国普通高中和高职高专学生在英语写作焦虑量表中的项目功能差异(DIF)。

研究问题如下：
1. 普通高中和高职高专学生的写作焦虑结构是否遵循同样的模式？
2. 在外语写作焦虑量表中的项目中是否存在任何 DIF？
3. 如果这些项目中存在 DIF，哪些协变量可用于解释这些 DIF？

二 研究方法

2.1 参与者

2019 年年底，来自华东某市四所学校的共 220 名学生参加了此次外语写作焦虑量表的调查。这四所学校中，两所为普通高中，两所为高职高专。样本中男生为 99 名，占全体学生人数的 45%，女生为 121，占全体人数的 55%。来自高职高专的学生人数为 112 人，来自普通高中的为 108 人。他们的年龄介于 16~19 岁之间。

2.2 外语写作焦虑量表

本研究使用 Cheng(2004)编制的《二语写作焦虑量表》。量表共有 22 个项目，其中

7个为反向题。该量表采用李克特5点量表形式,从1表示"这完全不符合我的情况"到5表示"这完全符合我的情况"。每个题项的分数越高表示焦虑感越高。作者使用验证性因子分析以检验二语写作焦虑量表的外部效度,检验新样本是否包含量表所涉及的三个因子(维度):认知焦虑,身体焦虑和回避行为(Cheng,2004)。在确认三因子结构后,使用MIMIC方法进行DIF检测。

2.3 数据分析过程

外语写作焦虑量表中的七个项目被重新编码,使得越高的项目分数表示越高的焦虑感。在这些项目中,1被重新编码为5,2被重新编码为4,3保持不变,4被重新编码为2,5则被重新编码为1。统计软件Mplus7被用于本次数据分析。在参数估计中使用稳健加权最小二乘估算方法(WLSMV)和稳健最大似然估算方法(MLR)。

在使用MIMIC方法进行DIF检测之前,需要进行无DIF的锚题选择。锚题选择基于Wang和Shih(2010)推荐的过程。首先假设第一题无DIF,被选为锚题,则其他21题被用于检测DIF。按照顺序,如在第一步骤中所做的那样,外语写作量表中的剩余项目第二到第二十二题被一个接一个地用作锚题。在22个迭代中获得每个项目的β/标准误差(SE)的绝对值比。比值的绝对值按顺序排序,具有最小绝对值的项目被选为锚项。

三 结果

3.1 CFA模型

本研究首先使用验证性因子分析对普通高中和高职高专外语写作焦虑量表基准模型的多维结构拟合进行了检验,以确认三因素结构在两个人群中都是合适的。根据Hu和Bentler(1999)的建议,大于0.95的比较拟合指数(CFI)和等于或小于0.06的近似均方根误差(RMSEA)表明良好的模型拟合。不过Browne和Cudeck(1993)认为0.05和0.08之间的值也可以表示适当的模型拟合。就普通高中数据的模型结果而言,模型拟合度较好:RMSEA=0.061,CFI=0.980;结果表明模型也适合高职高专数据:RMSEA=0.068,CFI=0.972。

在确定了普通高中和高职高专的基线模型之后,对总体数据进行了分析,结果表明模型拟合度良好:RMSEA=0.064,CFI=0.976。因此,可以得出结论,三因素多维结构适用于本研究中的普通高中人群和高职高专人群。

在确认了CFA模型后,分组变量"高中"被添加到CFA模型中,其中普通高中编码为 1,高职高专编码为 0。表 3-1 提供了当所有其他项目被固定视为锚题并且假定不存在 DIF 的情况下,每个项目在分组变量"高中"上回归之后获得的参数估计值。

表 3-1 每个项目在分组变量"高中"上回归之后获得的参数估计值

题项	估计值	p
身体焦虑		
2. 在有时间限制写作时,我感觉心跳加剧。	0.383	0.000
7. 当我开始写作时,脑子经常一片空白。	0.219	0.000
9. 在规定时间写作时,我会颤抖或者出冷汗。	0.017	0.162
13. 在规定时间内写作时,我的思维会变得混乱。	0.326	0.000
15. 在规定时间内写作时,我的思维会不稳定。	0.644	0.000
18. 当突然被要求写英语作文时,我会反应迟钝。	0.479	0.000
23. 当写英语作文时,我通常会感到全身僵硬和紧张。	0.011	0.000
认知焦虑		
1. 当写英语时,我一点也不紧张。	0.431	0.000
3. 当获悉英语作文将被评阅时,我写作文时会感到担忧和不自在。	0.552	0.000
10. 如果我的英语作文要被批改时,我很担心得到一个很差的成绩。	0.083	0.046
17. 我很担心其他学生读我作文时会对其进行嘲笑。	0.452	0.000
21. 我根本无所谓别人如何评价我的英语作文。	0.487	0.000
回避行为		
4. 我经常会选择将我的思想用英语写下来。	0.328	0.000
6. 我经常尽量避免用英文写作。	0.415	0.000
12. 我会尽量躲避写英语的环境。	0.427	0.000
14. 除非别无选择,否则我不会用英语写作。	0.023	0.059
19. 如果被要求写英语作文,我会尽量找理由不写作文。	0.526	0.000
22. 在课外,我会尽一切可能写英语作文。	0.535	0.000
27. 只要有可能,我就会使用英语写作文。	0.669	0.000

基于 p 值,可以看出外语写作焦虑量表中有四题无 DIF,它们分别是 9,10,14 和 23。因此,它们被用作下一阶段具有意义的 DIF 效应检测的锚题。结果显示分组变量"高中"对外语写作焦虑有显著影响,普通高中和高职高专学生之间的外语写作焦虑因素有显著差异(差异值=0.445,p=0.000),这意味着外语写作焦虑虽然是一个普遍存在的心理状态,但和教育环境有关。

3.2 检测具有意义的 DIF 效应

在四个无 DIF 的项目被识别并选择为锚项目之后,下一步是在 MIRT(多维项目反应理论)框架内检测具有意义的 DIF 效果。

稳健最大似然法(MLR)被用来进行 DIF 效应的估算。利用 MLR,可以获得比值比(odds ratio, OR)以估计 DIF 效应的影响大小。具有大于 2 或小于 0.5 的比值比的项目被标记为具有意义的 DIF(Cole, Kawachi, Maller & Berkman, 2000)。属于认知焦虑维度的 3 和 10,属于身体焦虑维度的 13 和 15,和属于回避行为维度的 12 和 19 被认为是具有意义的 DIF 效应项目。在具有意义的 DIF 效应项目方向上,可以发现 3,10,13 和 15 更偏向普通高中学生,而 12 和 19 则偏向高职高专学生(见表 3-2)。

表 3-2 DIF 效应

题项	逻辑比值比
3. 当获悉英语作文将被评阅时,我写作文时会感到担忧和不自在。	2.658
10. 如果我的英语作文要被批改时,我很担心得到一个很差的成绩。	2.371
13. 在规定时间内写作时,我的思维会变得混乱。	4.431
15. 在规定时间内写作时,我的思维会不稳定。	4.588
12. 我会尽量躲避写英语的环境。	0.388
19. 如果被要求写英语作文,我会尽量找理由不写作文。	0.377

3.3 DIF 的原因

二语习得是一个长时间高频度输入与输出的练习过程,需要大量的语言接触和语言实践,写作能力的提高尤其如此,它需要一定时期内集中的时间投入。由于普高和高职高专在英语周课时数上有差异,因此研究者在 MIMIC 模型中加入一个中介变量,即学生在校英语课时量,以研究普通高中和高职高专的在校英语课时差异对 DIF 的影响。

当使用在校英语课时数作为调节变量时,可以获得 DIF 项的直接和间接效应。分组变量"高中"到 3,15,18,19,22 和 27 的直接效应均有统计学意义,从"高中"到调解变量"在校英语课时数"然后到 3,15,18,19,22 和 27 的间接影响也是显著的,因此调节变量"在校英语课时数"可以帮助部分地解释这些项目在各自维度内的 DIF 效应。

四 讨 论

该研究使用 MIMIC 方法来测量普通高中和高职高专学生英语写作焦虑量表的测

量不变性或项目功能差异(DIF)。通过比较来自这两个群体的学生,本研究确定了呈现出有意义项目功能差异效应的量表题项。不同于多组因子分析(CFA)或项目反应理论(IRT)测量不变性,本研究利用 MIMIC 方法来处理协变量、多维度和有序分类变量。研究中的 MIMIC 模型包括了外语写作焦虑的三个维度和一个分组变量;MIMIC 调节模型则结合一个单独的调节变量——课内英语学习时间来帮助解释有意义的 DIF 效应。

CFA 表明,三因素(身体焦虑、认知焦虑和逃避行为)结构适合来自普通高中和高职高专学生的数据。来自普通高中学生报告的英语写作焦虑水平高于高职高专的同龄人。高中学生在外语写作中呈现的更高水平焦虑很可能归因于普通高中更高的英语学业要求、高考压力、更高的父母和学校期望、各种英语考试和英语写作考试压力。

就项目功能差异而言,属于认知焦虑维度的 3 和 10 以及属于身体焦虑维度的 13 和 15 偏向于普通高中学生,普通高中学生可能需要参加更多的英语考试,在规定时间内完成命题作文的任务也比高职高专学生相对多一些,因此他们更在乎自己的作文考试分数,在压力下更容易产生身体焦虑,从而影响他们在考试中的英语写作的思维敏捷性和清晰度。外语写作焦虑可以干扰认知活动的过程,使工作记忆受损,从而影响外语写作的产出;具有某种程度的外语写作焦虑的人在面对外语写作任务时可能有担心,这反过来影响"工作记忆资源"。属于逃避行为维度的 12 和 19 偏向于高职高专学生,由于学业压力相对较小,老师和家长的期望也不如普通高中学生,因此在某种程度上他们英语学习热情不高。

使用 MIMIC 方法,在研究中发现,学校的英语课时数对 DIF 效应的所有项目具有部分影响,意味着该变量可以部分地解释这些项目的 DIF 效应。高频度多课时的语言训练对提高初级水平和中级水平学生的外语写作水平效果明显,然而长时间的写作输入可能造成部分高中学生外语写作焦虑水平的提高,也是教育工作者需要认真面对的问题。

本研究也有一些局限性。首先,在研究中使用的 MIMIC 模型只能考虑均匀的 DIF。MIMIC 方法主要集中在截距和因子手段的不变性,因此未来研究应将分析扩展到非均匀 DIF;第二,MIMIC 模型无法纳入一些可能有助于解释有意义的项目功能差异(DIF)效应的因素,这些因素可能包括家长和学校对英语写作重要性的认识、学校要求、英语写作教学质量、父母的期望和英语教师的自我效能。一些因素很难被量化,其中一些可能需要进行定性分析。

参考文献

[1] Browne, M. W., & R. Cudeck. 1993. Alternative ways of assessing model fit[A]. In K. A.

Bollen & J. S. Long (eds.), *Testing Structural Equation Models*[C]. Newbury Park, CA: Sage, 136 – 162.

[2] Cassady, J. C. 2004. The influence of cognitive test anxiety across the learning-testing cycle[J]. *Learning and Instruction*, 14(6): 569 – 592.

[3] Chapell, M. S., Z. B. Blanding, M. E. Silverstein, M. Takahashi, B. Newman, A. Gubi, & N. McCann. 2005. Test anxiety and academic performance in undergraduate and graduate students[J]. *Journal of educational Psychology*, 97(2): 268 – 274.

[4] Cheng, Y. S. 2004. A measure of second language writing anxiety: Scale development and preliminary validation[J]. *Journal of second language writing*, 13(4): 313 – 335.

[5] Cheng, Y., C. Shao, & Q. N. Lathrop. 2016. The mediated MIMIC model for understanding the underlying mechanism of DIF[J]. *Educational and Psychological Measurement*, 76(1): 43 – 63.

[6] Cole, S. R., I. Kawachi, S. J. Maller, & L. F. Berkman. 2000. Test of item-response bias in the CES-D scale: Experience from the New Haven EPESE study[J]. *Journal of clinical epidemiology*, 53(3): 285 – 289.

[7] Engle, R. W. 2002. Working memory capacity as executive attention[J]. *Current Directions in Psychological Science*, 11(1): 19 – 23.

[8] Horwitz, E. K. 1986. Preliminary evidence for the reliability and validity of a foreign language anxiety scale[J]. *Tesol Quarterly*, 20(3): 559 – 562.

[9] Hu, L. T. & P. M. Bentler. 1999. Cutoff criteria for fit indexes in covariance structure analysis: Conventionalcriteria versus new alternatives[J]. *Structural equation modeling: a multidisciplinary journal*, 6(1): 1 – 55.

[10] Huberty, T. J. 2012. *Anxiety and Depression in Children and Adolescents: Assessment, Intervention, and Prevention*[M]. Springer Science & Business Media.

[11] Kim, E. S. & M. Yoon. 2011. Testing measurement invariance: A comparison of multiple-group categorical CFA and IRT[J]. *Structural Equation Modeling*, 18(2): 212 – 228.

[12] Wang, W. & C. Shih. 2010. MIMIC methods for assessing differential item functioning in polytomous items[J]. *Applied Psychological Measurement*, 34(3): 166 – 180.

[13] Woodrow, L. 2011. College English writing affect: Self-efficacy and anxiety[J]. *System*, 39(4): 510 – 522.

[14] Woods, C. M. & K. J. Grimm. 2011. Testing for nonuniform differential item functioning with multiple indicator multiple cause models[J]. *Applied Psychological Measurement*, 35(5): 339 – 361.

[15] 郭燕,秦晓晴,2010.中国非英语专业大学生的外语写作焦虑测试报告及其对写作教学的启示[J].外语界,(2):54 – 62.

[16] 王济川,王小倩,姜宝法,2011.结构方程模型:方法与应用[M].高等教育出版社.

国际应用语言学研究趋势的可视化分析*
(2010—2020)

上海外国语大学 何艳华 王雪梅**

摘　要： 本文以 Web of Science(SSCI)数据库中应用语言学研究(2010—2020)的 1 096 篇文献为数据来源，运用 CiteSpace 软件进行可视化分析。文章从发文量和学科分布方面厘定了研究的整体脉络，并且通过关键词共现和文献共被引分析了研究热点和研究前沿。研究发现：国际应用语言学研究整体发文量呈现增长趋势，跨学科研究特征显著；研究热点主要包括语言学、语料库语言学、语篇、教育和身份等；研究前沿集中在语篇、教师、超语和语料库语言学研究等。以上发现对我国应用语言学拓展跨学科视角、建构学术共同体、对接学术国际前沿、推介国内学术成果均有启示意义。

关键词： 应用语言学；CiteSpace；可视化分析

Title: A Visualized Analysis of International Research Trend of Applied Linguistics (2010—2020)

Abstract: This paper conducts a visualized analysis of 1,096 articles on applied linguistics retrieved from Web of Science (SSCI) from 2010 to 2020 aided by CiteSpace. It traces the overall context in terms of its publication numbers and disciplinary distribution. It extrapolates the research hotspots and research frontiers by exploring the results of co-cited keywords and references. The results illustrate

---

* 本文系上海市哲学社会科学规划项目"全球胜任力视域下上海大中小学外语教育规划研究"(编号：2019BYY017))、上海外国语大学校级重大科研项目"传承与创新视角下的上外人才培养研究"(编号：2017114003)、北京外国语大学北京高校高精尖学科建设项目"外语教育学"(编号：2020SYLZDXM011)的部分成果。

** **作者简介：** 何艳华，上海外国语大学英语学院博士生，研究方向：外语教育与教师专业发展。联系方式：heyanhua612@163.com。王雪梅，上海外国语大学教授，博士生导师，主要研究方向为外语教育与教师专业发展，联系方式：wxm97@126.com。

that international applied linguistics research showed an increasing tendency of publication and an interdisciplinary research perspective. The research focuses mainly on linguistics, corpus linguistics, discourse, education and identity. And the key domains include discourse, teacher, translanguaging and corpus linguistics. The above findings enlighten national applied linguistics in the following aspects: expanding interdisciplinary perspectives, constructing academic communities, docking academic international frontiers, and promoting academic domestic achievements.

Key Words: applied linguistics; citeSpace; visualized analysis

一 引 言

应用语言学有宽泛和窄化之分,宽泛的应用语言学指实际中解决语言和语言学问题的研究;窄化的应用语言学指语言教学,尤指第二语言教学研究(桂诗春,2015:91)。国际应用语言学研究在20世纪40年代广泛开展。国内应用语言学研究起步较晚,于20世纪70年代末开始兴起(陈建平,2018)。因此,明确国际应用语言学研究趋势,跟踪研究热点与前沿,将为国内应用语言学本土研究与国际化走向提供参考。近年来学界对国际应用语言学研究进行了诸多综述(如 Khany & Tazik,2017;徐锦芬,2021)。但以往国际应用语言学研究的数据来源多限定于某些 SSCI 期刊,或在研究方法上多作描述性综述,未对其研究作全面、直观的统计分析。例如,Khany & Tazik(2017)建立的国际应用语言学(1976—2015)研究语料库中语料来源于10本国际应用语言学期刊;徐锦芬(2021)对近10年 SSCI 期刊发表的国际应用语言学研究文献进行了描述性梳理。

鉴于此,本研究以 SSCI 数据库中应用语言学文献(2010—2020)为数据来源,以宽泛应用语言学为研究对象,运用 CiteSpace 软件进行可视化分析,探讨十年来国际应用语言学研究趋势,以期通过文献计量方法追踪国际应用语言学研究最新热点与研究前沿,为国内应用语言学研究,特别是加速国内应用语言学国际化进程提供参考。

二 研究工具与数据收集

使用可视化分析软件 CiteSpace 既能够绘制出某一方面研究的整体脉络,也能展示出最新研究话题(李杰、陈超美,2016)。因此本研究运用 CiteSpace 5.7.R5 作为研究工具。数据来源于 Web of Science(SSCI)数据库中的期刊文章,最新更新日期是 2021 年 6 月 9 日。为保证应用语言学研究数据的准确性,主题选择"applied linguistics",文献类型选择"article",时间跨度选择"2010 至 2020"。检索后共得到 1 096 条文献。

三 结果与讨论

3.1 整体发展态势

3.1.1 发文量

2010 至 2020 年的整体发文量为 1 096 篇,年均发文量约为 110 篇,各年发文量如图 3-1 所示。2010 年起,应用语言学研究整体呈现上升趋势。该趋势可以大致分为三个阶段:① 缓慢发展阶段。2010 至 2012 年发文量基本一致。② 平稳发展阶段。发文量在 2013 至 2017 年间发文量涨落幅度基本在 3 篇左右。③ 快速发展阶段。2018 年起发文增速迅猛,每年发文超百篇。

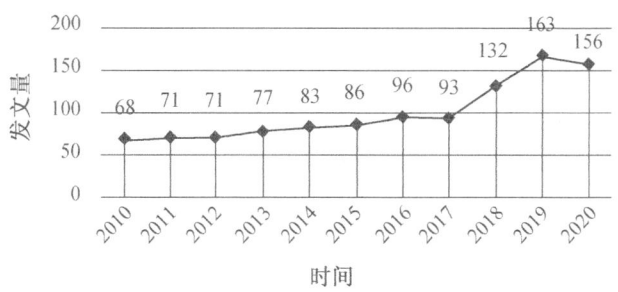

图 3-1 应用语言学论文发文量统计

3.1.2 学科分布

为深入了解应用语言学的学科研究,参考数据库中所属学科的划分,本文提取了应用语言学研究排名前 10 的具体学科分类。如表 3-1 所示,国际应用语言学研究在语言学(Linguistics)、语言与语言学(Language Linguistics)以及教育和教育研究(Education Educational Research)这三个分类中发文量最多。而且,应用语言学作为一门交叉学科,与其他相关学科进行了不同程度的融合,跨学科研究趋势明显,如传播学(Communication)、情报学与图书馆学(Information Science Library Science)、实验心理学(Psychology Experimental)和社会科学跨学科(Social Sciences Interdisciplinary)等人文社会科学。此外,应用语言学与自然科学的跨学科研究也非常突出,具体与计算机科学与信息系统(Computer Science Information Systems)、计算机科学与人工智能

(Computer Science Artificial Intelligence)、计算机科学跨学科应用(Computer Science Interdisciplinary Applications)交叉研究较多。

表 3-1 应用语言学研究主要分类

具体分类	排名	发文量
Linguistics	1	775
Language Linguistics	2	555
Education Educational Research	3	290
Communication	4	52
Information Science Library Science	5	37
Computer Science Information Systems	6	27
Psychology Experimental	7	25
Social Sciences Interdisciplinary	8	21
Computer Science Artificial Intelligence	9	20
Computer Science Interdisciplinary Applications	9	20
Humanities Multidisciplinary	10	17

3.2 研究热点

关键词体现文章内容的精髓,因此通过对关键词共现图谱的分析可帮助人们找出研究热点与研究趋势(孟宇、陈坚林,2019)。本文勾选"keyword",运行结果见下图:

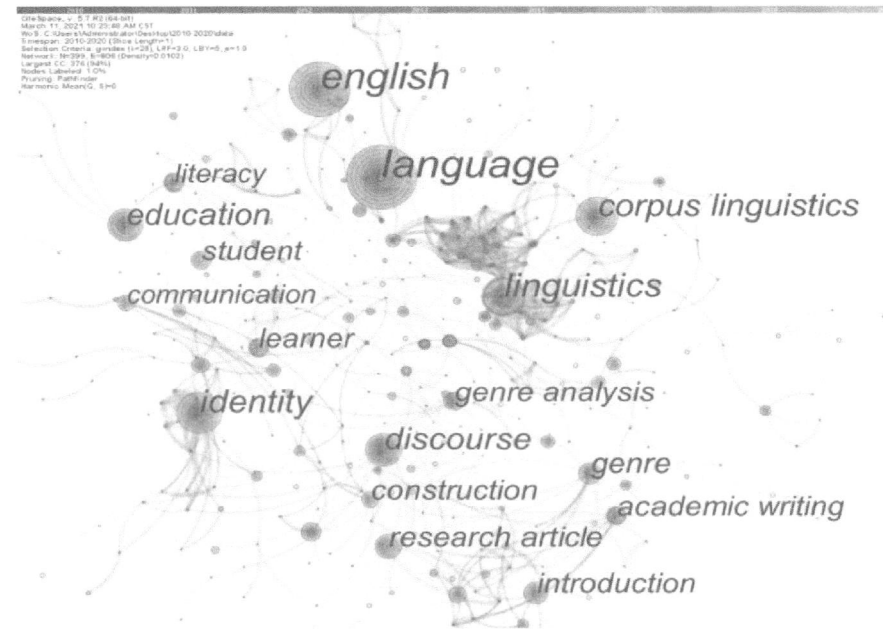

图 3-2 关键词共现图谱

由图3-2可知,应用语言学研究的关键词主要包括 language、English、corpus linguistics、discourse、education、identity 等。可见十年来国际应用语言学主要研究英语、语料库语言学、语篇分析、教育、身份等内容。为进一步挖掘研究热点,本文梳理了频次排名序号前20的关键词(见表3-2)。其中,频次代表话题的关注度,中心性体现话题的影响力(李杰、陈超美,2016:93)。结合频次及中心性排序,本文发现应用语言学研究中比较常见的主题有 linguistics、identity、corpus linguistics、discourse 和 education,说明语言学、身份、语料库语言学、语篇和教育话题在近十年的应用语言学研究中相对稳定。除此之外,academic writing、learner、literacy 和 acquisition 虽然频次排名相对靠后,但在中心性方面相对靠前,说明其影响力较大,也很可能成为未来研究的热点话题。

表3-2 关键词的频次及中心性排序

序号	主题词	频次	中心性	序号	主题词	频次	中心性
1	language	159	0.00	11	academic writing	31	0.16
2	English	128	0.01	12	construction	30	0.05
3	linguistics	69	0.11	13	introduction	30	0.02
4	identity	66	0.05	14	student	30	0.00
5	corpus linguistics	59	0.03	15	learner	30	0.11
6	discourse	52	0.08	16	model	29	0.04
7	education	51	0.05	17	communication	26	0.03
8	research article	34	0.04	18	literacy	26	0.11
9	genre	34	0.08	19	acquisition	25	0.21
10	genre analysis	32	0.03	20	discourse analysis	24	0.00

为了解具体时间段的研究热点与趋势,本文结合关键性的频次和中心性高低,绘制了时区图3-3。图中每年出现的关键词依据频次大小由上至下罗列,节点大小代表了中心性的高低,同时在特定时区出现的节点可能跨越多个分区。

由图3-3可知,从历时角度看,十年来应用语言学的研究热点不断发生变化。根据前文所划分的三个阶段,笔者总结出以下热点:

① 缓慢发展阶段(2010—2012)。2010年主要的关键词为 corpus linguistics 和 linguistics,可见该年语料库语言学和语言学研究较多。而2011年应用语言学研究内容不断丰富,如 cognitive linguistics 和 discourse linguistics。与之相比,2012年语言教学研究较为突出,这体现为 learner、multilingualism 和 metaphor 等关键热点的出现。

② 平稳发展阶段(2013—2017)。在这一阶段,语言教学研究仍为主流话题。2013年以 corpus、attitude 和 vocabulary 为主的关键词体现出语料库和教学研究的持续兴

图 3‑3 关键词时区图

起。2014 年,教学研究(见关键词 translation、chinese 和 student)再次成为热点。相比 2014 年开展的教学研究,2015 年研究的主要对象由学生变为教师(teacher)及其所具备的知识(knowledge),由此看出教师发展研究逐渐受到语言教学研究者的关注。到了 2016 年,批判应用语言学(critical applied linguistics)成为热点,主张语言教学应考虑社会、文化和政治因素。2017 年出现的关键词主要反映了跨学科(interdisciplinary)和语言分析(linguistic analysis)研究的兴起。

③ 快速发展阶段(2018—2020)。一方面,稳定性研究热点不断深入。语言教学研究继续保持高位,语言研究如西班牙语(spanish,2019)和超语(translanguaging,2019)研究丰富。此外,语言分析方法愈渐多元,由 2017 年出现的语言分析(linguistic analysis)向具体的情感分析方法(sentiment analysis,2020)拓展。另一方面,新兴研究热点出现。关键词技术(technology,2018)和机器学习(machine learning,2020)表明了当前对信息技术辅助教学研究的重视,学科(disciplinary,2019)也体现对应用语言学学科本身的关注。

综上所述,语言教学研究对象由关注学生向关注教师发展转变,同时信息技术辅助教学也得到学者更多的关注。应用语言学具体各学科研究向跨学科及学科本体研究转变。语言分析处理方式,如话语分析和情感分析,更为多元丰富。由此看出,这些稳定性研究热点的研究内容不断拓展,研究视角走向多元。

3.3 研究前沿

本文将节点更改为"Cited Reference"。生成图谱中节点间的连线表示文献共引关系,线条颜色对应共引的时间变化。一般来说,Q 值越靠近 1 越好,S 值在 0.5 以上较为合理(李杰、陈超美,2016)。图 3-4 得到的 Q 值为 0.846 9,S 值为 0.938 2,说明其聚类结果信度较好。图谱共生成 952 条连线,线条颜色由左向右颜色由深变浅代表研究时间由远至近。

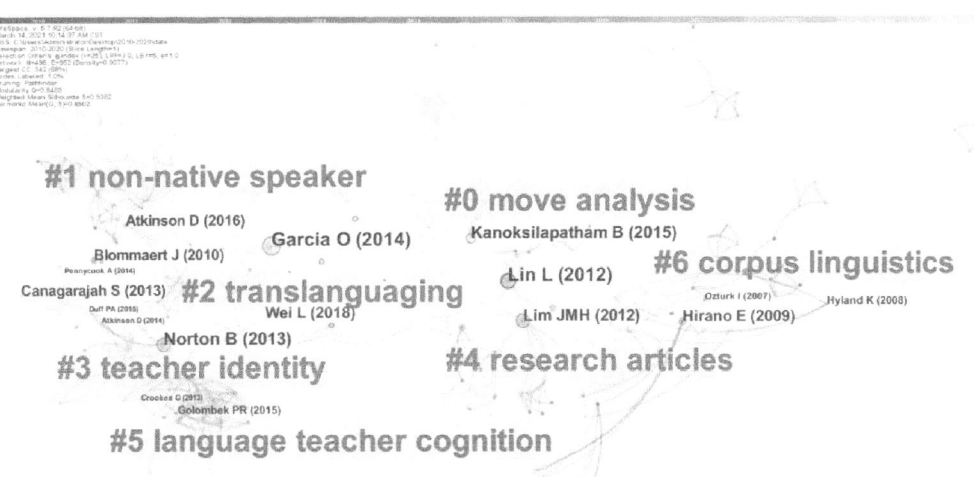

图 3-4 文献共被引聚类图谱

图 3-4 共有 7 个聚类。其序号代表着聚类规模,序号越靠前,聚类内文献规模越大。依次是:♯0 聚类"语步分析(move analysis)"(40 篇)、♯1 聚类"非母语者(non-native speaker)"(39 篇)、♯2 聚类"超语(translanguaging)"(35 篇)、♯3 聚类"教师身份(teacher identity)"(33 篇)、♯4 聚类"实证文献(research articles)"(30 篇)、♯5 聚类"语言教师认知(language teacher cognition)"(28 篇)和♯6 聚类"语料库语言学(corpus linguistics)"(28 篇)。

因为♯0 聚类和♯4 聚类部分有较多线条重叠,说明两个聚类内容密切相关,本文统一将其归类为语篇研究。同样,也将线条连接密切的♯3 聚类和♯5 聚类归纳为教师研究。参考各聚类算法结果,结合各个聚类的施引文献内容,前沿内容主要包括:语篇、教师、超语和语料库语言学研究。下文将逐一进行分析。

(1) 语篇研究

20 世纪 80 年代美国学者斯韦尔斯(Swales)提出的"体裁分析理论"(genre analysis)为不同体裁的语篇分析提供了新视角。由于语篇具有交际功能,Swales(1990)根据不同的交际功能,认为实证文章遵循标准的"引言(Introduction)-方法(Method)-结果(Result)-结语(Conclusion)(缩写为 IMRC)"语步分析模式,并主张在引言部分"建立研究空间"(create a research space,CARS)。该分析模式虽然仅对引言结构进行了分析,但是该模式可推广性极强,迅速成为语篇分析的重要依据。学者们对其不断修订和完善,如 Lin & Evans(2012)建构了一个包括不同学科 433 篇实证论文的小型语料库,分析后发现,常用的结构模式是"引言(Introduction)-文献综述(Literature)-方法(Method)-结果(Result)-讨论(Discussion)-结语(Conclusion)(ILM[RD]C)",并指出斯韦尔斯提出的 IMRC 模式忽视了文献综述、结果与讨论部分的重要性。该研究弥补了斯韦尔斯模型的不足,为今后语篇分析提供了更宽阔的视野,并为学术写作与教学提供了写作新范式。Kanoksilapatham(2015)对同一学科下的不同分支学科 179 篇论文中各结构进行了对比研究,更为清晰地界定了各部分语步和步骤框架,如论文的实验部分可分为 4 个语步和 6 个步骤等。该研究补充了斯韦尔斯仅关注引言部分 CARS 的研究范围,构建了论文各部分一系列的研究空间。

可以看出,语篇研究多以不同学科、同一学科下的不同分支学科学术论文为研究对象,以学术论文中各部分结构(摘要、引言、结果、讨论、结语)或整体结构为研究内容,以体裁分析法为研究视角,以量化的语料库技术为研究方法。但分析的语篇类型中对应试作文语篇或口语语篇分析远不足学术语篇,多模态语篇分析未成为突出研究方法。

(2)教师研究

教师研究主要涉及教师身份认同和教师认知研究。教师的个人性格、成长经历和特殊的文化或语境因素是身份认同研究的中心主题。移民、国际旅居者、多民族或多语言社会中的国内移民、寻求庇护者、散居成员、远程学习者等是重要的观察对象。此类研究理论框架主要包括社会实践和文化(再)生产理论[social practice and cultural (re) production,强调资本的重要性]、后结构主义和移民与全球化的社会语言学(poststructuralism and the sociolinguistics of migration and globalization,注重发挥个体的主体间性)和语言社会化(language socialization,参与特定的活动而被社会化形成新身份)理论(Duff,2015)。其中,后结构主义学者 Norton(2013)频次排名更为靠前。她采取混合研究方法,对移民语言学习者的身份认同模式及其相关的社会文化因素如学习者课堂内外语言使用机会进行了探究。同时,在研究中,身份认同的投资模型得到构建,用以勾勒学习者的身份认同、所在语境和语言学习使用间的互动过程。投资指学习者对语言学习和使用的投入,目的是积累社会资本,满足未来需求。该模型提出后不断被拓展。Darvin 和 Norton(2015)在模型中增加了意识形态(指占据主导地位的思维模式)内容,认为学习者对语言学习和使用的投入不仅是为获取社会资本,也是为了利用已有资本,获取更多有助于目标实现的积极给养资源。随后 Norton(2018)将该模型置于多语课堂环境中进行了验证研究。

此外,教师研究通常涉及个体身份、认知、情感、情境、实践等相关概念之间的结合研究(Beauchamp & Thomas,2009)。这一点在教师认知研究中体现尤为明显。如教师认知和教学实践的关系研究,即教师认知随实践发生变化,教学实践更新教师认知的互为影响的关系(Toth & Davin,2016),二者虽然源于不同学科,但可相互借鉴和发展(Crookes,2015)。关于研究视角,由于教师认知的社会属性越发受到重视,社会文化理论、社会认知理论、社会建构理论等也频繁走入研究者的视线,如 Golombek(2015)基于维果茨基(Vygotsky)的社会文化视角,详细分析了来自一位教师学习者的反思日志和教师教育者的反馈数据,并对教师学习者进行了回顾性访谈。结果表明,语言教师、学习者和教师教育者的情感和认知会相互激活和发展,这种相互作用贯穿于教师从学习到教学的过程。

综上,教师研究多以教师身份认同和教师认知研究为主。教师身份认同研究多关注特殊文化或语言背景的教师,运用后结构主义等理论视角,对教师身份认同的构建过程及其影响因素进行探究。虽然教师身份认同研究相对久远,但随着新兴理论及新语言环境的发展,该研究仍具有较大活力。教师认知研究注重认知的社会属性,以社会文化理论等为理论视角,研究教师认知过程或教师个体内外部因素与认知间的关系,以教师认知与教学实践关系研究最为突出,但与其他因素间的关系研究体现还不明显。

(3) 超语研究

超语研究主要包含两个关注主题:一是教学超语研究(pedegogical translanguaing),关注教学的多语语境和学生的多语言背景,分析课内外和日常活动中的教学实践等。此类研究以奥佛利·加西亚(Ofelia Garcia)、李嵬为代表学者,他们关注超语行为,认为双/多语者的语言使用具有动态性和流动性,强调社会语境的重要性(García & Li, 2014;Li,2018)。他们提出超语言技能理论的内涵,即将学习者的语言技能看作一个动态的复杂系统,语言技能存在于学习者已有资源与语言实践的互动之中。换言之,教学超语研究强调学习者对语言资源整合,教学语境多发生在双语课堂、多语课堂、内容与语言融合课堂等,强调所有知识体系同等重要,目的是促进学生对知识的理解和使用(García & Li,2014;Lin & He,2017)。

二是社会超语研究(translanguaing in the society),关注社会文化与语言、社会媒介与语言、社会环境与语言等互动。此类研究以苏拉什·卡纳加拉加(Suresh Canagarajah)、李嵬、祝华等学者为代表,主要探讨了双语者如何调动自身的民族/国家认同、地域认同或职业认同来开展认知活动(Li & Zhu,2013)。Canagarajah(2013)强调文化在超语实践中发挥了重要作用,指出超语实践的前提是多语说话者和听话者能够灵活地区分语言文化差异,并强调语言表达中的文化体现和修辞使用可以成为意义协商的有利资源。Pennycook & Otsuji(2014)提出"空间资源库(spatial repertoire)",指在特定位置可以使用的语言资源(包括语言、活动、空间交织资源)。基于此,Li(2011)提出了"超语空间(translanguaging space)"的概念,指由超语实践创建并用于超语实践的空间。相关超语空间研究也陆续开展(如 Zhu et al.,2017)。

由此看出,无论是教学超语还是社会超语,均强调互动和资源使用的重要性,超语的内涵和外延不断得到拓展。相关研究背景多发生在双语/多语言语境下的课堂内外或日常的社交场景之中。但由于超语研究相对较新(见图 3-4 中 #2 聚类处于研究时间较近的浅色线条中），不同语种如英语作为外语、不同对象如高水平语言学习者、不同课堂如专门用途英语课堂等进行超语研究有较大研究空间。

（4）语料库语言学

语料库语言学发展较早，以建立语料库的本体研究和以语料库为工具研究某一学科内容为主要的研究内容。其中，使用语料库研究工具分析语篇的研究在共被引文献中较为突出。具体而言，主要有两种研究思路。一是通过建立学术论文语料库，关注不同学科学术文本的语言特征。如 Ozturk(2007)使用斯韦尔斯建立的语步分析模型，通过建立语料库的方式，对二语习得和二语写作学术文章中的引言部分进行了语步结构对比分析，发现两者语步结构不一致，从而解释了同一学科内部子学科的差异性。同样，Hirano(2009)使用斯韦尔斯模型与语料库的方式，对专门用途英语领域的两大期刊 *The ESPecialist*（使用葡萄牙语、英语、法语、西班牙语）和 *English for Specific Purposes*（使用英语）上的文章进行跨文化对比，发现两大期刊虽涉猎内容一致，但引言部分的语步结构存在文化使用差异。以上研究皆采用建立语料库的方式分析，并分别从跨学科和跨文化方面进行了对比分析。

二是通过建立学术文本语料库，创建学术英语词表的研究。如 Coxhead(2000)创建的 AWL(Academic Word Lists)词表因其在许多国家的 EAP 课堂教学、语言测试和教材开发过程中被广泛采用，是外语学科较有影响力的通用学术词表。随后该词表的覆盖率在各种文本中不断被验证，如在不同学科(Hyland & Tse,2007)及不同学科下的不同语块(Hyland,2008)中对 AWL 覆盖率进行检验；同时，该词表的开发方法不断被应用于其他专用英语学术词表开发中，如结合 AWL 词表开发程序，创建环境科学英语学术词表(Liu & Han,2015)和传统中医英语的学术词表(Hsu,2018)。

综上，语料库语言学研究在语篇分析中的应用较为明显，具体以专门用途英语或学术英语表达的不同文类或不同语种为研究对象，对具体学科英语书面表达或词表进行探究。但是研究学科偏向理工科，对文科中英语语篇的关注较少；书面语语篇较多，口语语篇研究较少。此外，语料库与应用语言学中其他学科的结合研究体现不明显，值得更多关注。

四 结 语

本研究借助 CiteSpace 软件，对 2010—2020 年间收录在 SSCI 数据库中的应用语言学研究文献开展了可视化分析。研究发现：1) 十年来国际应用语言学研究总体上发文量呈增长趋势，研究跨学科趋势显著；2) 语言学、语料库语言学、语篇、教育和身份等是应用语言学的研究热点；3) 语篇、教师、超语和语料库语言学研究等处于研究前沿。

本文对国内应用语言学研究主要有以下两个方面的启示:1) 基于国际应用语言学研究呈现出跨学科的突出特点,国内研究可注重跨学科研究和学术共同体建设。"新文科"背景下,应用语言学研究要注重学科内部融合(如语篇语言学+语言教学)与外部交叉融合(如应用语言学+计算机科学)的综合学科发展思路(戴炜栋等,2020)。但融合时理论需要与实践紧密结合,同时在突出学科特色中弥补语言学本体缺乏的跨学科意识(王雪梅,2019)。此外,为加速应用语言学研究的国际化进程,可成立具有国际影响力的国内外外语学科共同体,增设相关论题或者项目,开办国际学术论坛与工作坊等,以产出和交流国内外应用语言学成果;2) 鉴于国际应用语言学研究热点为语料库、话语、教育和身份等,前沿研究包括语篇、教师、超语和语料库语言学研究等,未来国内学者可开展复制性研究,一切从实际出发。一方面对接国际学术前沿,对国外理论进行检验、纠正和强化(徐锦芬,2021),如视角上注重使用后结构主义理论、社会文化理论等,方法上重视语料库技术在量化研究中的应用等,跟进国际动态以解决中国实际中的相关问题。另一方面,对我国学者总结的理论进行多视角验证性研究,增加国际语境及国际语境下研究对象,从社会层面探索实际语境中的教学,如多语教学、跨国语境等,从而推介国内学术成果,吸引同行学者的引用,将中国方案传播到国际舞台(文秋芳,2021)。

综上所述,本文基于 SSCI 数据库,从整体脉络、研究热点和研究前沿对 2010—2020 年国际应用语言学研究进行了分析。未来研究将结合本土应用语言学问题,进行相应实证研究。

参考文献

[1] Beauchamp, C. & L. Thomas. 2009. Understanding teacher identity: An overview of issues in the literature and implications for teacher education[J]. *Cambridge Journal of Education*, 39(2): 175–189.

[2] Canagarajah, A. S. 2013. *Translingual Practice: Global Englishes and Cosmopolitan Relations*[M]. New York: Routledge.

[3] Coxhead, A. 2000. A new academic word list[J]. *TESOL Quarterly*, 34(2): 213–238.

[4] Crookes, G. V. 2015. Redrawing the boundaries on theory, research, and practice concerning language teachers' philosophies and language teacher cognition: Toward a critical perspective[J]. *Modern Language Journal*, 99(3): 485–499.

[5] Darvin, R. & B. Norton. 2015. Identity and a model of investment in applied linguistics[J]. *Annual Review of Applied Linguistics*, 35: 36–56.

[6] Duff, P. A. 2015. Transnationalism, multilingualism, and identity[J]. *Annual Review of Applied Linguistics*, 35: 57–80.

[7] Golombek, P. R. 2015. Redrawing the boundaries of language teacher cognition: Language

teacher educators' emotion, cognition, and activity[J]. *Modern Language Journal*, 99(3): 470 – 484.

[8] García, O. & W. Li. 2014. *Translanguaging: Language, Bilingualism and Education*[M]. Basingstoke: Palgrave Macmillan.

[9] Hirano, E. 2009. Research article introductions in English for specific purposes: A comparison between Brazilian Portuguese and English[J]. *English for Specific Purposes*, 28(4): 240 – 250.

[10] Hsu, W. 2018. The most frequent BNC/COCA mid-and low-frequency word families in English-medium traditional Chinese medicine (TCM) textbooks[J]. *English for Specific Purposes*, (51): 98 – 110.

[11] Hyland, K. E. & P. Tse. 2007. Is there an "Academic Vocabulary"? [J]. *TESOL Quarterly*, 41(2): 235 – 253.

[12] Hyland, K. 2008. As can be seen: Lexical bundles and disciplinary variation[J]. *English for Specific Purposes*, 27(1): 4 – 21.

[13] Kanoksilapatham, B. 2015. Distinguishing textual features characterizing structural variation in research articles across three engineering sub-discipline corpora[J]. *English for Specific Purposes*, 37: 74 – 86.

[14] Khany, R. & K. Tazik. 2017. 40 Years of applied linguistics: Investigating content areas: research methods, and statistical Techniques[J]. *Chinese Journal of Applied Linguistics*, 40(3): 316 – 332.

[15] Lin, A. & P. He. 2017. Translanguaging as dynamic activity flows in CLIL classrooms[J]. *Journal of Language, Identity & Education*, 16(4): 228 – 244.

[16] Li, W. 2011. Moment analysis and translanguaging space: Discursive construction of identities by multilingual Chinese youth in Britain[J]. *Journal of Pragmatics*, 43: 1222 – 1235.

[17] Li, W. & H. Zhu. 2013. Diaspora: Multilingual and intercultural communication across time and space[J]. *AILA Review*, 26(1): 42 – 56.

[18] Liu, J. & L. Han. 2015. A corpus-based environmental academic word list building and its validity test[J]. *English for Specific Purposes*, (39): 1 – 11.

[19] Norton, B. 2013. *Identity and Language Learning: Extending the Conversation*[M]. Bristol: Multilingual Matters.

[20] Norton, B. 2018. Identity and investment in multilingual classrooms[A]. In Bonnet, A. & Siemund, P. (eds.), *Foreign Language Education in Multilingual Classrooms*[C]. Amsterdam: John Benjamins.

[21] Lin, L. & S. Evans. 2012. Structural patterns in empirical research articles: A cross-disciplinary study[J]. *English for Specific Purposes*, 31(3): 150 – 160.

[22] Ozturk, I. 2007. The textual organisation of research article introductions in applied linguistics: Variability within a single discipline[J]. *English for Specific Purposes*, 26(1): 25 – 38.

[23] Pennycook, A. & E. Otsuji. 2014. Metrolingual multitasking and spatial repertoires: 'pizza mo

two minutes coming'[J]. *Journal of Sociolinguistics*,18(2):161-184.

[24] Swales,J. M. 1990. *Genre Analysis: English in Academic and Research Settings*[M]. Cambridge:Cambridge University Press.

[25] Toth,P. & K. Davin. 2016. The sociocognitive imperative of L2 pedagogy[J]. *Modern Language Journal*,100:148-168.

[26] Li,W. 2018. Translanguaging as a practical theory of language[J]. *Applied Linguistics*,39(1):9-30.

[27] Zhu,H.,W. Li. & A. Lyon. 2017. Polish shop(ping) as translanguaging space[J]. *Social Semiotics*,27(4):411-433.

[28] 戴炜栋,胡壮麟,王初明等,2020.新文科背景下的语言学跨学科发展[J].外语界,(4):2-9.

[29] 陈建平,2018.应用语言学与我国外语教育[J].外语界,(4):8-12.

[30] 桂诗春,2015.桂诗春自选集[M].广州:中山大学出版社.

[31] 李杰,陈超美,2016.CiteSpace:科技文本挖掘及可视化[M].北京:首都经济贸易大学出版社.

[32] 孟宇,陈坚林,2019.信息化时代外语学习方式动态演进研究——基于CiteSpace的可视化分析[J].外语教学理论与实践,(4):34-40.

[33] 王雪梅,2019.新时代一流外语学科建设:内涵、原则与路径[J].外语界,(1):23-30.

[34] 徐锦芬,2021.应用语言学研究的国际动态与前沿分析[J].现代外语,(4):448-455.

[35] 文秋芳,2021.中国应用语言学的学术国际话语权[J].现代外语,(4):439-447.

"高位稳定"与"持续发展"
——复杂动态系统视阈下个体外语学习者书面语发展路径与联动作用研究*

南京大学　景艳燕　孔德明**

摘　要: 本研究从复杂动态系统理论①出发,考察德语专业本科二年级学生一学年内书面语复杂度、准确度与流利度②的发展路径及系统联动作用。研究发现:1) 两位德语学习者书面语能力发展路径不同,可总结为"高位稳定"与"持续发展"。"高位稳定"书面语发展特点为:发展更早,前后期震荡差异微弱,后期发展水平较缓慢或持续跌落,突变次数较少,子系统内部相关性高,子系统间相关性较弱;"持续发展"书面语发展特点为:发展更晚,前后期震荡差异明显,突变次数较多,子系统内部相关性级弱,子系统间相关性较高,呈现出大范围、跨维度、多样性的互动关系;2) 关联增长点产生了联动作用,这也正是语言系统内部动态发展及全面联结的又一体现。

关键词: 复杂动态系统;书面语发展路径;联动作用

Title: "Stability of High Level" and "Continuous Development": The Development Path and Synergistic Function of the Written Language of Foreign Language Learners from the Perspective of Complex Dynamic Systems

Abstract: Based on the Complex Dynamic Systems Theory, this study examines the development path and synergistic function of the complexity, accuracy and fluency

---

* 本研究是江苏高校哲学社会科学研究项目"复杂动态系统视阈下的三语发展实证研究"(编号:2020SJA2206)的阶段性成果。

** 作者简介:景艳燕,南京大学博士生,研究方向为二语习得,联系方式:030321@jlxy.nju.edu.cn。孔德明,南京大学教授,研究方向为篇章语言学、应用语言学与教学法,联系方式:germannj@nju.edu.cn。

① Complex Dynamic Systems Theory, CDST.
② Complexity, accuracy and fluency, CAF.

of written language of the second-year German majors in one academic year. It is found that: (1) The two subjects have development paths, namely "stability of high level" and "continuous development". The written language of "stability of high level" develops earlier, with weaker fluctuations in the early and late stages, slower or continuous decline in later stages of development, fewer mutations, high internal correlation within subsystems, and weaker correlation between subsystems; the written language of sustainable development develops later, with high fluctuations in the early and late stages, more mutations, weaker internal correlation within subsystems, and higher correlation between subsystems. Man can see a wide range of various multidimensional interaction. (2) There is a synergistic function between related growth points, which is another manifestation of the internal dynamic development of the language system and the overall complexity of the connection.

Key Words: Complex Dynamic Systems; development path of written language; synergistic function

一 引 言

近年,二语习得研究开始从复杂动态系统视角关注语言发展与实际应用(Verspoor et al. ,2011)。其语言发展观认为,语言是动态、非线性且开放的复杂系统。它将语言应用与变化视为一体,每当使用语言的某一要素,系统状态就会发生变化,整个系统就会随之转变(Larsen-Freeman,2010)。该视角下的语言研究避免了简化论,研究系统的多重要素;将变异性视为核心内容,考虑动态过程及变量间的动态关系,同时研究稳定与变异来理解动态发展系统。

研究语言发展的有效方法之一是分析学习者书面语的语言特点,学习者书面语可视为一完整的语言系统,其发展是动态、非线性的,其复杂度、准确度与流利度三个子系统通过竞争有限资源产生交互作用,推动整个系统发展。我们有必要从复杂动态系统的视角来追踪这些维度的发展态势及交互模式。研究方式上避免简化论,考虑变量间的动态关系,始终将"变异性"视为语言系统的核心属性,也视为语言系统的正常特性。

二 文献综述

美国语言学家 Wolfe-Quintero 等(1998)首先提出将语言的复杂度、准确度与流利度作为语言发展的衡量标准,并得到广泛应用。Larsen-Freeman(2006)首次采用 CDST 的视角考察 CAF 的动态发展。自此,复杂动态系统视角下的 CAF 研究成为二语习得领域新的研究趋势。

该领域研究内容分为三大类。第一类,CAF 三大系统及其子系统的发展路径。Polat & Kim(2014)追踪一名英语学习者一年的口语复杂度和准确度的发展轨迹,发现复杂度有明显提升,但准确度并未提升。第二类,系统间及子系统间的竞争与支持关系,主要集中于一对一的单线条关系。郑泳艳、冯予力(2017)发现了词汇复杂度和句法复杂度的动态性及相互竞争或支持关系,同时发现了句法复杂度内部维度间的关联性。第三类,影响 CAF 变化的外部因素。陈艳君(2016)研究表明,学习者写作流利度的差异变化受写作任务和写作频率等控制因素的制约,学习者的写作方式和写作反馈等也会对写作体验和写作动机产生"蝴蝶效应"。研究维度主要分为两大类。第一类,对 CAF 三项书面语能力进行全面考察。Larsen-Freeman(2006)发现 5 名中国赴美留学生 CAF 的发展模式各有不同。李茶(2015)发现 6 名中国英语学习者 CAF 的长期和短期发展趋势保持一致,同时 CAF 间的竞争和支撑关系并非一成不变。第二类,仅考察某一子系统的发展变化。Verspoor 等(2008)通过研究 1 名荷兰籍的英语学习者,发现了复杂度的跳跃、转变和非线性等发展特性。江韦姗、王同顺(2015)的研究也发现了句法复杂度各维度间存在潜在交互过程。Spoelman & Verspoor(2010)的研究发现书面语的复杂度和准确度间并不存在显著关系。吴继锋(2017)在对美国一名英语母语者汉语作文的分析后,发现复杂度与准确度的变化呈跳跃式、阶段性和非线性发展。研究视角分为两大类。第一类为整体性研究,分析大量数据,发现整体规律。Vercellotti(2012)发现 66 名英语学习者口语发展中 CAF 的发展轨迹极为相似,并未找到 CAF 间的竞争或支撑关系。第二类为个案研究,通过观察个体,发现个体差异性。Chan 等(2015)发现即使是同卵双胞胎,接受同样的教育和输入训练,所处的环境也基本相同,其句法复杂度的发展模式也会有较大差异。

我们发现,以往研究只考察了语言系统的发展路径及其子系统间的单线条互动关系,并未考察组间作用。然而,系统间及内部维度间的关系是动态变化的,不仅受外部环境的影响,同时也受内部其他系统关联性变化的制约,即组间作用。考察组间作用,有利于更深刻地理解系统的复杂性与动态性。其次,个案研究的归纳与对比性不足。整体性研究采取抽样研究的方式,仅进行总体均值分析;个案研究主要对单个研究对象进行描写,缺乏个体差异比较。然而,对杂乱无章的个体差异性进行比较才更有助于发现特征、指导教学。

三 研究设计

3.1 研究问题和研究对象

本研究是一项针对中国德语学习者书面语(复杂度、准确度与流利度)能力发展与交互关系的历时性实证研究,试图回答以下两个问题:

1. 德语专业大二学生一学年内书面语呈现怎样的发展特征?
2. 德语学习者书面语复杂度、准确度和流利度之间是否存在联动作用?

本研究追踪了南京市某重点综合性大学德语专业二年级 2 名学生[①]一学年内总计 14 次书面语写作。由于议论文最能体现学习者的写作能力,因此这 14 次作文文体均为议论文,主题为大学生生活与学习,保证有话可说。两参试均为女性,母语为汉语,拥有 11 年英语学习和一年德语学习背景,接受同等质、量的德语课程,且已同意将作文用于本次研究,文中分别以 A、B 代表。

3.2 数据分析

本研究于一学年内共收集 28 篇(2 人 * 14 篇)作文,前 5 次为第一学期作文,第 6 次为寒假作业,后 8 次为第二学期作文,学生限时完成。

3.2.1 确定变量

本研究将书面语能力分为复杂度(含句法复杂度与词汇复杂度)、准确度和流利度三个子系统。

句法复杂度指标如下:

1) 每句子句量(clauses/sentences,C/S),即每篇作文的子句[②]数除以句子总数。

2) 每 T 单位子句数(clauses/T-units,C/T)(Wolfe-Quintero et al.,1998),即每篇作文的子句数除以 T 单位[③]总数。

[①] 本研究追踪二年级一个班共 25 名学生一年的议论文写作,发现两位同学的书面语发展路径与联动作用特点突出,故选取二者为本文描述对象。

[②] 子句指"含有一个主语和变位动词的结构"(Kroeger,2005:32),包含主句、关系从句、状语从句等各种从句。

[③] T 单位指"包含有一个主句,及附加和嵌入的所有从句和非从句结构的不可分割的最小单位"(秦晓晴、文秋芳,2007:16)。

词汇复杂度指标如下：

1) 词汇多样性。传统语言学使用类符(type)与形符(token)[①]之比(type-token ratio,TTR)(Malvern et al.,2004)作为指标。但由于 TTR 容易受文章长度的影响(Arnaud,1984)，而本研究中语料长度不一，故采用 Uber Index(Jarvis,2002)方法，计算公示为形符数对数的平方除以形符数对数与类符数对数之差。

2) 词汇密度。选取实词在总词数的比例(content word ratio,CWR)(Engber,1995:140)，实词指名词、动词、形容词、副词。

3) 词长。由于多语习得(德语)领域尚未形成系统的词频分类，因此无法采用传统词频分类方式，这里选取词长(characters/words,CH/W)(Karlgren,1996；Attali,2006)显示词汇复杂度，即字符数除以总词数。

准确度细分为语法准确度与词汇准确度(González-Bueno & Pére,2000)，前者涉及虚词使用，后者关注实词，计量方式如下：

1) 语法准确度。即 T 单位语法正确率(error-free T-units/T-units,EFT/T)，无语法错误[②] T 单位数除以 T 单位总数。

2) 词汇准确度。即实词正确率(error-free content words/content words,EFCW/CW)，正确实词除以实词总数。实词错误包含词性错误、搭配错误、用词不当等。

流利度主要使用计算篇章单位长度、数量及比例的方法，本研究使用平均 T 单位长度(mean length of T-unit,MLT)和平均句子长度(mean length of sentence,MLS)(Wolfe-Quintero et al,1998)进行指标测定，即总词数除以 T 单位数和总词数除以句子总数。

3.2.2 数据标注

首先，对子句、句子、T 单位、形符、类符、实词、字符数、无语法错误 T 单位、无错实词等 9 个维度进行标注。使用语料库检索工具 AntConc[③](Anthony,2019)对形符与类符进行统计，由于德语符号的特殊性，需先人工将原始语料改为纯文本格式 txt，并剔除文本中 ä、ü、ö、ß、,、?、、等符号，再进行统计；实词借助语料库检索工具 TagAnt[④](Anthony,2015)，标注词类，通过 AntConc 挑选出实词类符号进行实词数计算；字符数借由 word 文本显示；子句、T 单位、无语法错误 T 单位和无错实词均采用人工标注方

[①] 形符 token 是"一个语言单位"，一个单词代表一个形符，形符数指总词数；类符 type 不重复出现的形符，类符数指指不同词的数目(Read,2000:203)。

[②] 语法错误主要指虚词的误用和句法错误(如错误语序、时态错误、句型结构错误等)。

[③] AntConc 是免费的语料库检索工具，该软件开发者是 Laurence Anthony。AntConc 的下载地址为 *http://www.laurenceanthony.net/software/antconc/*，AntConc 的基本操作视频：*https://www.youtube.com/playlist?list=PLiRIDpYmiC0Ta0-Hdvc1D7hG6dmiS_TZj*。

[④] TagAnt 是基于 TreeTagger(由 Helmut Schmid 开发)构建的免费(非商业)词性(POS)标记器。TagAn 的下载地址为 *https://www.laurenceanthony.net/software/tagant/*。

式,由两位独立标注者单独标注,标注者间信度较高(.91＜r＜.96,p＜.01)。随后,通过 Excel 软件统计书面语 8 个变量值。为方便数据统计与绘图,原始数据均只保留小数点后两位。

3.2.3 数据分析

1) 数据处理工具。本研究使用 Poptools① 进行再抽样分析和蒙特卡罗模拟②,确定小样本、非参数数据的统计意义。借助 SPSS Statistics V25 计算数值标准差、测算皮尔森相关性。

2) 可视化工具。除计算机数据处理外,本研究也使用数据可视化手段③,以便清晰展示研究成果。通过 Excel 对数据进行平滑处理并添加二元多项式趋势线(polynomial trend line),捕捉整体变化趋势(Verspoor & Spoleman,2010);借助移动极小-极大值图(Van Geert & van Dijk,2002; Verspoor & Spoleman,2010)④,追踪各指标动荡或稳定程度的变异;使用变点分析软件(Chang-Point Analyzer)⑤,发现历时状态下数据的相位转变(phase transition),并提供如变化点、变化级别与置信度级别、置信区间等详细信息;由移动相关性图协助⑥,跟踪变量间相关性的动态发展。

四 研究结果

4.1 路径特征

研究发现 A、B 两学生呈现两种不同发展路径,我们将其描述为"高位稳定"(A)和"持续发展"(B),具体共性与特性如下。

4.1.1 发展程度与稳定性

相对"持续发展"而言,"高位稳定"发展程度更高、更稳定。表 4-1 显示,A 学生除

---

① Poptools 为 Excel 分析工具,可实现矩阵分析、蒙塔卡罗模拟、似然估计、回归估计、敏感性分析等。
② 蒙特卡罗模拟(Monte Carlo simulations),又称随机抽样或统计试验方法,是使用随机数(或更常见的伪随机数)来解决计算问题的方法。
③ 多项式趋势线、移动极小-极大值图、移动相关性图的应用与制作方法可参考 Verspoor, M., K. de Bot & W. Lowie (eds.), 2011. A Dynamic Approach to Second Language Development: Methods and techniques. Amsterdam: John Benjamins, 6.
④ 简称极小-极大值图,本研究中共得出 14 次测量,将 5 次测量点算作一个移动窗口。
⑤ Chang-Point Analyzer 是趋势数据检测变化的最新工具,由韦恩·泰勒(Wayne Taylor)博士开发。使用变更点分析器分析控制图数据,有助于更好地区分变更时间,帮助识别控制图遗漏的更细微的变化,并揭示错误的检测结果。Chang-Point Analyzer 的下载地址为:*https://variation.com/product/change-point-analyzer/*,基本操作指南:*https://variation.com/change-point-analyzer-tutorial-1/*。
⑥ 本研究中将 5 次测量点算作一个移动窗口来绘制移动相关性图。

词长与语法准确度外,各项指标值均都大于B,发展程度较高于B,处于发展高位。同时,B各项指标标准差均等同或高于A,特别在词汇密度上,A、B标准差差距在三倍以上,蒙特卡罗模拟计算P值为0.02(<.05),A与B的变异性区别达到统计学上的意义,表明A发展稳定性更高。

表4-1 一学年间两名学生书面语复杂度、准确度和流利度统计值

	学生A		学生B		p.
	平均值	标准差	平均值	标准差	
子句/句(C/S)	2.07	0.41	1.81	0.66	0.26
子句/T单位(C/T)	1.81	0.34	1.71	0.40	0.40
形符数对数^2/(形符数对数-类符数对数)(Uber Index)	11.16	2.24	10.04	2.33	0.80
实词/总词(CWR)	0.58	0.03	0.55	0.10	0.02
字符/词(CH/W)	5.66	0.48	5.86	0.56	0.13
无错T单位/T单位(EFT/T)	0.76	0.11	0.80	0.11	0.80
无错实词/实词(EFCW/CW)	0.95	0.03	0.93	0.05	0.22
总词/句(MLS)	17.16	3.09	15.78	3.10	0.82
子句/句(C/S)	2.07	0.41	1.81	0.66	0.26
总词/T单位(MLT)	14.98	2.26	13.10	2.30	0.35

Signif. codes: 0 '***' 0.001 '**' 0.01 '*' 0.05 '.' 0.1 ' ' 1

4.1.2 发展时期

两种发展路径呈现动态多样化,出现了有别于英语作为二外的发展特征:句法复杂度稳定、小幅上升;词汇多样性逐步下降。此外,子系统内部各纬度的发展也呈现速度不一、程度不同的特征。相较"持续发展"路径而言,"高位稳定"路径发展更早,后期发展水平较缓慢或持续跌落。本文将所收集数据进行标准化处理①,以比较不同单位值的数据。并绘制动态发展曲线图,添加二元多项式趋势线(图4-2～图4-5)。

句法复杂度发展曲线图显示,两学生共性为:句法复杂度保持稳定、小幅上升,这与英语(作为二语)"子句量呈下降趋势"(Lu, 2011)的研究结果不符,且呈现"微弱倒U"型态势,这表明二者努力习得新的句型结构而在某一阶段内出现"过度使用"的现象(Verspoor et al., 2011)。另外,每句子句量逐渐超过每T单位子句数,且差距日益加大,T单位得到了更充分、迅速的发展。两条不同路径中,A学生各指标首次小高峰(第

---

① 标准化处理,并"去趋势化",去除"一般趋势"(general trend),可对不同单位的数据进行横向比较。

4次)比B学生(第5次)提前出现,表明A学生句法复杂度发展更早,但后期发展处于较缓水平,B学生虽发展更晚,但后期的发展更为充分。

词汇复杂度发展曲线图显示,词汇多样性呈下降态势,这与我们期待的"词汇随时间日益多样"的预期不符,也与英语(作为二语)的"持续增长"研究成果(郑泳滟、冯予力,2017)相悖,可能是个体差异的体现,不符合总体均值下的研究结果。词长逐步超越其他两指标,差距日益增大,发展速度远高于词汇密度。从个体值来观察,A的词汇密度峰值出现在第2次,B出现在第7次,A的词长首次峰值出现在第2次,B出现在第5次,说明A词汇复杂度发展更早。词汇多样性在A处高开低走,B处不断波动,A的缓慢下降趋势更为明显。

准确度发展曲线图显示,二者词汇准确度均呈上升趋势,这符合我们"实词正确率随时间发展逐渐提高"的预期,且均逐渐超越语法准确度水平,差距日益增大,词汇准确度峰值较语法准确度更早出现,表明语法准确度发展相较词汇准确度更为缓慢、发展更晚。语法准确度在A处为"U型下降"态势,却在B处"直线上升",词汇准确度在A处为"微弱U型"上升,在B处为"直线式"上升,表现出明显差异。语法准确度在A处第7次达到峰值,在B处为第9次,表示A的语法准确度发展比B更提前,但遂即跌落的时段也更长。

流利度发展曲线图显示,二者指标均呈现"倒U型"上升态势,符合我们"书面表达随时间发展更流利"的预期,也经历了"过度使用"时期,且发展渐缓。平均句子长度逐渐超越平均T单位长度,差距有日益增大的趋势,说明其速度高于平均T单位长度,即T单位发展比句子发展更迅速,这点在句法复杂度中也得到印证。发展曲线显示,B处波动更频繁。A处两指标的峰值出现均早于B,表示A的流利度发展更早。

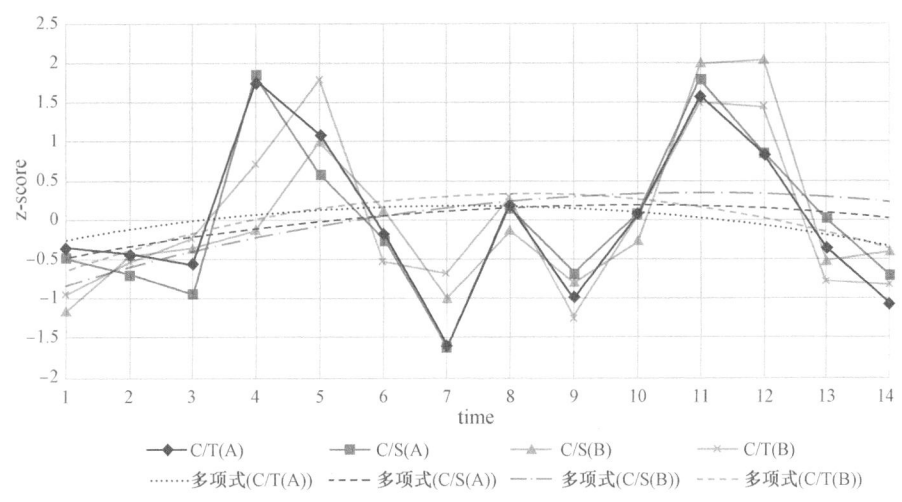

图4-2 句法复杂度发展曲线

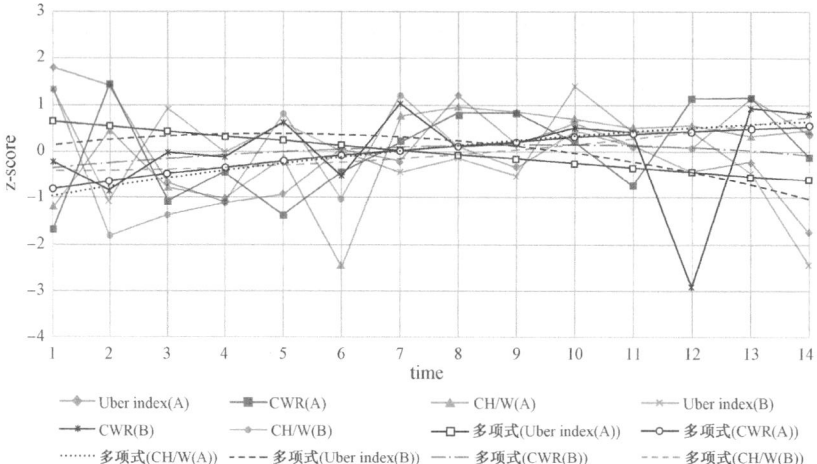

图 4-3　词汇复杂度发展曲线

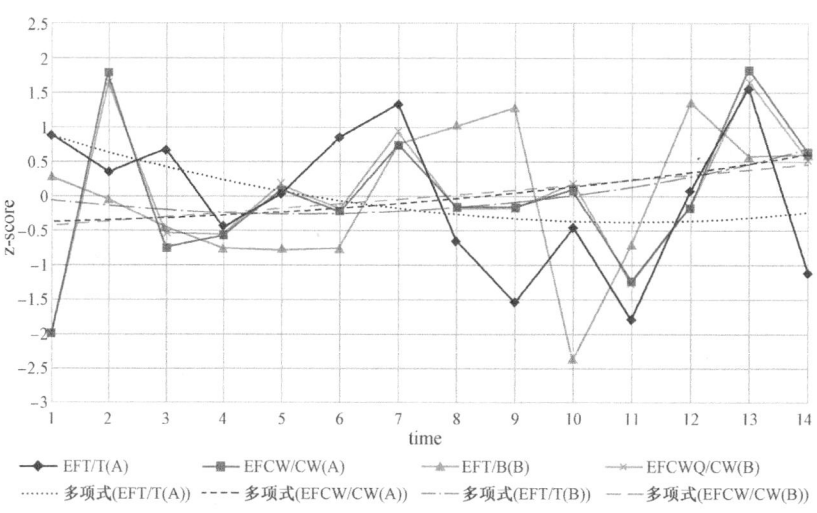

图 4-4　准确度发展曲线

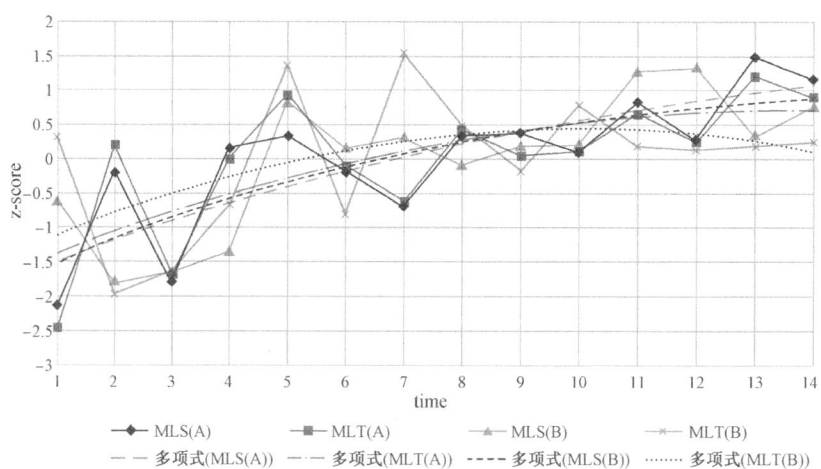

图 4-5　流利度发展曲线

4.1.3 发展震荡

"高位稳定"路径前后期震荡差异微弱,突变次数较少;"持续发展"路径前后期震荡差异明显,突变次数较多。我们可以通过移动极小-极大值图和变点分析器进一步跟踪其变异程度(图 4-6~图 4-8)。

图 4-6 显示,二者句法复杂度均经历了大幅震荡至逐渐稳定进而继续震荡的过程。虽然带宽在实时变化,但并不剧烈,根据"变异是发展的必要要素",我们推断该变异过程并不会产生系统变化。使用变点分析软件,没有发现相位转变(phase transition),也再次印证说明句法复杂度虽处于不同程度的震荡,但仍无法摆脱系统吸态,发生质变。差异性上,每句子句量在 A 处前后期窗口带宽基本一致,表明前后期震荡差异不大,B 后期明显比前期震荡激烈,进入更高阶段前往往会有明显波动,印证了"发展伴随变化"的观点。

从图 4-7 中可发现,二者词汇多样性最初窗口从开阔向内收拢,并在尾期再次走向开阔趋势,中期为长期稳定期,呈现出震荡激烈-稳定-震荡的态势,词长则恰恰相反,从初期小开口过渡到中期长期大开口并在尾期迅速收缩,窗口几乎呈现完全闭合状态,从激烈震荡过渡到稳定态。然而,词汇密度展现出异常不同,A 窗口几乎没有明显带宽变化,B 窗口后期发生明显震荡,系统处于急剧不稳定状态。

图 4-8 表明,二者语法准确度窗口前期带宽较窄,中期逐渐有走宽趋势,从稳定态逐步过渡到震荡态,继而下降,在低位保持长期波动状态,后期处于震荡态,且进入更低阶段前往往会有明显波动,印证了"发展伴随变化"的观点。词汇准确度也显现出从稳定向震荡过渡的态势,但稳定态更持久,后期才由长期稳定转向动荡。此外,语法准确度在 B 处中后期的带宽要增大更多,表明在这一时期变异性更高。

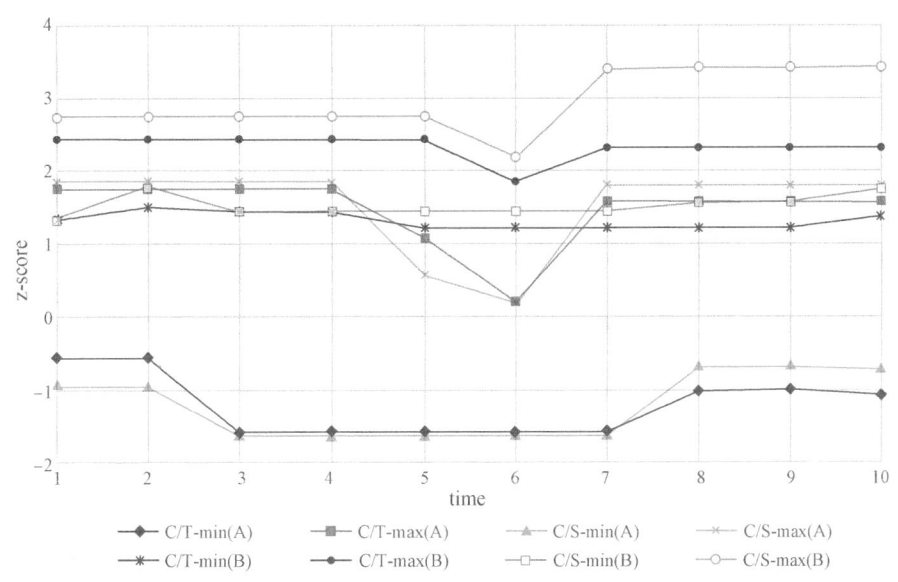

图 4-6　句法复杂度移动极小-极大值

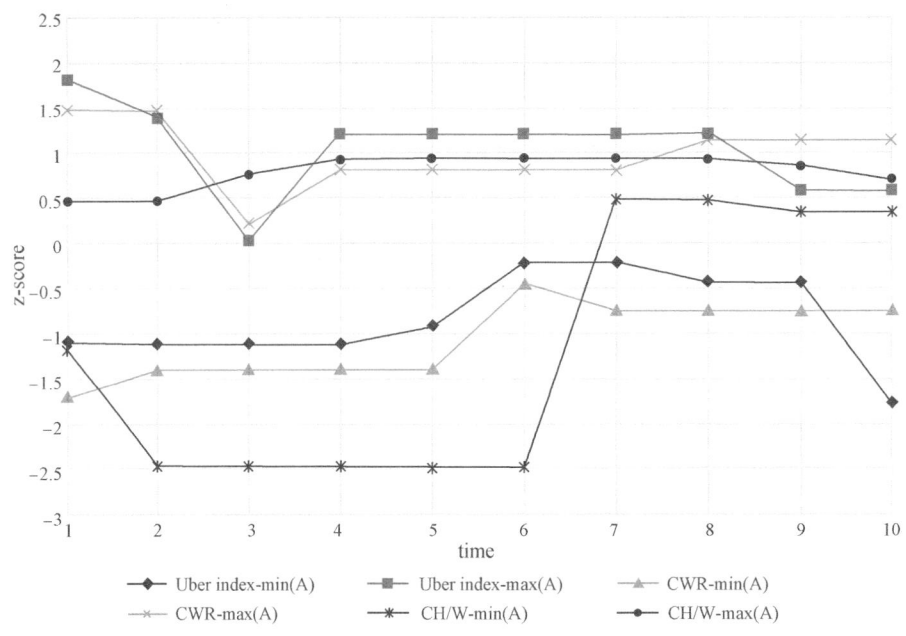

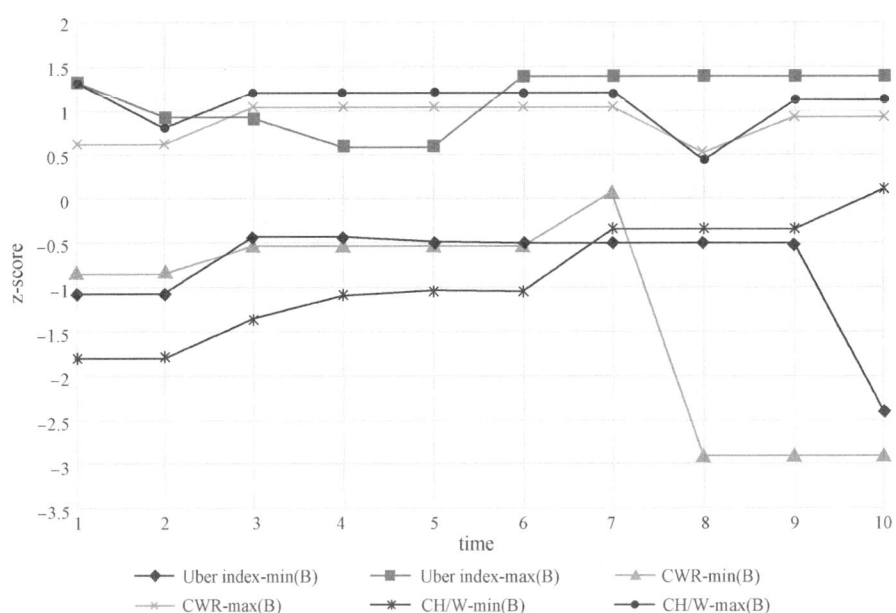

图 4-7　词汇复杂度移动极小-极大值

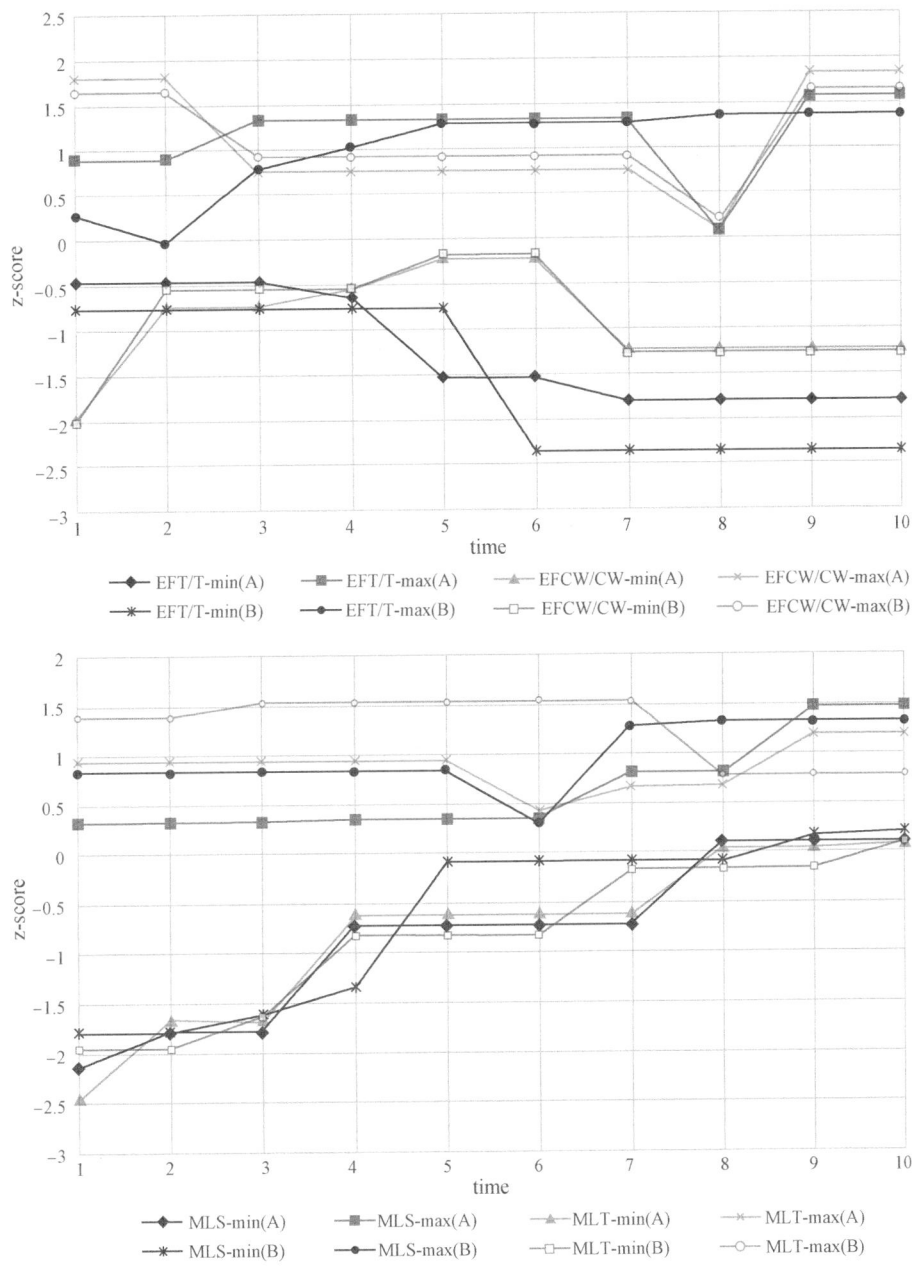

图 4-8　准确度、流利度移动极小-极大值

　　流利度移动极小-极大值图中,窗口均有渐窄趋势,从极度动荡向稳定过渡。平均句子长度在中位段窗口迎来极度稳定期,却又遂即拓宽,变异性更剧烈,可能是各资源尚未分配平衡的原因。由于动荡与变异是系统发展的先决条件,我们推断在如此剧烈动荡并进入高度稳定的情况下平均句子长度会产生系统变化,这点通过变点分析软件得到证实。图 4-9 中,A 处变化发生在第 4 次作文,信度达到 92%,变化前后平均值

从12.773跳跃至18.359,级别为3级。B发生了两次变化,在第五次作文时,由平均值11.48跳跃至16.647,再于第11次作文进一步跳跃至18.785,实现变化的二连跳,信度分别为98%与92%,变化级别为1级与2级。整体上B的突变次数、信度、级别均高于A,平均值也从最初低于A(11.48＜12.773)转变为高于A的态势(18.785＞18.359)。剧烈的变异性是系统发生变化的重要条件。系统在发生变化后,均进入到更高阶段,产生跳跃式前进,摆脱吸态,进入斥态,并随后进入长期稳定态势。

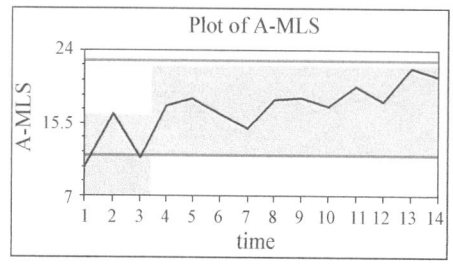
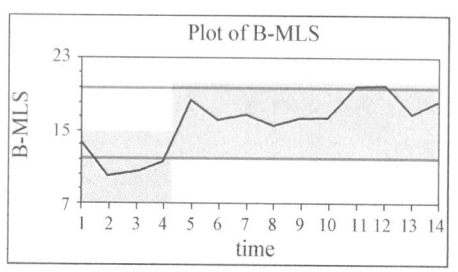

Table of Significant Changes for A-MLS

Confidence Level for Candidate Changes = 50%, Confidence Level for Inclusion in Table = 90%, Confidence Interval = 95%, Bootstraps = 1000, Without Replacement, MSE Estimates

time	Confidence Interval	Conf. Level	From	To	Level
4	(3,5)	91%	12.773	18.359	3

Table of Significant Changes for B-MLS

Confidence Level for Candidate Changes = 50%, Confidence Level for Inclusion in Table = 90%, Confidence Interval = 95%, Bootstraps = 1000, Without Replacement, MSE Estimates

time	Confidence Interval	Conf. Level	From	To	Level
5	(4,5)	98%	11.48	16.647	1
11	(9,13)	94%	16.647	18.785	2

图4-9 流利度变点图表

4.1.4 系统关联

根据系统全面联结与互动性,使用 SPSS 软件计算各维度内部及维度间各指标的皮尔森双尾相关系数[①]。研究发现,句法复杂度两指标呈高度正相关(A: $r=0.964$, $p<.05$; B: $r=0.873$, $p<.05$)。词汇密度与词汇准确度也呈高度正相关(A: $r=0.685$, $p<.05$; B: $r=0.857$, $p<.05$)。此外,句法复杂度与词汇复杂度均无任何相关,词汇多样性也与其他变量无相关关系,这点与英语的前期研究成果(如郑泳滟、冯予力,2017)并不一致,具有德语学习发展的独特性。

[①] 相关系数值＞0.65为强相关,0.45～0.65为中相关,＜0.45为弱相关(Wolf-Quintero et al., 1998),且在相关性检验下需要满足 $P<.05$ 的条件。

此外,"高位稳定"路径子系统内部相关性高,子系统间相关性较弱;"持续发展"路径子系统内部相关性级弱,子系统间相关性较高。A 处三组相关性中有两组为子系统内部相关,即词汇密度与词长呈中度正相关($r=0.587, p<.05$),平均 T 单位长度与平均句子长度呈高度正相关($r=0.965, p<.05$),而子系统间相关只有一组,即词汇准确度与平均 T 单位长度呈中度正相关($r=0.56, p<.05$)。相反,除句法复杂度外,B 各子系统内部均无显著相关,但子系统间相关性十分显著,句法复杂度两指标均与词汇准确度呈负相关($r=-0.668; r=-0.631, p<.05$),每句子句量与平均句子长度呈中度正相关($r=0.572, p<.05$),词长与平均 T 单位长度及平均句子长度(MLS)均呈正相关($r=0.613; r=0.885, p<.05$)。B 各变量间均存在不同程度的正向或负向的相关性,表现为支持或竞争关系,互动性更明显,这种大范围、跨维度、多样性的互动关系势必带来更大的波动性,这也是 B 相较于 A 震荡性更大、稳定性更弱的原因,其内部系统正处于"自组"过程,而"自组"正是系统由波动趋向稳定的必经之路。

4.2 联动作用

通过移动相关性图和皮尔森双尾相关系数,系统间的联动作用也一览无余。

图 4-10 显示,A 处平均 T 单位长度与平均句子长度始终保持较高正相关关系,稳定性极高;词汇密度与词长在波动中由强支持关系走向弱竞争关系,词汇准确度与平均 T 单位长度的关系发展则恰恰相反。根据图形可以推断,"词汇密度与词长"的关系与"词汇准确度与平均 T 单位长度"的关系很可能具有负相关性,皮尔森相关系数值测试及相关性检测显示具有负相关($r=-0.658, p<.05$),即词汇准确度与平均 T 单位长度逐渐成为竞争关系的同时,词汇密度与词长的支持关系日益紧密,而词汇准确度与平均 T 单位长度逐渐又成为支持关系的后期,词汇密度与词长却开始相互竞争资源。

B 处我们发现"每句子句量与每 T 单位子句数"的关系和"每句子句量与平均句子长度"的关系走势很相近,且都在第 6 次有较为明显的下调,计算皮尔森双尾相关性,两组关系的动态变化具有高度正相关性($r=0.892, p<.05$)。同理,我们也发现"每句子句量与每 T 单位子句数"的关系变异和"每 T 单位子句数与词汇准确度"关系走势成反向关系,变异性呈高度负相关($r=-0.923, p<.01$),由此推理,"每句子句量与平均句子长度"间关系变异和"每 T 单位子句数与词汇准确度"间关系也为高度负相关,并得到验证($r=-0.785, p<.01$)。这表明:"每句子句量与平均句子长度""每句子句量与每 T 单位子句数"及"每 T 单位子句数与词汇准确度"三组值间的变异性是联动作用的结果。

由此可见,书面语各变量间关系并非一成不变,且变量间的联动作用也会影响彼此的关系。这一复杂多变的关系,也正体现了语言系统内部动态发展及全面联结的复杂性。

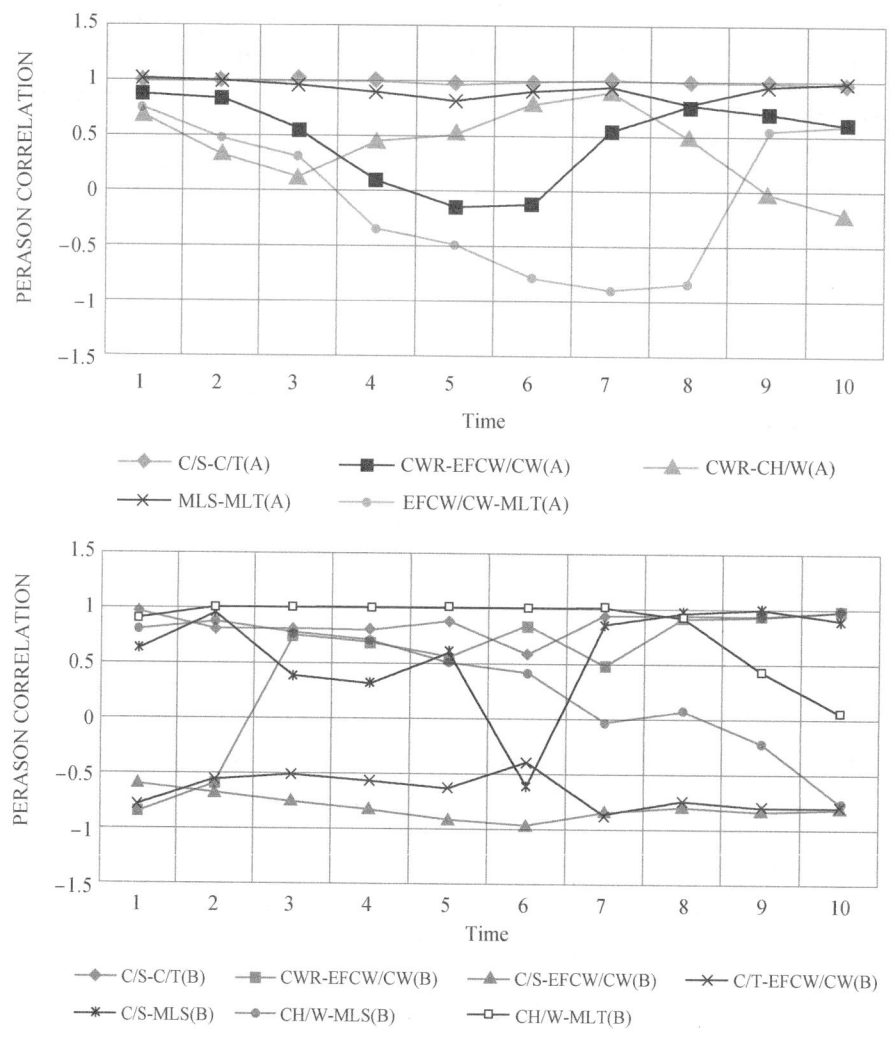

图 4-10 移动相关性图

五 讨论与结语

本研究历时一学年,通过对比两名参试者德语书面语能力的发展,有以下几项发现:第一,两位德语学习者书面语能力发展路径不同,可描述为"高位稳定"与"持续发展"。"高位稳定"发展更早、水平更高、变异性更弱,子系统内相关性高;"持续发展"发展较晚、水平更低、变异性更强,子系统间相关性高,这种系统间相互作用明显的语言系统变异性更高。第二,系统相关性具有动态特征。除单线条的支持到竞争、竞争到支持、时而竞争时而支持的各种发展模式外,也出现了系统间关系的联动作用,而这种联动作用编织成了一张相互交织的互动网络。

据此,教师需要尊重不同学习者的学习发展态势,观察其发展阶段、发展水平与速度,给予相应指导。语言的发展历程、速度、变异性均具有自身独特性,教师切不可只关注整体均值下的研究结果,应根据学生的学习特殊性因材施教。同时,也应细致观察学习者系统间的联动作用,在系统联动作用中促进学生书面语长期有效的发展。

参考文献

[1] De Bot, K., W. Lowie & M. Verspoor. 2007. A dynamic systems theory approach to second language acquisition[J]. *Bilingualism: Language and Cognition*, 10(1): 7-21.

[2] De Bot, K., W. Lowie, S. L. Thorne & M. Verspoor. 2013. Dynamic Systems Theory as a comprehensive theory of second language development [A]. In M. P. G. Mayo, M. J. G. Mangado & M. M. Adrian (eds.), *Contemporary Approaches to Second Language Acquisition* [C]. Amsterdam: John Benjamins, 199-220.

[3] González-Bueno, M. & L. C. Perez. 2000. Electronic mail in foreign language writing: A study of grammatical and lexical accuracy, and quantity of language[J]. *Foreign Language Annals*, 33(2): 189-198.

[4] Hansen, L. 2001. Language attrition: The fate of the start[J]. *Annual Review of Applied Linguistics*, 21: 60-73.

[5] Hilver, P. & A. H. Al-Hoorie. 2020. *Research Methods for Complexity Theory in Applied Linguistics*[M]. PA: Multilingual Matters.

[6] Hood, G. 2004. *Poptools* [computer software]. Pest Animal Control Co-operative Research Center (CSIRO).

[7] Hunt, K. W. 1965. Grammatical structures written at three grade levels[J]. NCTE Research Report No. 3: National Council of Teachers of English, Champaign, 1L.

[8] Jarvis, S. 2002. Short texts, best-fitting curve and new measures of lexical diversity[J]. *Language Testing*, 19(1): 57-84.

[9] Larsen-Freeman, D. 1997. Chaos/ Complexity science and second language acquisition[J]. *Applied Linguistics*, 18(2): 141-165.

[10] Larsen-Freeman, D. 2006. The emergence of complexity, fluency, and accuracy in the oral and written production of five Chinese learners of English[J]. *Applied Linguistics*, 27(4): 590-619.

[11] Larsen-Freeman, D. & L. Cameron. 2008. *Complex Systems and Applied Linguistics*[M]. Oxford: Oxford University Press.

[12] Larsen-Freeman, D. 2010. The dynamic co-adaption of cognitive and social views: A complexity theory perspective[A]. In R. Batstone (ed.), *Sociocognitive perspectives on language use and*

language learning[C]. Oxford University Press, 564-565.

[13] Lu, X. 2011. A corpus-based evaluation of syntactic complexity measures as indices of college-level ESL writer's language development[J]. *TESOL Quarterly*, 45(1): 36-62.

[14] Spoelman, M. & M. Verspoor. 2010. Dynamic patterns in development of accuracy and complexity: A longitudinal case study in the acquisition of Finnish[J]. *Applied Linguistics*, 31: 532-553.

[15] Thelen, E. & L. Smith. 1994. *A Dynamic Systems Approach to the Development of Cognition and Action*[M]. Cambridge: MIT Press.

[16] Van Geert, P. & M. van Dijk. 2002. Focus on variability: New tools to study intra-individual variability in developmental data[J]. *Infant Behavior and Development*, 25: 340-374.

[17] Verspoor, M., K. de Bot & W. Lowie (eds.), 2011. *A Dynamic Approach to Second Language Development: Methods and Techniques*[C]. Amsterdam: John Benjamins, 6.

[18] Wolfe-Quintero, K., K. S. Inagaki & H-Y. Kim. 1998. *Second Language Development in Writing: Measures of Fluency, Accuracy, and Complexity*[M]. University of Hawaii at Manoa: Second Language Teaching and Curriculum Center.

[19] 鲍贵,2008.二语学习者作文词汇丰富性发展多维度研究[J].外语电化教学,(5):38-44.

[20] 鲍贵,2009.英语学习者作文句法复杂性变化研究[J].外语教学与研究,(4):291-297.

[21] 鲍贵,2011.不同课程水平英语学习者词汇复杂性研究[J].解放军外国语学院学报,(4):55-60.

[22] 陈艳君,2016.动态系统理论视角下的二语写作流利度发展研究[J].外语电化教学,(05):49-53.

[23] 江韦姗,王同顺,2015.二语写作句法表现的动态发展[J].现代外语,(04):503-514+584.

[24] 侯俊霞,陈钻钻,2019.中国工科大学生英语写作能力轨迹历时研究[J].中国外语,(03):63-72.

[25] 李荼,2015.基于复杂理论的英语学习者口语复杂度、准确度、流利度研究[D].博士论文,东北师范大学,长春.

[26] 秦晓晴,文秋芳,2007.中国大学生英语写作能力发展与特点研究[M].北京:中国社会科学出版社.

[27] 郑咏滟,2015,基于动态系统理论的自由产出词汇历时发展研究[J].外语教学与研究,(02):276-288+321.

[28] 郑咏滟,冯予力,2017.学习者句法与词汇复杂性发展的动态系统研究[J].现代外语,(01):57-68+146.

翻译与跨文化传播

儒学核心概念海外传播及受纳分析:以"礼"为例*

曲阜师范大学　孔　蕾　秦洪武**

摘　要: 本研究基于"儒学英文原创文本历时数据库(1690s—2010s)",考察儒学核心概念"礼"在西方的传播受纳历程。研究发现,在儒学英文原创传播文本中,西方思想和概念体系广泛参与儒学叙事,"礼"的丰富内涵在西方历经了筛选和调适,呈现出独特的过滤和吸收过程:西方在不同时期对"礼"的认识侧重不同,从关注行为层面的"礼"到关注道德层面的"礼",再到关注"礼"对个体人格塑造的作用,进而重视"礼"在受纳端文化中可能发挥的补缺功能。研究同样发现,儒学核心概念的丰富内涵极易在目标语文化中被肢解和扭曲,因此表达好上位概念以及概念内涵间的联系是中国文化对外传播应认真对待的问题。

关键词: "礼";传播话语;受纳历程;传播策略

Title: A Study on the Dissemination of Confucianism: The Reception of *li* in Original English Texts

Abstract: The paper observes the dissemination and reception of Confucianism concept *li* in the Western culture through data mining of the texts in the *Diachronic Data of Original English Texts on Confucianism* (DDETC). The study finds that the West assesses and receives Confucianism within its own cultural framework and

---

　* 本文为国家社科基金重点项目"儒学海外传播数据库建设及传播话语研究(17AYY006)"阶段性成果,并得到山东省青年创新团队研究项目"数字人文与外语研究"支持。

　** 作者简介:孔蕾,教授,博士生导师,主要研究方向为文化传播、对比语言学,电子邮箱:skytkong@163.com。秦洪武,教授,博士生导师,主要研究方向为语料库语言学与翻译、文化海外传播,电子邮箱:qinhongwu@163.com。

the reception of *li* has been a process that involves filtering and absorption: initially the focus is on *li* as social behavior, then it turns to *li*'s political and moral function, and eventually the focus is on *li* as a means of character building and on its value in the west culture. It also finds that the rich connotations of the core concepts of Confucianism are easily dismembered and distorted in the target language culture. Therefore, clearly expressing the core concept and the relationship between the connotations of the concept is an issue that Chinese culture should take seriously in cross-cultural communication.

Key Words: *li*; dissemination discourse; reception process; dissemination strategies

一 引 言

一种文化中的概念往往被其所处的文化、社会及政治背景赋予特殊的内涵,当其试图跨越语际向另一种文化传播时,其意义就可能会在新的文化语境中被重构(朱一凡、秦洪武,2018),文化概念在复杂的文化空间会有各自发挥和解读的历程(Baker et al.,2021)。语言是重要的文化传播手段,权力关系、社会、文化、意识形态的诸多方面都可以在话语中体现出来。因此,分析传播文本是了解文化海外传播的重要途径。

以儒学为代表的中国文化在近代西方经历了一段跌宕多舛的传播和接受历程,尊崇、褒扬、误解贯穿于儒学西方传播的整个过程(秦洪武、孔蕾,2016)。儒学概念"礼、义、仁、智、信"是儒学思想的核心,其内涵丰富,影响巨大。但这些概念在海外的受纳情况目前还未得到系统梳理,它们在西方的受纳历程也未得到系统描述。长期以来,受技术限制,相关研究大多只能依赖数量有限且零散的史实挖掘。随着信息技术不断发展,大范围观察和处理数据成为可能,我们可以通过人文计算深入挖掘文本数据,观察并总结儒学海外传播的特点和规律。本研究基于"儒学英文原创文本数据库"(详见第3节介绍),运用文本挖掘手段,考察儒学核心概念"礼"在西方300多年传播历史中的受纳状况,分析其成因,以期为中国文化海外传播政策的制定提供数据支持。

二 研究背景

2.1 儒学思想中的"礼"

概括地说,儒家思想史上的"礼"是有积极意义的规约。但"礼"在儒家文化中的具体含义是动态的。根据陈来(2001)的说法,"礼"至少有六种不同含义,涉及伦理(礼义:ethical principle)、文化(礼乐:culture)、仪式(礼仪:rite and ceremony)、礼节(礼俗:courtesy and etiquette)、规制(礼制:institution)和教义(礼教:code)。在儒学思想史中,"礼"曾是道德标准、教化手段、是非准则,是政治关系和人伦关系的分位体系(陈来,2001),其本质是实现一种非法律维持的社会组织方式(《中华思想文化术语2》,2015)。"礼"在儒学中并非一个孤立的概念,与其他儒学概念如"仁""君子""孝"等有着紧密的内涵联系(祝东,2020;丁成际,2018)。"礼"在中国文化中可能的解读难以穷尽,它在另一文化中的解读更有可能因社会语境不同而变得复杂。那么,这一儒学概念在不同时期如何被西方英语世界认识和解读,其受纳历程会给我们的文化传播带来哪些启示,这是本文要探讨的主要问题。

2.2 儒学核心概念的海外传播

就儒学核心概念而言,目前的研究主要涉及对概念的阐释,如对"礼"政治哲学蕴意的解读、儒家思想"仁义礼智信"的现代价值、儒家"仁礼"思想等(吴光,1999;陈来,2001;颜炳罡,2001;白奚,2006;黎红雷,2015;涂良川、李爱龙,2015),以及相关概念的英译分析,涉及"君子""礼""仁"等(边立红,2006;杨平,2008;李玉良、张彩霞,2009;韩星、韩秋宇,2016)。这些研究从不同角度深度阐释了儒学概念的内涵和现代意义以及概念的翻译策略,对儒学概念的认知和传播起到重要作用,但遗憾的是,很少有研究从传播视角系统考察这些概念在受纳方的解读及实际传播和接受状况。

早在公元前4世纪,儒学就已开始传入朝鲜(柳承国,2008),后传入日本和越南。儒学西传和中国文化西传如影随形,早期有马可·波罗(14世纪),近代有传教士、汉学家利玛窦(M. Ricci)、威妥玛(T. Wade)、艾约瑟(J. Edkins)、马礼逊(R. Morrison)、柯大卫(D. Collie)、理雅各(J. Legge)、翟里斯(H. Giles)及当代汉学家费正清(J. K. Fairbank)、史景迁(J. Spence)、安乐哲(R. Ames)、森舸澜(E. Slingerland)等通过见闻、典籍翻译或著述主动引入包含儒学在内的中国文化。自新中国成立以来,儒学的主动推介开始变得更为明显。从传播效果看,西方曾受益于中国文化,如启蒙运动受以儒学为主的中国思想启发(Rowbotham,1945;梁漱溟,2005:7;Robinson,2009)。但从较大的时间跨度看,中国文化在西方经历了从赞美到蔑视再到扭曲的跌宕历程(Spence,1998)。以儒学思想为主体和主流的中国文化(张岱年、方克立,2002:292)在西传的大部分时间里以"他者"存在,用于反衬西方自身的优越感(Robinson,2009)。儒学在西方传播四百年,却从没有作为一个相对完整的思想体系传播和受纳,而更多表现为随时势而变的热点和偏好。即便如此,过度关注传播史实挖掘的研究也很难充分捕捉和分析这些传播特征。在西方视角下,孔子杂糅诸多西方的想象,如Rainey(2010:1)指出,孔子在西方被卡通化了,他成了名言警句的制造大师,或一位言语常见于福饼幸运签上的顽固保守人物。在利玛窦(2000)看来,孔子是无神论哲学家,而西方一些论著则赋予孔子以神的角色,认为孔子之于中国人犹如耶稣之于基督徒(孔蕾、秦洪武 2018)。儒学就这样伴随着误释和歧解进入西方世界,但我们对构筑刻板形象的话语模式及其产生机制所知甚少。

儒学海外传播文本有其独特的传播方式和生态。在传播过程中,儒学可能被解构、筛选、增益,或者被扭曲和碎片化,这是文化选择的结果(秦洪武、孔蕾,2016,2018)。儒学核心概念如何在西方语境下被叙述和传播,受纳程度如何,厘清这些问题有助于我们从西方视角出发审视自己的传播方式和行为,为实施"文化走出去"战略提供有益借鉴和参考。

为了解儒学核心概念"礼、义、仁、智、信"①在西方的受关注程度,我们基于"儒学英文原创文本历时数据库"(详见第3节介绍),对这些概念在西方儒学传播文本中的频次进行统计(已进行标准化处理,图2-1)。

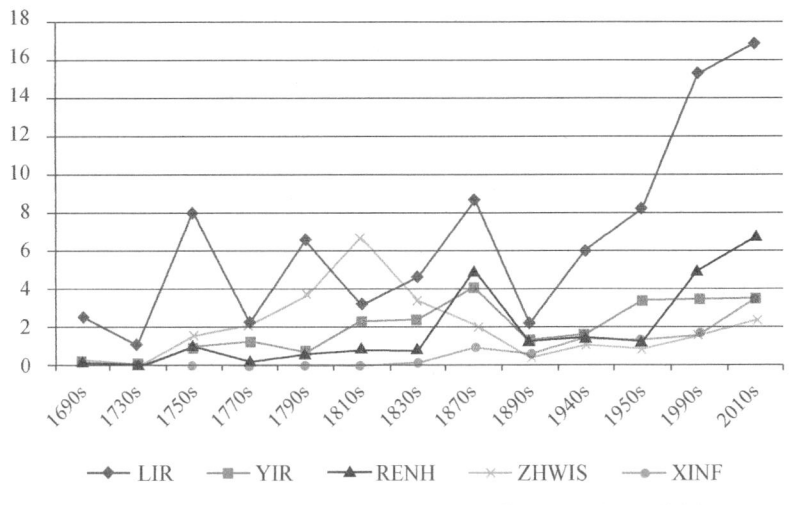

图2-1 儒学核心概念"礼、义、仁、智、信"在西方的历时传播

---

① 礼 LIR;义 YIR;仁 RENH;智 ZHWIS;信 XINF。具体赋码方法见第3节的介绍。

图 2-1 显示,五个儒学核心概念在西方受关注程度不同,且呈现历时变化。可以看出,西方对儒学思想的接受并非系统性的,而是在不同时期呈现不同的侧重和选择。相对于其他核心概念,"礼"受重视程度最高。它在西方的传播长期处于较平稳状态(受样本规模影响,呈现历时波动),但在 1950 年以后受关注程度明显提升。那么"礼"是如何被西方英语世界解读和接受的,经历了怎样的受纳历程?本文尝试使用文本数据挖掘手段细致描述"礼"的历时传播特征。

三 数据来源、研究方法和研究问题

3.1 数据来源

本文使用的数据来自"儒学英文原创文本数据库(1690s—2010s)"(表 3-1),总库容为 150 余万词。之所以选择英语原创文本,是因为这类文本会为了适应目标语受众而借鉴、诠释、重组和改编其他概念或思想,是更具传播性的语言(Baker et al.,2021)。因此,通过原创文本更易观察文化概念在海外传播的自发和真实状态。

该库收集的文献横跨三个多世纪,包含十三个时期的文本。文本按以下标准采集: 1) 内容均为儒学和孔子为主题的英语文本,包括含有儒学关键词的话语片段;2) 选材范围为 17 世纪中后期至今的英语原创文本;3) 来源为非汉语母语者创作的文本,出版地主要为英美国家。

表 3-1 儒学英文原创文本历时数据库(1690s—2010s)

Text	Types	Tokens	Sentences	author	language
1690s	8 357	72 413	2 292	<NA>	en
1730—40s	2 396	10 368	245	<NA>	en
1750—60s	3 338	20 855	435	<NA>	en
1770—80s	6 984	64 399	1 392	<NA>	en
1790—1800s	3 148	16 543	408	<NA>	en
1810—20s	4 547	35 608	955	<NA>	en
1830—40s	9 115	107 220	2 820	<NA>	en
1870s	7 635	63 571	2 255	<NA>	en
1890s	14 966	191 121	5 467	<NA>	en
1940s	9 054	133 827	4 834	<NA>	en
1950s	8 455	111 497	4 336	<NA>	en
1990s	18 197	426 297	14 516	<NA>	en
2010s	13 866	284 895	10 131	<NA>	en
总计	110 058	1 538 614	50 086	<NA>	en

3.2 研究方法和研究问题

我们对数据库进行了儒学概念标注,以支持多层次的数据挖掘和分析,涉及关键词、热词、情感倾向和话语模式。与儒学海外传播相关的概念大都有多种汉语和外语表达方式,我们将同一概念的不同形式统一赋码(详见秦洪武、孔蕾,2016)。例如,"礼"在英语中的表达方式有"propriety|ritual|rituals|rites|ceremony|etiquette and formality|li"。为方便检索,我们把"礼"的各种表达形式统一编码为"LIR"。这样标注有助于我们获得其可靠的频率信息,为后续的统计和分析打好基础。

研究采用探索性和证实性研究相结合的方法。探索性分析由数据驱动(data-driven),首先从数据库中筛选出与"礼"相关的有意义的研究内容,然后通过进一步的定量和定性分析,对锁定的问题进行深入探讨。研究力求从多种数据呈现中观察和分析"礼"的海外传播和受纳情况,如使用 R 支持的词云热点分析、共现分析、聚类分析来呈现不同时期西方对"礼"的认知维度和侧重点,通过情感分析来观察西方对"礼"的认知态度。以下是对"礼"在西方受纳的历时分析。

四 "礼"在西方的受纳:历时分析

共现[①]可以反映概念之间的关系,研究首先使用 R 支持的共现分析,提取各时期"LIR"的共现词,通过分析高频共现词的变化,考察不同时期西方对"礼"认知的变化。我们从 13 个时期的历时文本中逐一提取共现数据,然后再通过聚类分析把数据相近的时期划到一起。最后,13 个时期被划分为三个阶段:1690s—1820s、1830s—1890s、1940s—2010s。下面分别对三个阶段进行描述和分析。

4.1 对"礼"认识的第一阶段:1690s—1820s

我们通过观察这一时期"礼"的共现词(附录1),分析西方对"礼"的认识。图4-1是对主要共现词的归类。

数据显示,该时段与"礼"共现最多的词是 rites 和 ceremony,其次为 sacrifice, victim, ancestor, offerings,这些词都与仪式和祭祀有关。这说明,西方这一时期可能多从祭祀礼仪角度理解和阐释"礼"。另外,hospitality, obligation, duties, propriety 等词则显示"礼"的"礼节、礼貌"等社会规约层面的意义;justified, lawgiver, maintain, order, political, tranquility 显示了礼与政治的关系;还有 Jesuit 和 WESRG 等西方宗

[①] 共现是指在一个文本语料库中,两个术语超出正常频率的同时发生、存在或出现。

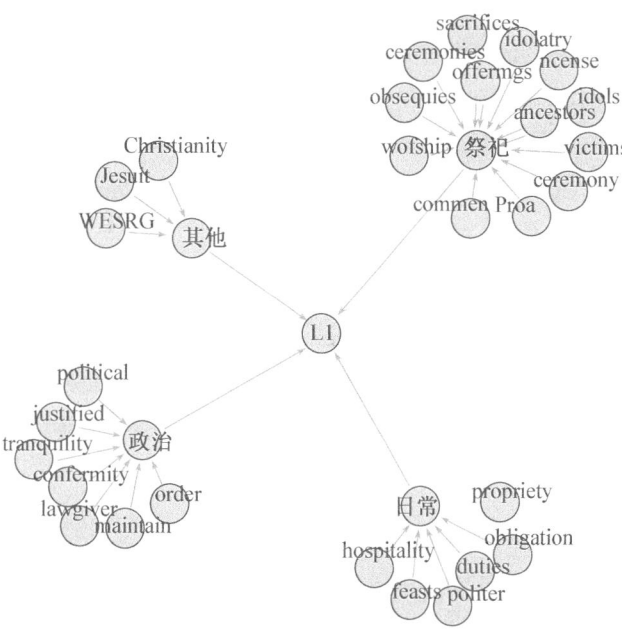

图 4-1 1690s—1820s 西方儒学文本中的"礼"

教词汇也与"礼"频繁共现。具体分析如下。

(一) 礼仪:祭祀、节日礼仪

这一时期的西方儒学传播文本描述和评价最多的是儒家的祭祀礼仪,包括祭天、祭祀祖先、祭祀孔子、葬礼等。文本细读发现,西方在讲述这一层面的"礼"时,常从宗教视角进行评价。如例(1)认为,中国人对孔子或先人的敬拜不是宗教性的,而是为表达感恩、尊敬、弘扬美德、继承遗志之意。

(1) The Jesuits affirm that […] the Chinese did not pay any religious worship either to the memory of Confucius, or to the departed souls of their ancestors, but only declared, by the performance of certain rites, their gratitude and respect to both, and their solemn resolution to imitate their virtues and follow their illustrious examples. (1750-60)

西方天主教祭祀活动(worship)的典型特征是祷告(pray)和唱圣歌(hymn),从这个角度看,儒家的祭祀礼仪显然不具备西方所言的宗教性。这里的突出问题是,西方只承认自己的宗教活动为文明之举,自然会把祭孔礼视为异端,有时甚至把它视为野蛮的仪式(barbarous Ceremony),如例(2)。

(2) This Ceremony is of great Antiquity in that Kingdom. Their Ritual ordains that the Kings attend the Emperor to assist, or succour the Sun or Moon in that distress; and to this purpose orders them to come with Drums, and Soldiers adorned with those Liveries and colours, which answer to the four parts of the World. And thus it is a **barbarous** Ceremony, let no man think it strange that the Chinese should perform it [...].

西方对中国"礼乐"的误解要么出于偏见,要么源于缺乏了解。儒家礼乐在祭祀方面存留的神圣因素很少被西方关注。西方只能基于自身文化审度外来文化,当基于自身文化优越感来解读中国文化时,中国文化极有可能被视为一种与西方对立的文明(Robinson,2009)。

(二) 政治:社会法则/规约

这一时期西方也关注"礼"在治国理政中的作用,认为"礼"是一套维护社会稳定的规约。如例(3)指出,耶稣会会士认为,中国古代的立法者制定"礼"的唯一目的是教化民众,维护社会安定。

(3) The Jesuits affirm, that the ancient Chinese lawgivers established these rites with no other view than to keep the people in order, and to maintain the tranquility of the state. (1750－60)

这一观点武断又片面。首先,尽管"礼"确实带有政治意味,但"礼"并不是由立法者或统治者制定的,更不是法律条文,不可能用它来维护社会治安;其次,知"礼"有助于实现良好的政治秩序,但儒家的"礼"不是政治制度,而是规约化了的社会习俗体系,刻意将"礼"局限于政治目的解读显然是片面的。

(三) 礼节:日常行为规范

孔子及中国古代的"礼"在伦理上有约束性,约束父子、夫妻、朋友之间的行为规范。按照这样的理解,宣扬"君君、臣臣、父父、子子"的孔夫子就很容易被误认为是等级制度的鼓吹者。但在下面的例子中,西方没有从伦理约束角度解读"礼",只是凸显"礼"所包含的人与人之间的一种责任和义务(duty)。这样解读"礼"客观上避免了对孔子等级制度的误解,也顺应了西方民主制度下人们的认知心理。从这一角度来看,西方的解读是积极的、进步的。

(4) He [Confucius] Treats of the Rites as well Sacred as Prophane, of all

sorts of Duties. These Duties are those of Parents to their Children; those of Children to their Parents; the Duties of Husband and Wife; those of Friends, those which respect Hospitality, and those which are necessary to be performed at home, or abroad, or at Feasts.

总的来说,这一时期西方主要将"礼"理解为祭祀礼仪、社会规约、行为规范,认识到"礼"的教化意义和政治作用。但不管是祭祀礼仪、社会规约还是行为规范,都是"礼"的外在表现形式,是对"礼"直接的也是比较浅层的理解。另外,这一时期"礼"的共现词中还出现了不少西方宗教词汇,主要是因为当时的儒学文本很多是西方传教士所著,他们对"礼"的理解多是从西方宗教视角出发的。

4.2 对"礼"认识的第二阶段:1830s—1890s

我们同样对1830s—1890s期间"礼"的共现词(见附录2)进行了归类(图4-2)。数据显示,这一时期西方依旧把"礼"与祭祀紧密联系,ceremony, ceremonial, mourn, mourning 等与丧葬和祭祀有关的词汇依旧是共现系数较高的词;另外,"礼"在日常行为规范方面的意义和政治意义同样是他们谈论的对象。与前一时期不同的是,儒学的其他概念,如 filial(孝)、piety(孝)、sincerity(信)、righteousness(义),开始较频繁与"礼"共现,这说明西方有可能开始将"礼"置于儒学思想体系中探讨;另外,"礼"在道德层面的内涵也不断被挖掘,moral, dignity 频繁伴随"礼"出现。下面是具体分析。

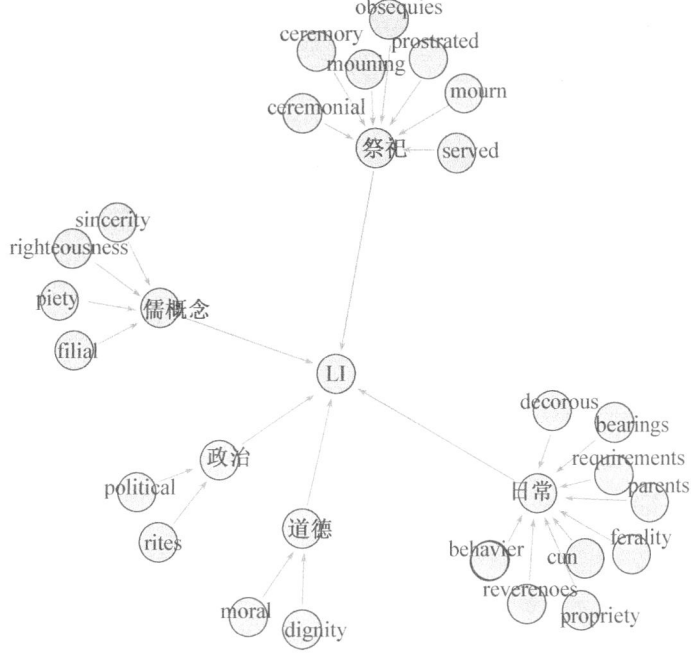

图 4-2　1830s—1890s 西方儒学文本中的"礼"

(一) 祭祀礼、家礼、政治规约

这一时期西方关注较多的还是祭祀礼和家礼，依然有不少误解和偏见。如例(5)提到，孔子把丧葬礼仪视为最重要的责任，他向人们灌输的是一种偶像崇拜式的祭祀礼仪(idolatrous worship)。这显然是对孔子的误解。孔子的"礼"并不是单纯的礼仪教条，更不主张偶像崇拜，而是倡导发于心、成于行，主张"克己复礼为仁"，是想通过周礼质朴的自然伦常在人们内心培植仁爱的自然性情(涂良川、李爱龙, 2015)。

(5) Confucius inculcates burial and mourning rites as the most important of all duties, and, to excite veneration towards the dead, he inculcates their idolatrous worship.

例(6)把祭祀礼仪看作宗教仪式，认为这种仪式仅仅是抚慰性的崇拜(propitiatory worship)，因为祭祀者本人没有忏悔(no confession of sin)。这显然是把中国祭祀礼表面化了。忏悔是西方宗教祭祀活动的重要内容，西方从自己的宗教视角出发评判中国古代的祭祀活动，认为没有"忏悔"便没有真诚，于是将其定义为"安抚性的"。通过这种表述，西方文化传播者也可能有意将中国的祭祀礼仪与西方宗教祭祀活动区分开来，将"礼"视为异于自身文化的"他者"。

(6) It is remarkable that in all this religious ceremony there is no confession of sin, merely propitiatory worship.

这一时期，西方文本也关注"礼"在行为规范和政治统治方面的作用。decorous, formality, requirements, bearings, etiquette 等词反映了"礼"表达的规范性功能；political 以及相关叙述则体现了"礼"的政治作用。有较为积极的解读，如认为"礼"不仅体现为外在行为，还体现为相容和友善(mutual forbearance and kindness)。但也有消极的阐释，如例(7)说到，中国的"礼"是外在的，与"诚心"(sincerity/cordiality)无关。这无疑是对"礼"解读的表面化和形式化。

(7) We must dissociate Chinese politeness from those ideas of sincerity and cordiality which to us constitute the charm of social intercourse, for however sincere and cordial the Chinese may sometimes be, these are not inherent qualities to their politeness. It is rather ceremony, the correct performance of which is necessary to put one right with those about him.

(二)"礼"与其他儒学核心概念的联系

从 1890s 开始,在"礼"的共现词中出现了 filial(孝)和 piety(孝)等儒学概念。这说明,西方开始将"礼"与其他儒学概念联系讨论,标志着对儒学的认识开始趋向系统化。

比如,例(8)谈及"中庸""德""礼""君子"的关系,认为君子是最知"礼"的人,中庸之道中的"德"和"礼"都是通过"君子"的行为体现,表现为谦卑(demeans himself)、不偏激(without going to extremes)。

> (8) The plan of the Chung Yung(中庸)is to illustrate the nature of human virtue, and to exhibit its conduct in the actions of an ideal kiuntsz'(君子), or "princely man" of immaculate propriety, who always demeans himself correctly, without going to extremes.

(三)"礼"的道德内涵

这一时期开始关注"礼"的道德内涵。例(9)阐述了对"礼"道德价值的理解,认为"礼"给仁爱赋予了道德价值。同样,例(10)认为"礼"与"仁、义、智、信"一样,都是人内在道德属性(moral nature)的一部分。这是对"礼"认识的深化。

> (9) In this chapter, we are referred to propriety as the regulating power, without which devotedness or love would lose almost all moral value. The high importance given to propriety by Confucius and his school can be explained and defended from this point of view.
>
> (10) The commentary explains "which Heaven bestows upon men, conferring the principles of benevolence, righteousness, propriety, wisdom, and sincerity, without detection, is what is meant by a right moral nature."

总的来说,这一时期西方较多关注与"礼"相关的社会活动(祭祀、家礼等),有积极的阐述,但依然有不少误解。与第一个时期相比,这一时期对"礼"的理解更多元,也试图更深入挖掘"礼"的内涵,已从"礼"的外在行为方式慢慢转向对"礼"政治和文化内涵的理解,并开始将"礼"置于儒学思想体系中考察,"礼"的道德内涵得到更丰富的阐释。

4.3 对"礼"认识的第三阶段:1940s—2010s

共现数据(图 4-3)表明,这一时期西方对"礼"的阐述变得更加多元和深入,涉及社会行为规范、人格塑造、修身等方面,已较少提及祭祀方面的礼仪,更多讨论"礼"在修身方面的内在含义。比如,emotion,inspiring,principle,beautify,shape,grace 等词都是讲述"礼"在修身方面的价值。

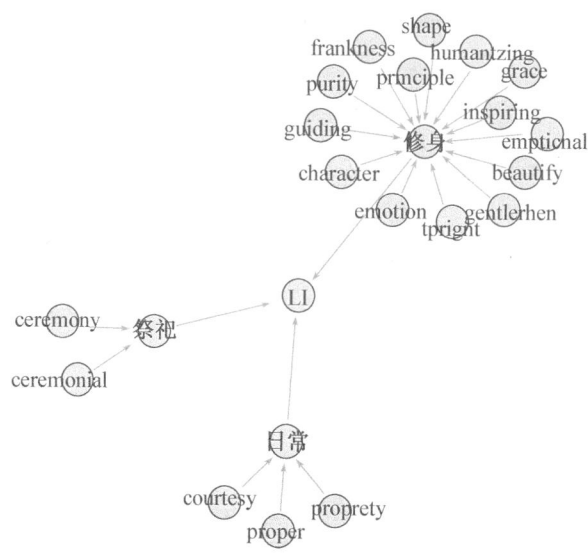

图4-3　1940s—2010s 西方儒学文本中的"礼"

(一)"礼"对个体的内在价值

图4-3和附录3的数据显示,这一时期,西方更注重"礼"的外在行为方式与内在修养的有机结合。如例(11)认为,"礼"有外在可见的品节,但如果不能使人内存和悦,"礼"便失去了意义。

(11) *Li* included the forms of ritual practice, but these were of value only if they were "the outward and visible sign of an inward and spiritual **grace**". A man who is not truly virtuous has nothing to do with li.

例(12)同样指出,"礼"除了有和谐人际关系、稳定社会秩序的意义,对于个体来说,还是完善自我的途径。

(12) Ritual is the means of facilitating truly **human** relationships and coherent society but also provides the means for the individual to pursue **self-perfection**.

尤其值得关注的是,这一时期受纳端开始将"礼"与修身联系起来,对"礼"的理解从社会层面转向了个人层面,赋予了"礼"更多自律的意义。

(二) 通过"礼"反躬自身文化

随着对儒学思想认识的深入,西方在介绍孔子思想时,也会反思自身文化中存在的缺憾。例(13)从积极的态度认识孔子提倡的"礼",认为孔子"礼"的约束意义在于克己(disciplining the emotions),而这是西方教育中被忽视的部分(neglected in modern Western education)。

> (13) It is clear that he [Confucius] considered li to be a means of disciplining the **emotions** (an aspect of man that is sadly neglected in modern Western education) and assuring, by establishing balance and rhythm, that the individual would not be surprised by any crisis into regrettable action.

例(13)的评述表明,受纳端开始认识到"礼"在修身和社会和谐中的积极作用,认为可以弥补西方现代教育中长于张扬个性、失于克制不足的问题。形成这一认识应视为儒学进入受纳端文化的一种标志。

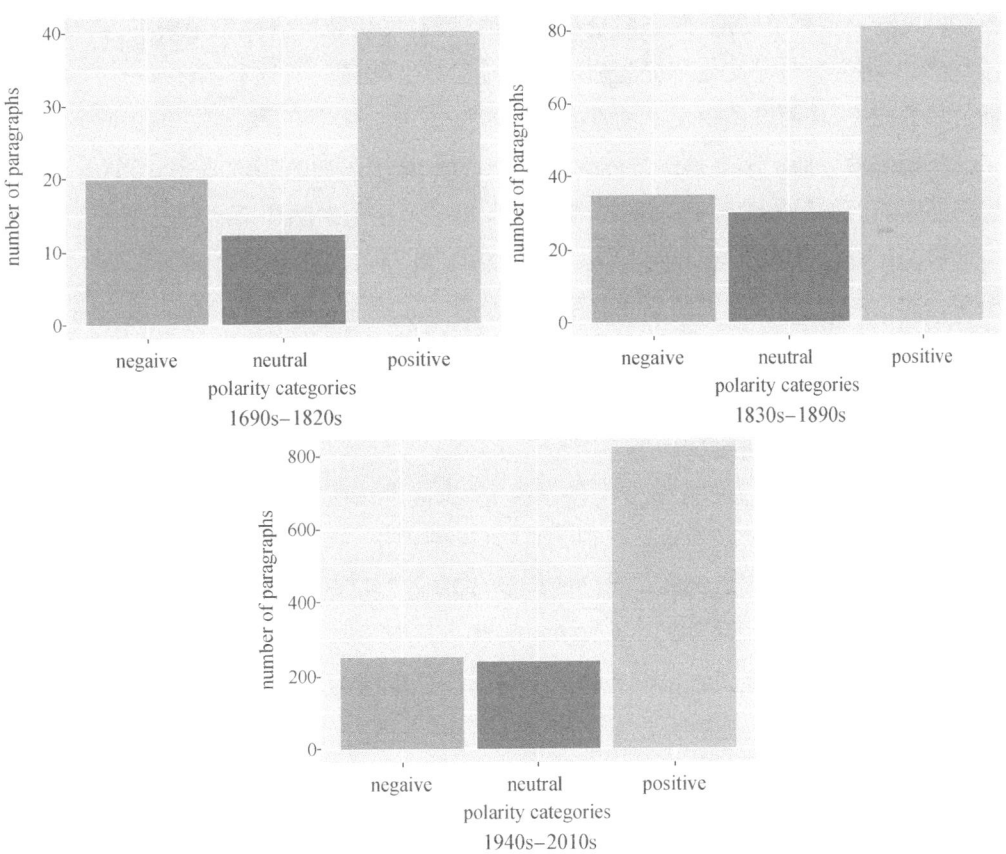

图4-4 西方儒学文本中"礼"的极性情感态度历时分析

情感态度分析(图4-4)表明,"礼"在西方受纳端逐渐确立了自身的积极价值。各时期西方对待"礼"的态度总体是积极的(右侧柱体);三个时期消极态度呈降低趋势(左侧柱体)。这说明,随着对儒学文化了解的日益加深,西方对儒学的陌生感和排斥心理日渐减少,负面评价也随之减少。

五 "礼"传播的历时特征

三个阶段"礼"海外受纳情况的分析表明,不同时期西方对"礼"的认识侧重不同,经历了一个逐渐深入的过滤吸收过程。1690s—1820s期间西方关注最多的是与仪式有关的"礼",认识到的是"礼"最外在的表现形式;1830s—1890s期间,已开始意识到其更深层的文化和道德内涵,并尝试将"礼"置于儒学概念系统中加以讨论;1940s以来,西方不仅对"礼"的关注度提高,认识也更多元、深化,重视"礼"对个体的内在价值,并尝试评估"礼"在受纳端文化中的意义。可以说,一个多层面的"礼"的概念在西方儒学话语中逐渐形成。

但无论是在哪个时期,西方都是在自己的宗教、文化和价值体系下观察、描述和解读"礼",并将带有自身文化特征的陈述呈现给目标文化读者。这种叙述模式贯穿于传播过程的始终,是西方儒学文本的重要话语特点。

早期儒学传播文本多是西方传教士所著,因此充满了西方宗教视角。当"礼"中的思想元素与西方宗教传统不一致时,极易使受纳方产生陌生感和排斥心理,导致产生消极评价。比如,早期西方在介绍与"祭祀"相关的"礼"时,态度多是负面的,充满了对礼乐文化的扭曲,对礼仪的表面化和肤浅化以及对"礼"政治目的的绝对化。这说明,西方对"礼"的"误解"实际上是在自己的宗教、文化框架内进行解读的结果。他们没有将自己置于中国文化语境下理解"礼",可能是力不能及,也可能是在潜意识中维护自己的宗教传统并从中获得优越感。

到了当代,大量西方汉学家参与儒学研究,为儒学在西方世界的传播做出了贡献,也引起了西方对中华文明的重新认识。自20世纪以来,西方对"礼"的解读变得积极、开放。当代西方既更多地理解了"礼"的内涵,理解了"礼"的他律性与自律性、社会性与个体性;又在西方语境下扩展了"礼"的外延,将本是表示约束的"礼"赋予了一些自由的因素。这些解读也是在西方价值观体系下对"礼"的重新构建,主观上是顺应西方"个人主义"价值倾向,客观上则赋予了"礼"新的内涵。赋予更多自律、个人和自由因素的"礼"更容易与西方的"个人价值实现"传统合流。当西方的个人主义遇到问题,他们也开始用"礼"来反思自身文化和教育中的缺失。可以说,"礼"在不断的文化碰撞中,通过融入而跨越了文化差异,在西方话语网络里立足并焕发出新的生机,这是文化适应的典型表现。

六　中国文化概念海外传播启示

受文化差异和不同意识形态的影响,文化传播不可避免会经历碰撞、摩擦、选择和融合。越来越多的学者意识到,要有效开展对外文化交流,我们必须了解目标文化接受环境,考虑受众的接受视野(陈致远,2014;杨庆存,2014;王志勤、谢天振,2013)。只有知己知彼,才能有的放矢地制定文化传播策略。"礼"的海外传播带给我们以下启示。

首先,对儒学海外传播文本的数据分析有助于我们了解自发状态下受纳端文化的接受偏好,把握这些偏好能为提升翻译的文化适应性提供可靠依据。在对外推介中华文化时,需了解和参考受纳端宗教传统、价值观等文化语境信息,以尽量减少受纳端对中华文化的陌生感,提高文化接受度。作为一种国家形象话语,我们的文化翻译文本一定要考虑文化适应,"不能同一腔调、同一叙事模式,走遍全世界"(文秋芳,2017:1)。

其次,儒学核心概念内涵丰富,翻译时对应词的确定一直是未能解决好的关键问题。比如,"礼"在英语中通常译为"rite""ritual""propriety",这些所谓的"对等词"往往彼此孤立地出现在不同语境中,难以将"礼"丰富的内涵联系在一起,这就不可避免地造成海外受众对"礼"的片面认知。这些"对等词"之间缺少一个上位词,这不但导致"礼"难以作为一个完整的概念存留在目标语文化中。根据(秦洪武、孔蕾等,2020),儒学概念在翻译时出现多词汇对应,显示儒学核心概念有多种表达方式,这符合释义和解读的一般规律,但也说明儒学概念在目标语文化中传播时缺少概念本身所需的稳定性。概念本有一致性和稳定性受到破坏,导致儒学在目标语文化中识别性变弱,不利于儒学思想的传播。

另外,儒学海外传播要重视传播渠道。原创传播文本在引导人们对社会和政治生活重要概念的解读中发挥着广泛而复杂的作用(Baker et al.,2021),目标语文化中拥有文化话语权的群体更有可能通过对话语结构的操纵去影响个体和社会的认知(Van Dijk,2008)。历史上,推动儒学西传的有两个重要群体:西方传教士和学界精英(主要是汉学家和对中国文化感兴趣的学者、哲学家)。这些人正是凭借其享有的文化话语权影响普通民众对儒学的态度。因此,在现阶段儒学和中国文化在西方要想取得好的传播效果,受纳方社会精英阶层的声音和努力不可或缺。

最后需要指出的是,文化传播和接受并非只在时间轴上线性展开,而是在任何时间点都有不同的甚至相互冲突的诠释共存,相互竞争使自己的诠释被接受(Baker et al.,2021)。本研究只呈现了"礼"海外受纳的历时主线,而更为细致的传播脉络以及不同时期影响传播的因素还有待更为细腻的刻画。

参考文献

[1] Rainey, L. D. 2010. *Confucius & Confucianism: The Essentials* [M]. New Jersey: Wiley Blackwell.

[2] Robinson, K. 2009. The other pole of human existence: Western representations of China between the 13th and 18th centuries [J]. *Cross-sections*, 5: 57-63.

[3] Rowbotham, A. H. 1945. The impact of Confucianism on seventeenth century Europe [J]. *The Journal of Asian Studies*, 4: 224-242.

[4] Spence, J. D. 1998. *The Chan's Great Continent: China in Western Minds* [M]. New York: W. W. Norton.

[5] Van Dijk, T. 2008. *Discourse and Power* [M]. New York: Palgrave Macmillan.

[6] 白奚,2006.儒家礼治思想与社会和谐[J].哲学动态,(5):15-20.

[7] 边立红,2006."君子"英译现象的文化透视[J].外语学刊,(4):94-99.

[8] 陈来,2001.儒家"礼"的观念与现代世界[J].孔子研究,(1):4-12.

[9] 陈致远,2014.中国声要有中国味儿——论中国对外交流和传媒的话语权问题[J].对外传播,(11):45-47.

[10] 丁成际,2018.先秦儒家孝道观之流变——从"仁孝"到"礼孝"[J].社会科学战线,(4):55-60.

[11] 韩星、韩秋宇,2016.儒家"君子"概念英译浅析——以理雅各、韦利英译《论语》为例[J].外语学刊,(1):94-97.

[12] 利玛窦,2000.利玛窦中国札记[M].北京:中华书局.

[13] 孔蕾,秦洪武,2018.儒学海外传播话语模式研究[J].外语教学,(3):78-83.

[14] 黎红雷,2015."仁义礼智信":儒家道德教化思想的现代价值[J].齐鲁学刊,(5):5-12.

[15] 李玉良,张彩霞,2009."礼"的英译问题研究[J].山东师范大学学报(人文社会科学版),(3):126-129.

[16] 梁漱溟,2005.梁漱溟全集(全八册)[M].济南:山东人民出版社.

[17] 柳承国,2008.韩国儒学与现代精神[M].北京:东方出版社.

[18] Baker, M., J. Buts, H. Jones,赵文静,杨国胜,2021.用语料库考察概念的跨文化传播——"知识谱系"项目访谈[J].外语教学与研究,(1):135-145+161.

[19] 秦洪武,孔蕾,2016.儒学海外传播的探索性数据分析[J].当代外语研究,(6):16-23.

[20] 秦洪武,孔蕾,2018.当代英语媒体儒学传播话语分析[J].中国外语,(1):51-61.

[21] 秦洪武,孔蕾,徐欣,2020.《论语》英语多译本受纳状况多维数据分析[J].外语教学与研究,(4):580-593+641.

[22] 涂良川,李爱龙,2015.孔子之"礼"的政治哲学意蕴[J].江苏社会科学,(6):12-17.

[23] 王志勤,谢天振,2013.中国文学文化走出去:问题与反思[J].学术月刊,(2):21-27.

[24] 文秋芳,2017.主持人语[J].外语研究,(1):1.

[25] 吴光,1999.仁本礼用——儒家人学的核心观念[J].文史哲,(3):80-82.

[26] 杨平,2008.论语.核心概念"仁"的英译分析[J].外语与外语教学,(2):61-63.

[27] 杨庆存,2014. 中国文化"走出去"的起步与探索——国家社科基金"中华学术外译项目"浅谈[J]. 中国翻译,(4):5-7.
[28] 张岱年,方克立,2002. 中国文化概论[M]. 北京:北京师范大学出版社.
[29] 《中华思想文化术语》编委会,2015. 中华思想文化术语 2[C]. 北京:外语教学与研究出版社.
[30] 祝东,2020. 论儒家仁、礼关系:基于符号学的考察[J]. 孔子研究,(6):80-88.
[31] 朱一凡、秦洪武,2018. Individualism:一个西方概念在中国的译介与重构——一项基于语料库的研究[J]. 中国翻译,(3):34-43.

附录1 1690s—1820s 与 LIR 共现的词

1690s	1730s—40s	1750s—60s	1770s—80s	1790s—1800s	1810s—20s
rites 0.82	ceremony 1.0	rites 0.93	ceremony 0.71	rites 0.98	ceremony 0.74
feasts 0.57	commemoration 1.0	imitate 0.80	rites 0.38	ancestors 0.72	rites 0.64
hospitality 0.57	incense 1.0	justified 0.80	equinoxes 0.30	religious 0.68	sacrifices 0.54
obligation 0.57	Prostrating 1.0	lawgivers 0.80	moon 0.30	custom 0.62	tombs 0.52
obsequies 0.57	Statue 1.0	worshiped 0.80		ceremonies 0.59	kneel 0.44
ornaments 0.57	governors 0.70	maintain 0.65		Jesuit 0.53	ancestors 0.42
politer 0.57	table 0.70	order 0.65		observance 0.45	descendants 0.38
sacred 0.57	idols 0.49	political 0.63		lawgivers 0.43	etiquette 0.36
victims 0.57	emperors 0.44	religious 0.60		tranquility 0.43	offerings 0.36
antiquity 0.53	idolatry 0.40	tranquility 0.56		ceremony 0.41	
duties 0.46	ceremonies 0.37	Jesuit 0.56		conformity 0.41	
ceremony 0.42		ancestors 0.50		feasts 0.41	
propriety 0.40		ceremonies 0.50		libation 0.41	
ritual 0.38		WESRG 0.47		offer 0.41	

(续表)

1690s	1730s—40s	1750s—60s	1770s—80s	1790s—1800s	1810s—20s
barbarous 0.38		gratitude 0.45		oxen 0.41	
sacrifices 0.32		virtues 0.41		Christianity 0.39	
		antiquity 0.39		WESRG 0.36	

附录2　1830s—1890s 与 LIR 共现的词

1830s—40s	1870s—80s	1890s
rites 0.83	propriety 0.77	ceremony 0.82
ceremony 0.55	ceremony 0.58	ceremonial 0.79
decorous 0.53	rites 0.55	moral 0.79
formality 0.53	requirements 0.46	political 0.79
ceremonies 0.51	tares 0.46	etiquette 0.79
circumstances 0.34	wheat 0.46	affections 0.55
bearings 0.32	music 0.39	rites 0.48
mourn 0.32	mourning 0.37	piety 0.37
obsequies 0.32	parents 0.36	propriety 0.36
prostrated 0.32	dignity 0.33	filial 0.31
reverences 0.32	served 0.32	

附录 3 1940s—2010s 与 LIR 共现的词

1940s	1950s	1990s—2000	2010s
credits 0.39	ceremony 0.42	rituals 0.42	rituals 0.66
enslaved 0.33	justice 0.37	propriety 0.41	rites 0.55
rite 0.33	principle 0.29	rites 0.41	ceremony 0.47
vehicle 0.33	beautify 0.26	ritual 0.41	humanizing 0.30
ceremonial 0.31	shape 0.26	ceremony 0.27	venting 0.30
emotion 0.29	gentlemen 0.23	proper 0.23	propriety 0.29
inspiring 0.27	upright 0.22	selfperfection 0.23	emotional 0.24
frankness 0.26	courtesy 0.22		purify 0.21
grace 0.23	propriety 0.22		
guiding 0.22			
character 0.21			

中华精神文化外译话语体系建构的思考
——以"君子"何以须音译"Junzi"为例

江南大学外语学院　包通法　梅　龙*

摘　要：文化或学术流派的核心术语是其认识精神构式和样态的自我身份宣示，是先贤们在思考各自文化或学派与它者的关系与差异时提出的核心概念，而其精神构式和知性体系皆围绕这些核心术语演绎与阐释，以此明确自我学术体系身份归属。那么如何在跨文化跨语际翻译中体现中华精神文化的核心术语的这种精神构式、样态和身份就成了翻译中绕不过去的坎。本文基于语言哲学有关主项词自身给不出自身概念意义的理论义理，以儒家思想体系核心术语"君子"作为案例研究，论证了"君子"何以可以音译，而且应该音译的认识论义理和意义。这不仅涉及中国特色话语外译中话语体系建构、规范中华文化思想经典核心术语外译的语言行为的关怀，而且对于建构中华文化术语体系和表征形态，使中华文化走向世界、为解决人类面临的问题给出中国答案，具有重要的理论与现实意义。

关键词：中华文化自我身份；核心术语外译；君子认识构式与知性体系；"马"语符与内涵

Title: On the Epistemology of Translating Core Terminologies in Chinese Spirituality Culture: Why Transliteration of "君子" Is and Should Be So

Abstract: The key terms of given culture or given academic school is the self-identity announcement of the epistemological schema and modality of given culture or school, and they are the unique terms proposed by earlier masters who considered the relations and differences of their own cultures or schools with or from others. Around

---

* **作者简介**：包通法，江南大学教授，研究方向：翻译学、翻译哲学、中华典籍外译研究，联系方式：baotongfa@163.com。梅龙，江南大学硕士生，研究方向：典籍英译，联系方式：446599313@qq.com。

these key terms are the presentations, deductions and interpretations of the spiritual schema, modality and intellectuality system of different cultures and schools, by which to indicate their differences in academic identity and system. Therefore, in interculture and interlanguage translation how to stick to these unique key terms with their own difference in spiritual schema and intellectuality modality becomes a threshold that had to get around. This paper, based on the theoretical proposition that the substance can not indicate its own conceptual connotation in language philosophy, expounds why "君子", a key term in Confucianism, can or should be transliterated, which bears an important theoretical and practical significance in both normalization of linguistic operation in translation of key terms of Chinese culture-and-thought classics and construction of Chinese-identity discourse system as well as the terminology system, so as to promote Chinese culture going world-ward and offering Chinese answers to universal problems that humans are faced with.

Key Words: self-identity of Chinese culture; translation of key terms; ideology schema & intellectuality system of "Junzi"; linguistic code & connotation of "horse"

一 引 言

在讨论本文提出的问题之前,有必要就"中华精神文化"这一术语做一分析和定义。文化就呈现方式可以分为精神和物质两大形态,但就问题范畴、认识构式与样态,则可以分为三个层级:精神文化、知识文化和世俗文化。精神文化亦即(哲思文化)是文化整体的本体内核,是所有文化呈现形态与发展的源动力,是一切下义文化形态的生发源头并具有本质性统辖。中华精神文化思考的问题范畴就是"究天地之道,晓人文之理",即:讨论天地存在的方式、能量运行的恒常法则、物质生灭的时空本质意义,以及人的本质、人与自然时空关系、人生的意义和态度等;而知识文化(自然科学、人文学科等知性体系)以及世俗应变文化(世俗宗教文化、帝王御人与权谋文化、兵家用兵鬼道、世故练达做人文化等)皆应属由精神文化衍化或异化的器用层面的支文化体系。由此可见,中华精神文化所涉尤以先秦道儒墨法名等诸家经典以及唐代形成的中国式佛教经典为上,它们是中华文化精神构式和构成的源头和本体,是我先哲诠释"天地之道、人文之理"的载体。

文化经典翻译的要旨是以引进或输出精神文化认识构式、知性体系等为终极目标和第一要务的,而认识构式、知性体系等的引进或输出是以构建其核心术语为源点而阐发的,其术语是知性体系的思维本体和核心,是该体系区别于其他体系的自我身份,具有单维参照的构成性。"一个新的术语或表达式(如果成功)产生,不啻为一次新的思想洗礼。"(钱冠连,2015:23)钱先生从语言哲学的视角对新的术语的产生论证了新术语的创新对于思想认识的重要性。毋庸置疑,翻译中无论是新术语的引进或输出,对于目标语人们的认识亦有相同作用——即新的思想对于认识的洗礼作用,如"科学、民主、经济、哲学、理性、感性、逻辑、唯物主义"等术语的引进对于国人认识精神就是一次深刻洗礼。那么,中华经典中体现中国精神构式和样态自我身份的术语,比如"道、德、有、无、天、气、阴阳、五行、八卦、仁、义、礼、中庸、君子、忠恕"等术语的输出亦是同理。

现以儒家核心术语"君子"外译为例论证上述立论。

儒家思想自汉董仲舒提出"罢黜百家,独尊儒术"以降,一直享有中华文化主流的殊遇。儒家鼻祖孔子和其他诸子对"君子"人生价值观的内涵和外延的阐发,构建了其深邃系统的知性体系,成就了中华文化主流的人生价值观。如在儒家元典《论语》中,"君子"术语先后出现107次,《诗经》中"君子"出现186次,尤其在《风》诗中最多。因此,儒家(也可以说中华民族)是关于人的文化——即"君子"的人格文化,承载着儒家及国人人生和社会的理想意义,其概念所涉及的内涵是国人对于生命价值观的思考和给予,可以说是儒家思想体系中彰显个性、富有自我身份认识构式的核心术语、既有别于国内其他学派又有别于西方学派的核心术语。在人格塑造的理想中,"道家有至人,儒家有圣人,释家有佛、菩萨"等,但究其认识构式、内涵与样态,均呈"形上"和圣化样态,有高山仰止或遥不可及之感,只是一种精神和理论的给予至真完人。而"君子"人格似乎更接地气,更彰显关怀人格修为、关怀天下社稷情怀,关怀真实人生,因而具有人人皆可修炼致达之质之态。"君子"这种较普遍、较易致达、较易于践行、较完美的人格范式,也就成了国人千年以来所孜孜以求与践行的品格与境界,且具有东方智慧特点的知性体系围绕该术语构建起来。

从某种意义讲,"君子"可以认定为中华文化知性体系中的核心身份术语,承载的是儒家亦可以说国人对人的本性和人生意义的考虑与追求。因此,如何翻译"君子"这一中华文化的核心术语,不仅是语言学范畴的小学之义的关注,更是中国古贤关于人生的大学之道之境界传达。因此,无论是从语言本体论视角,抑或文化翻译观维度,抑或中华文化软实力建设,处在中华民族复兴的当下,中华文化身份的核心术语体系如何翻译,其中包括"君子"术语如何翻译,皆是我辈译人予以重新审视的历史责任和语言行为。

二 音译的历史与相关研究

孔子的"名从主人,物从中国"。这一翻译观点开启了中国音译认识论与方法论。在中国翻译史上,音译法研究比较盛行的三个时期为:

1. 佛经翻译时期。佛经译介时期僧睿是第一个讨论翻译"名实"问题,然后玄奘提出"五不翻",即"秘密故、含义多故、此无故、顺古故和生善故"的论述,其对音译研究贡献最大,而赞宁在《义净传》中"今立新意,成六例焉"的第一例即为"译字译音"。

2. 明末至"五四运动"时期。这一时期科技翻译兴起,国门渐开,西学东渐盛行,有关西方兵工技艺、声光化电等方面的新术语和各种政治经济文化方面的新词语、新概念大量引入。这一时期讨论音译最有影响力的当属章士钊。章氏在其《论翻译名义》一文中在总结意译得失基础上提出音译的主张并阐述了音译的意义和优势。朱自清在《译名》一文中回顾了有关译名问题讨论的历史,认为"所重在音的"(如大部分的人名、地名)和"意义暧昧的"(如"以太"之类)名字的翻译应该采取音译策略。

3. 现代音译研究时期。就现代音译研究视域而言,刘超先(1993:45-48)从佛教的产生和传播、佛教的形成以及佛教汉译等方面分析了我国音译传统的形成,解释了为什么佛经翻译凡遇名字和术语皆取音译;黄德新(1996:39-41)、林宝煊(1998:74-78)将音译原则归纳为"统一认识、规范译法""名从主人、约定俗成"和"谐音兼义、力求贴切";岳峰(2000:54)探讨了音译的必要性、可行性,界定了音译范畴,提出了音译的操作技巧:拼音规范、优化选词、借词发挥、音意结合;胡清平(2001:28)论证了音意兼译的优点和可行性,认为音意兼译是外来语中译之首选;况新华(2002:89)在约定俗成和音义结合原则之外,提出了联想原则和统一译名原则;龚雪梅(2006:108)从文字学角度考察了音译用字的集中情况,认为音译实际上继承了中国传统"六书"的假借机制,即所谓"本无其字,依声托事";覃成强、石春让(2011:40)则对术语音译法的四种应用范畴作了概括,并提出术语音译法的七种创新模式:1) 零翻译;2) 纯音译;3) 谐音译;4) 音义结合法;5) 形译法;6) 省音译;7) 创造新词;而项东、王蒙(2013:104)探讨了中国传统文化文本英译时音译的使用规范,指出适当采用音译可以保留中国文化中一些概念或事物的特色,有利于文化交流和传播,而滥用音译则会影响译文质量,不利于文化间的理解和沟通;熊欣(2014:39)则认为音译源于原语文化的保持,增加译文的异国情调,丰富译语语言词库。作者建议汉语文化的对外传播更要灵活处理某些富含中国文化特色词的英译,尤其是某些特有事物名称及专名的英译。赵彦春、吴浩浩(2017:100)以《庄子》的四个英译本为例,从认知符号学角度讨论音译带来的问题,提出译者可以挖掘源语和译语的认知系统资源,采用符形替换法、移植借用法、编码重构法来解决音译带来的问题,以确保译文文化自足和文本自足。

由此可见,有关音译的研究,从古到今皆从功能器用视角讨论居多,而究其义理研究则明显不足。

三 关于"君子"英译现状

现就《论语》中"君子"英译为例。就目前所存在的全译本30多种(不包括节译本)中,"君子"这一儒家核心术语的翻译语言表征不胜其多(too many variants),据本文作者不完全收集如下:

superior man; gentleman; a man of virtue; a man of complete virtue; a man of a real talent and virtue; scholar; wise man; good and wise men; person in authority; a man in authority; men of a superior grade; the lord; the officer; the accomplished scholar; the great princes; prince; virtuous prince; the true ruler; a governor; Chuntsze; student of virtue; a sovereign sage; a man of honor; a great man; a man of lofty character; a noble person …

表3-1 "君子"不同侧重译法分类

分类	英译
man	superior man; gentleman; a man of virtue; a man of complete virtue; a man of a real talent and virtue; wise man; good and wise men; a man in authority; men of a superior grade; a man of honor; a great man; a man of lofty character
scholar	scholar; he accomplished scholar
person	person in authority; a noble person
prince	the great princes; prince; virtuous prince
其他	the lord; the officer; the true ruler; a governor; Chun-tsze; student of virtue; a sovereign sage

从历时维度看,应当承认,从"君子"首次英译至今,不同的意译也有其重要的历史价值,因为正是这些"变异(译)"一定程度上再现了中华文化核心术语"君子"的丰富内涵在跨语旅行中被关注、被阐释的文明交流史实。但同时不难看出,"君子"这一中华文化人格精神核心术语,在翻译中,强行按照西方的问题框架和认识范畴,根据不同译者的主观理解被拆解为数十种不同的概念和话语表征,即使在译界主流认同的《论语》译本中,如国内辜鸿铭的译本和刘殿爵的译本,国外早期的詹姆斯·理雅各(James Legge)的译本和亚瑟·韦利(Arthur Waley)的译本亦然,这些译本对"君子"一词皆按照西方问题框架和范畴给出了不同的译入语的话语表征,形成与原作以及不同译本之

间大相径庭的概念范畴和内涵。

那么为何会产生这样的现象？也许下面二位外国学者道出了某种原委：

Alembert argues, "More severely, translators are much used to the adoption of the existing terms and often lack courage which "consists of the willingness to coin new expressions to render certain vivid and energetic expressions found in the original" (Alembert, 2004: 112).

Ames also expresses similar idea when relating to the translation of Chinese philosophy, "In such translated works, the indications of key philosophical terms are not thoroughly understood. To make it worse, they are rather a random adoption of Western terms, which gives western readers and researchers a misconception that the subjects in the original text are in a world possibly identical with the target one, while the real picture is totally different." (Bassnett, 1998: 194).

两位外国学者皆认为，很多译者一是由于没有中西哲学文化的知识储备，习惯于按常识思维，随意性采用西方现有术语，认为汉典籍中某一术语或话语的内涵意义与英语中某一表述相同，习惯于用英语中现成的术语或语料翻译不同于西方科学理性的中华文化精神意义；二是翻译中缺乏文化自觉意识，对中国文化认识不足、对自己缺乏自信，没有勇气创制富有中华文化精神个性的话语体系，结果使得我先贤的问题框架、思维范式、论证方式和对世界、对人生把握的构式与答案皆纳入西人的问题框架和知性体系中，遮蔽了我先贤的智慧光芒。

由此可见，"君子"这一具有中华文化精神专利性的概念消解在西学问题框架内，"君子"概念内涵被西学范畴化，其概念、话语样式与内涵皆存在被肢解的现象，呈现碎片化特征，这难道还可以认为是原文"君子"单一性术语的忠实翻译吗？答案显然是否定的。

同样毋庸置疑，话语表征的多样性必然导致认识构式、概念范畴和内涵的多样性（基于言与思具有同构性命题）。试问：一部思想经典，如果其核心术语的问题框架和概念内涵在翻译时被阉割、肢解甚至曲解，呈现出无序与碎片化，这能说是忠实于原作吗？能说是成功的翻译吗？"君子"在外译中遭此命运，其他我文化精神核心术语如"德、有、无、逍遥、坐忘、仁、义、礼、知、中庸、忠恕"等术语的输出亦是如此。

四 "君子"认识构式的知性体系

(一) "君子"义理范畴

为什么说中华文化中具有东方问题框架、思维范式和智慧样态的核心术语必须遵循音译单一式翻译原则呢?现以中华文化中人格精神标记的核心术语"君子"为例,首先考察其问题框架、概念内涵的构式与体系不同于英语中任何现有语料的意义与认识构式。

在中国精神文化中,儒家亦可以说中华文化的人格知性体系是围绕"君子"这一术语而阐释构建的。两千多年来,对于"君子"这一命题和内涵,释者甚众。目前,学界对"君子"公认的训解整体上有如下四大范畴认同意义:1)"社会地位"义;2)"内圣立德"义;3)"政治、社会、批判主体"义;4)"知识主体"义。

1. 君子有"社会地位义":孔子之前,"君子"和"小人"的范畴是以社会"位"分而不以"德"分。换言之,区分"君子"和"小人"的准则不在于是否具有高尚的道德修养,而在于是否出身贵族嫡系。"君子"是指具有纯粹贵族血统的人,而"小人"则是指一般的平民百姓和庶出子弟。这一点,从"君子"构词义便知。按《说文解字》:"君,尊也。从尹,发号,故从口"。古文象"君"坐形。这是地位的意义。

2. 转向"内圣立德义":将"君子"和"小人"之别的标准从"位"义转向为"德"义,使得"君子"成为一个社会道德的主体和人格的典范,这是孔子的贡献。孔子将君子人格修养路径归纳为"志于道、据于德、依于仁、游于艺"(《论语·述而》),这就突破了社会地位义,具有道德内涵以及实践义。自此,"君子"不再由少数权贵血统来决定和专享,而是对所有社会自然人开放。怀内圣立德者皆可谓君子,无论是权贵抑或平民。

3. 孔子关于君子的"内圣立德"命题义又衍生出"政治主体""社会主体"和"批判主体"的社稷担当内涵和践行意义,即余英时先生谓之"内圣外王连续体"(余英时,2004:917)的社会践行者。用孔子自己的话来说,"君子"必须"修己以安人""修己以安百姓"(《论语·宪问》)。因为"独善其身"只是"君子"陷于穷途末路、个人完全无法施展抱负时最后的坚守(last stand),"兼济天下"才是"君子"所要努力追求的目标。孔子关于"鸟兽不可与同群,吾非斯人之徒与而谁与"的命题(《论语·微子》),就是儒家"君子"个体应当具有的"政治主体"和"社会主体"的高度自觉——即修身、齐家、治国、平天下是也;而"批判主体"的内涵是儒家的"君子"作为一个道德主体,无论在朝在野,皆应实践兼济天下为己任的"批判主体",将话语的锋芒指向权贵的无道,以关怀天下苍生、谋求政治清明和社会公平为己任,这就是"君子""批判主体"的社会担当。孟子将"民为贵,社稷次之,君为轻"(《孟子·尽心下》)设定为"君子"的准则,就是将儒家君子人格置入社会关怀、百姓福祉的问题框架内了。湖北郭店新出土竹简所载的儒家文献中就有这样的记载:孔子之孙子思回答鲁穆公问"什么样的人是忠臣?",答曰:"恒称其君之恶者,可谓忠臣矣"。(莱芜新闻网新浪微博:$http://e.weibo.com/laiwunews$)这一点更是明确给出了儒家"君子"作为"政治主体"的定义性内涵了(defining essence)。

4. "知识主体"义:中华文化精神的"君子"承载着"知识主体"义。所谓"知识",既包括工具性"知识",更包括知识认识之上的"智慧"。千年以降国人皆认同不断学习和觉解才能形成"君子"人格。中华文化的"思知人,不可以不知天"(《中庸》),"真善合一","知行合一"的功夫伦是中国哲学文化的境界,这便成为中国文化"知"的形上意义,就是"推天道以明人事"是中华文化的一个普遍架构。《论语》开篇就是"学而时习之,不亦乐乎",孔子自许"十室之邑,必有忠信如丘者焉,不如丘之好学也"(《论语·公冶长》),"知天之所为,知人之所为者,至矣"(《庄子·大宗师》),其尤可见"学"对于"君子"生命主体的重要性。足够的知识、识见和智慧,无疑是中华文化"君子"立足道德、在政治和社会领域发挥批判精神的必要条件。历代圣贤几乎都是饱学之士,足以说明了"君子"的"知识主体"义。

(二)"君子"知性构式与体系

从一般意义上讲,学界对"君子"的知性构式有如下公认释义:《象传》曰:天行健,君子以自强不息。(《周易》,2012:12)《文言》曰:君子体仁足以长人,嘉会足以合礼,利物足以和义,贞固足以干事。君子行此四德者,故曰:"干:元、亨、利、贞。"(同上:12)

《象传》曰:地势坤,君子以厚德载物。(同上:22)君子学以聚之,问以辩之,宽以居之,仁以行之。(同上:16)……夫"大人"者,与天地合其德,与日月合其明,与四时合其序,与鬼神合其吉凶。(同上:16)

可见,君子具有了"智慧与人伦"大善意义。这是中华文化母经《易经》对君子人格的基本规定、给予和一般定调,而后的阐发皆基于此义理诠释而形成体系。

儒家基于"仁"思想的境界定位,对"君子"人格构建了一套相当系统的理论体系。如最低标准是:己所不欲勿施于人。在孔子心目中,君子首先是修身养性、具有理想人格的人,非凡夫俗子。因此,他认为,君子道者三:"仁者不忧,知(智)者不惑,勇者不惧"(《论语·宪问》第十四章);在《论语·第二章·为政篇》子曰:"君子不器。"(注释:器:何谓"器"?《易·系辞》:"形乃谓之器。""器"就是"形";何谓"形"?"形",就是"相"。)何谓"君子不器"? 就是"君子不相"——即君子既是社会践行的美德象征,更是了然天道人伦的智慧象征,是践行天地之道者也。《论语·里仁》说"君子喻于义,小人喻于利。"君子贤其贤与至善,小人乐其利与逐利。

孔子以及后世各家对"君子"构建了如下知性体系——即君子三道、三立、四不、三戒、九思、三乐、五耻、三德、三畏、三愆、三态、三患和五耻等。

一、君子三立：立德、立功(行)、立言；

二、君子四不：第一，君子不妄动，动必有道；第二，君子不徒语，语必有理；第三，君子不苟求，求必有义；第四，君子不虚行，行必有正；

三、"君子三乐"：一则如孟子所说父母家人健康无灾病事故，从而得以躬行孝悌；二则为人处事合乎道义；三则君子传道育人，使君子之道遍传天下、造福社会；

四、君子三德：如孔子说：君子有三德，仁者不忧、知者不惑、勇者不惧。容德以仪表形态正君子之形，颜德以表情姿态正君子之姿，辞德以言语声音正君子之声；

五、君子三戒：少年时戒美色；壮年时戒殴斗；老年时戒贪图(《论语·季氏》)；

六、君子三畏：畏天命，畏大人，畏圣人之言；

七、君子三愆：孔子曰："侍于君子有三愆：言未及之而言谓之躁，言及之而不言谓之隐，未见颜色而言谓之瞽。"；

八、君子三态："望之俨然，即之也温，听其言也厉"；

九、君子九思："君子有九思：视思明、听思聪、色思温、貌思恭、言思忠、事思敬、疑思问、忿思难、见得思义。"(《论语·季氏》)；

十、君子三道：子曰：仁者不忧，智者不惑，勇者不惧；

十一、君子三患：未之闻，患弗得闻也；既闻之，患弗得学也；既学之，患弗能行也；

十二、君子五耻：居其位，无其言，君子耻之；有其言，无其行，君子耻之；既得之而又失之，君子耻之；地有余而民不足，君子耻之；众寡均而倍焉，君子耻之。

综上所述，"君子"的知性体系与认识构式包括"君子之思、君子之德、君子之立、君子之乐、君子之修养、君子之追求"等。中华文化"君子"人格命题与阐发皆是围绕"美德与智慧""教化与安邦""境界与人格"的命题而构建的知性体系，就是前文提及的"政治主体""社会主体"和"批判主体"。我们考察"君子"在中华文化的渊源、演化、内涵以及其知性体系，目的就是要论证："君子"这一术语是中国文化特有的知性专利，它已经形成了中华文化精神人格的知性体系，不是简单的"君子"语符意义本身，而如此多的文化内涵和语义超载，是不可能在异质文化中找到相等甚至相似的概念和话语来承载中华文化精神样态和精神品格。因而，"君子"与 superior man；gentleman；a man of virtue；a man of complete virtue；a man of a real talent and virtue(Legge)；wise man(辜鸿铭)；good and wise men(辜鸿铭)；person in authority；a man in authority；men of a superior grade；the lord；the officer；the accomplished scholar(Legge)；the great princes；prince；virtuous prince；the true ruler；a governor；Chun-tsze；student of virtue；a sovereign sage；a man of honour；a great man；a man of lofty character；a noble person ... 问题框架和内涵相去甚远。

那么这种在异质文化和语言中空缺的文化精神和知性体系该如何翻译？是像过去

国内外先贤、译人那样,按照西人的概念范畴和问题框架肢解、裁剪和阉割我们的精神构式和体系,将我们具有东方专利属性的精神构式和思想体系纳入西方的文化和思想体系中;抑或另辟蹊径,构建能体现我中华文化精神品格个性化的术语体系和话语样式,张扬我中华文化的身份、问题框架和概念范畴呢?这就成了中华典籍外译一个绕不过去的坎,必须给予思考和答案。显然,过去那种随意性、肢解式、多元式翻译从根本上曲解、破坏、阉割和肢解了我中华文化精神,违背了学界公认的核心术语单一性原则;传统翻译理论就语言打语言认识亦无法给出合理的答案,而语言哲学的识度与义理为具有文化身份和学派身份的核心术语单一性外译开启了一扇通途之门,给出了令人信服的理论支持和解决方案。

五 语哲理论——"马"给不出"马"概念的启迪

这个命题是钱冠连先生在 2014 年 7 月 27 日在黑龙江大学召开的语言学高层论坛上提出的,后发表在《外语学刊》2015 第五期,是关于概念的指代和内涵是如何生成的阐释和论证。虽然概念(意义)是怎样生成的在西方学者早有讨论,如亚里士多德早在 2300 多年前就思考过这个问题,"一个命题或判断是由主项和谓项组成。"(转引 E. 策勒尔,1996:183)而明确提出概念由述谓给出的是德国哲学家弗雷格(Frege)。Frege(1960:55)认为,"(一个)概念就是(一位)谓项的指称"。"一个概念不能由主项表达式所指称出来。"钱先生的修正性解读是:既然概念本身不是(一个)词,概念在词之外,"马"就给不出马的概念(钱冠连,2015:1)。Tanesini(2007:120 - 121)指出,"谓项是表达式的逻辑范畴",即述谓就是给主项词给予内涵的,述谓的意义就是主项词的内涵和外延。这样,这一命题认识意义有三:一、谓项是让概念出场的关键词语("马"之所以给不出马的概念,是因为谓项尚未出场);二、有了谓项,才得以表述出事物的性质和它们之间的关系,这才出现了思想和概念;三、述谓是人们用来对世界和社会各种存在(实体、虚体;现实世界、可能世界、概念世界、人文事件——笔者注)给出判断或意义。(钱冠连,2015:1)

由此演绎,可以得出:没有谓项,概念内涵就生成不了。

1. 何谓概念?概念是怎么生成的?

弗雷格在下面这一段话揭示了概念是如何生成的义理:

概念就是一位谓项的指称意义=S/(X)主项概念 is…P(Y)真值内涵。

2. 然而弗雷格的这一命题是有其局限性的。因此钱先生认为,"弗雷格指出'(一个)概念就是一位谓项的指称',那么,就一定是一位谓项去指称概念,用二位谓项、三位谓项就不行吗?"(钱冠连,2015:2)事实上,在涉及某个命题的时候,从理论上看,不限定一位谓项是对的,不排除二位、三位谓项甚至更多是有逻辑根据的。例如:本文所提出的何谓"君子"的概念,其述谓定义就不止一个,从不同的认识维度就是以不同的述谓给予其概念的内涵或者叫作定义。

不过弗雷格所谓"(一个)概念就是一位谓项的指称"的命题,说出了谓项的指称不是自己指向句子之外的外部世界某对象或认识范畴,而是把指称意义"送给"了主项或主词(概念)。利科(2004)亦认为:"在语言中,述谓的含义是:通过谓词 P 去述谓作为主词的 S,主词因而获得了由谓词的意义所赋予的意义。"(Blackburn,1994:72)这样就解释了主词概念与谓项之间的关系:"一个概念就是被一个词语尤其是被一个谓项所理解的东西。"

那么,什么是"君子"概念的内涵意义呢?正如前文所述,"君子"概念的指称内涵体系也正是通过谓词述谓而建构的,是不同的谓词给出和构建了"君子"在中华文化人格价值概念范畴和体系,而不是由"君子"语符本身给出的,这一点可以从《论语》对"君子"概念的阐释可以证明之。(下文详述)

3. 谓项同时也是主项表达式的逻辑范畴,表达或赋予了主项(事物)或主语的性质与关系。Tanesini(2007:121):"述谓的问题又可以称之为命题的合成体(unity)问题。""正是这种非饱和性质(主项)用系词把命题合成一体(… the unsaturatedness which unifies the proposition in the copula)。"(Tanesini,2007:121)"我对此的直白解读是:系词出场,把主词与谓项合成一体,句子合成体的出现过程就是述谓(过程)"。(钱冠连,2015:3)

综合简叙之:

(1) 概念(主词/主项)是一套被理解的内涵,由谓项指称出来;
(2) 概念本身不能证明自己是什么,而是由述谓来给予或规定;
(3) 概念自身具有"非饱和性(unsaturated)"本质,须有谓项给出;
(4) 一个概念(主项)既可有一位谓项或多位谓项给出;
(5) 谓项是针对主项概念展开的,谓项使概念(主项)出场。

从人类语言意义一般现象来说,主项词的概念,尤其是核心概念(由于是某知性体系的本体和主要承载者)必定会有多项谓项指称出来。如《论语》"君子"术语出现 107 次,《诗经》出现 186 次。因"君子"的概念意义或内涵是一个系统的知性体系(如上文所述),它在不同的语境下是在以不同的谓项揭示或给予,其语言表达式为:

【X(S) is (1−n)Y(P1、P2、P3……)】

既然概念自身不能使自己出场,必须由谓项给出;概念意义为"非饱和的"表达式,概念是等待着谓项(有时候必须有 N 项谓项),【S(X)＋is (1−n)p1,p2p3(Y)…】来喂饱或饱和起来这一命题,那么,我们下面先就论证"君子"的概念是由什么充实(饱和)起来的呢?

请看如下论证：

（1）"*君子*喻于义，小人喻于利。"（《论语·里仁》）；

（2）"*君子*怀德，小人怀土。*君子*怀刑，小人怀惠。"（《论语·里仁》）；

（3）*君子*"矜而不争，群而不党"（《论语·卫灵公》）；

（4）"*君子*周而不比，小人比而不周"（《论语·为政》）；

（5）"*君子*坦荡荡，小人长戚戚"（《论语·述而》）；

（6）"*君子*易事而难说也。说之不以道，不说也；及其使人也，器之。小人难事而易说也。说之虽不以道，说也；及其使人也，求备焉。"（《论语·子路》）；

（7）天行健，*君子*以自强不息；地势坤，*君子*以厚德载物。（《周易》）；

（8）"*君子*有九思：视思明、听思聪、色思温、貌思恭、言思忠、事思敬、疑思问、忿思难、见得思义。"（《论语·季氏》）；

（9）曾参曰："*君子*有三费，饮食不在其中。*君子*有三乐，钟磬琴瑟不在其中……有亲可畏，有君可事，有子可遗，此一乐也；有亲可畏，有君可去，有子可怒，此二乐也；有君可喻，有友可助，此三乐也……少而学，长而忘之，此一费也；事君有功，而轻负之，此二费也；久交友而中绝之，此三费也。"（《韩诗外传集释》）；

（10）《曾子立事》篇："*君子*不绝人之欢，不尽人之礼，来者不豫，往者不慎也。去者不谤，就之不赂，亦可谓之忠矣。*君子*恭而不难，安而不舒，逊而不诌，宽而不纵，惠而不俭，直而不往，亦可谓知矣。"

（11）"*君子*入人之国，不称其讳，不犯其禁，不服华色之服，不称惧冒之言，故曰："与其奢也，宁俭；与其倨也，宁句。"

（12）曾参"*君子*以文会友，以友辅仁"（《论语·颜渊》）

……

上面每一命题中的斜体"君子"（主项），都是在用谓词进行述谓，以给出主项（主语）的内涵或意义，皆由述谓不断地给出其内涵意义，从而使主词（主语）的概念饱和起来。

六 "君子"可以音译的论证

根据上述命题与论证，只要我们接受了"一个概念是由一个或许多谓项共同给出和饱和起来的"这一事实——即主词项的非饱和性质与谓项的不完全表达式的性质就造就了主词项内涵的开放性，这就等于诠释了"君子"这一术语所构建的丰富的思想体系这个一般表达式。

概念或主词是给不出自身的思想或内涵的，是由句子谓项（单一或多项）生成了概念命题表达式，并由此生成主词（概念）思想内涵；那么，按照这一思路，"君子"这个具有中华文化精神认识个性化、专利属性的概念,在译入语文化出现空缺的现象下,就没有必要按照语境进行主观性的随意诠述,用西语中现有的话语替代翻译,完全能够采取音译【君子(S)+述谓(is+p1,p2,p3……)】这一表达式。这样,在不同的语境下,以不同的述谓给出"君子"这一概念的认识构式和体系,使其概念内涵饱和起来,就有了充分的理论和实践的根据了。

上面的命题和论证只是论证了我们为什么可以零翻译"君子"这一儒家核心概念的理论根据。本人真实意图是:零翻译"君子"的文化意义和现实意义还在于其对于中华文化软实力建设的生存竞争意义。我们说,"术语"系统是一种文化和思想体系中最为重要的语言要素和概念与思想出场,而术语是概念的语言指称化的产物和呈现。概念系统是在"历时性""共时性"的语言与文化基础之上建立起来的,因而具有文化个性和品格、精神构式样态差异性。

从本体论和知识工具论的维度看,概念(concept)同时是"心智的结构",是"思维的单元",是反映某个文化群体特有精神属性、思维方式和范畴规定,而术语则是这种特有精神属性、思维方式和范畴规定的知识本体(ontology)。在一般意义上讲,"术语"宏观上讲是某一文化的精神构式的语言呈现,微观上审视则是一个学派、一个思想体系或一个专业领域的概念指称系统与知识本体。因此,术语不仅是思想或知识的重要载体,而且还体现了概念系统中概念之间的逻辑关系(logical relation),即知识本体关系(ontological relation)。术语概念是某一种思想体系的思维的内核,是人们从大多数客体身上观察而提炼出的认识本体和载体。因此,概念是思想的要素、知识的本体和语言的指称。

更应值得关注的是:术语话语表征上具有"单参照性"这一特点。"词语的陈述方式直接结晶出具有独特意蕴的哲学概念。"(钱冠连,2015:13)一种文化或一种思想体系的核心术语就是该文化或思想体系的本体与构式,术语、思维与概念、与精神构式具有同构性,并且它们具有区别于它者的个性身份;因此,人们发现,原来认为"语言是不能标准化的"的说法,对于术语话语表征方式来说是缺乏解释力的,术语话语表征是可以而且应该标准化,否则人们的思维就会混乱,文化身份精神构式就会丧失,学派标识和体系就会消解。

从翻译本体论和文化翻译观审视,成功地把一种富有个性的异质文化和精神体系做到真正输出和引进,只有在遵循译入语的诗学范式前提下,首先应创造性地构建与译出语语言范式相适应的术语体系。任何能够立于世界文化之林的悠久成熟文化和知性体系必定具有个性化的术语体系。同样,成功输出或引进异质文化知性体系必定做到了输出或引进异质文化的术语体系,从而构建和承载具有异质化的思想体系、精神构式和价值体系,这是被历史事实证明了的(佛经翻译,西方现当代自然和人文学科的引进就是最好的例子,限于篇幅,不再展开)。

一种文化或思想体系的核心术语概念,其内涵与话语指称是个性化、专利性、排他性的单维参照,尤其像我中华文化精神体系更是如此。其中的核心概念和术语指称在西方文化中是空缺的,没有对应的概念和现成的语料,更不要说有对等的概念了。

按照核心术语是单参照性的,以及思维、概念与指称具有同构的命题与认识,可以推导出在西语中没有等同或者相似的话语语料等待我们去选择套用。

因此,术语和概念具有区别于它者的身份化标识(文化身份和学派身份的标识)。正如前文所述,在一个概念系统中,概念之间还存在着统摄关系、因果关系、工具关系、继承关系等等,而逻辑关系和知识本体关系是最主要的关系。因此,倘若儒家的"仁""义""君子"、道家的"道""有""无"等核心概念术语,在外译中这些术语指称形态呈现多元化(variant),这不但违反了"单参照性"的原则,而且其将原本整体性的概念思想本体就会出现肢解碎片化,而术语概念指称多元化必然会导致文化精神内核和知性体系的解构和混乱。更为严重的是,将原本单一整体的概念术语以多元化西语指称将活生生地把我先哲把握世界的范畴切割、肢解、变异而纳入西人的问题框架内,从而从根本上放弃了我中华文化精神样态、知识本体和构式体系,还奢谈什么忠实于原文?

因此,毋庸置疑,按照术语标准化要求和文化平等交流的理论识度,在表示中华文化核心概念的翻译中,同一术语,按西方文化问题框架范畴化,并应用西语中现有的语料多元表述,必然会造成文化身份的丧失,精神构式的肢解和思想体系的混乱。跨文化跨语际翻译所司之职责应该是异质出场,而非异质同构。由此可见,在中华精神文化经典翻译中,那些属于中华文化精神知性体系的标识性、专利性的核心概念术语必须、也有充分的理论根据实现单一性音译或零翻译,以期构建我中华文化思维范式、智慧体系和身份,为世界文化发展和解决人类一般性问题,作出东方人应有的贡献。

其实钱先生有关"'马'语符本身给不出'马'概念内涵"的命题已为我们在外译中华文化智慧体系核心术语、构建我们富有专利性的术语体系提供了认识论和方法论:即一个概念(主项)既可有一位谓项给予,也可由多项谓项给出。谓项针对主词概念展开,概念的真实内涵由谓项揭示,谓项使概念(主项)出场:【S(X)+is+(1-n)Y(p1,p2p3…)】的表达式。

按照这一话语表征构式,下文中"君子"的主词内涵意义可以以:【X(S)is+(1-n)Y(P1P2P3……)】表达式给出主项词的概念,即概念通过谓项(如"君子"必须有N项谓项,【S(X)+is(1-n)p1,p2p3(Y)…】)来喂饱或饱和起来这一命题。

按照这一理路,我们可以将如下不同译本中的主词"君子"各种不同的表达式统一替代为"Junzi",其表达式皆具有命题的真值意义。如是,不但可以给他者文化读者送去我们的术语和话语表征样式,而且可以使他者文化读者认识到我先贤把握和认识人自身的生命意义和整体精神构式与样态,从而使他们的思想认识得到一次新的洗礼。

例如:

君子素其位而行,不愿乎其外。素富贵,行乎富贵;素贫贱,行乎贫贱;素夷狄,行乎夷狄;素患难,行乎患难。君子无入而不自得焉。在上位,不陵下;在下位,不援上;正己而不求于人则无怨。上不怨天,下不尤人。故君子居易以俟命,小人行险以徼幸。子曰,"射有似乎君子。失诸正鹄,反求诸其身。"(《中庸》)

理雅各:Junzi(原译 The superior man) does what is proper to the station in which he is; he does not desire to go beyond this. In a position of wealth and honor, he does what is proper to a position of wealth and honor. In a poor and low position, he does what is proper to a poor and low position. Situated among barbarous tribes, he does what is proper to a situation among barbarous tribes. In a position of sorrow and difficulty, he does what is proper to a position of sorrow and difficulty. Junzi(原译 the superior man) can find himself in no situation in which he is not himself. In a high situation, he does not treat with contempt his inferiors. In a low situation, he does not court the favor of his superiors. He rectifies himself, and seeks for nothing from others, so that he has no dissatisfactions. He does not murmur against Heaven, nor grumble against men. Thus it is that Junzi(原译 the superior man) is quiet and calm, waiting for the appointments of Heaven, while the mean man walks in dangerous paths, looking for lucky occurrences. The Master said, "In archery we have something like the way of Junzi(原译 the superior man). When the archer misses the center of the target, he turns round and seeks for the cause of his failure in himself." (Legge, 1992:11 – 12)

子曰:"君子不重则不威,学则不固,主忠信,无友不如己者,过则勿惮改。"(《论语·学而》)

理雅各:The Master said, "If Junzi(原译 the scholar) be not grave, he will not call forth any veneration, and his learning will not be solid. Hold faithfulness and sincerity as first principles. Have no friends not equal to yourself. When you have faults, do not fear to abandon them." (Legge, 1992:3)

D. C. Lau: The Master said, "Junzi(原译 A gentleman) who lacks gravity does not inspire awe. Junzi(原译 A gentleman) who studies is unlikely to be inflexible. Make it your guiding principle to do your best for others and to be trustworthy in what you say. Do not accept as friend anyone who is not as good as you. When you make a mistake, do not be afraid of mending you ways." (Lau, 1979: 5)

子贡问君子。子曰:"先行其言而后从之。"(《论语·为政》)

Gu Hongming: A disciple enquired what constituted Junzi(原译 a wise and good man). Confucius answered, "Junzi(原译 a wise and good man) is one who acts before he speaks, and afterwards speaks according to his actions."(黄兴涛,1996:356)

子曰:"君子不器。"(《论语·为政》)

James Legge: The Master said, "Junzi(原译 The accomplished scholar) is not a utensil."(Legge,1992:10)

Gu Hongming: Confucius remarked, "Junzi(原译 A wise man) will not make himself into a mere machine fit only to do one kind of work."(黄兴涛,1996:356)

Arthur Waley: The Master said, "Junzi(原译 A gentleman) is not an implement."(杨伯俊,1999:15)

D. C. Lau: The Master said, "Junzi(原译 A gentleman) is no vessel."(Lau,1979:13)

子曰:"君子有三戒:少之时,血气未定,戒之在色;及其壮也,血气方刚,戒之在斗;及其老也,血气既衰,戒之在得。"(《论语·季氏》)

Gu Hongming: Confucius remarked, "There are three things which Junzi(原译 a man) should beware of in the three stages of his life. In youth, when the constitution of his body is not yet formed, he should beware of lust. In manhood, when his physical powers are in full vigor, he should beware of strife. In old age, when the physical powers are in decay, he should beware of greed."(黄兴涛,1996:475)

曾子有疾,孟敬子问之。曾子言曰:"鸟之将死,其鸣也哀;人之将死,其言也善。君子所贵乎道者三:动容貌,斯远暴慢矣;正颜色,斯近信矣;出辞气,斯远鄙倍矣。笾豆之事,则有司存。"(《论语·泰伯》)

James Legge: The philosopher Tsang being ill, Meng Chang went to ask how he was. Tsang said to him, "When a bird is about to die, its notes are mournful; when a man is about to die, his words are good. There are three principles of conduct which Junzi(原译 the man of high rank) should consider specially important: that in his deportment and manner he keep from violence and heedlessness; that in regulating his countenance he keep near to sincerity; and that in his words and tones he keep far from lowness and impropriety. As to such matters as attending to the sacrificial vessels, there are the proper officers for them."(Legge,1992:58)

Gu Hongming: On the same occasion as mentioned above, when a young noble of the Court came to see him, the disciple said to him, "When the bird is dying, its song is sad; when a man is dying, his words are true.""Now Junzi(原译 a gentleman)in his education should consider three things as essential. In his manners, he aspires to be free from excitement and ..."(黄兴涛,1996:400)

D. C. Lau:Tseng Tzu was seriously ill. When Meng Ching Tzu visited him, this was what Tseng Tzu said,"Sad is the cry of a dying bird; Good are the words of a dying man. There are three things which Junzi(原译 the gentleman)values most in the Way: to stay clear of violence by putting on a serious countenance ..."(Lau,1979:69)

子曰:"君子无所争,必也射乎!揖让而升,下而饮,其争也君子。"(《论语·八佾》)

James Legge:The Master said,"Junzi(原译 The student of virtue)has no contentions. If it be said he cannot avoid them, shall this be in archery? But he bows complaisantly to his competitors; thus he ascends the hall, descends, and exacts the forfeit of drinking. In his contention, he is still the Chun-tsze."(Legge,1992:16)

Gu Hongming:Confucius remarked,"Junzi(原译 A gentleman)never competes in anything he does, except perhaps in archery. But even then, when he wins he courteously makes his bow before he advances to take his place among the winners; and, when he has lost he walks down and drinks his cup of forfeit. Thus, even in this case of competition, he shows himself to be Junzi(原译 a gentleman)."(黄兴涛,1996:361-362)

Arthur Waley:The Master said,"Junzi(原译 Gentlemen)never compete. You will say that in archery they do so. But even then they bow and make way for one another when they are going to the archery-ground, when they are coming down and at subsequent drinking-bout. Thus even when competing, they still remain gentlemen."(杨伯俊,1999:23)

D. C. Lau:The Master said,"There is no contention between Junzi(原译 gentlemen). The nearest to it is, perhaps, archery. In archery they bow and make way for one another as they go up and on coming down they drink together. Even the way they contend is Junzi alike(原译 gentlemanly)."(Lau,1979:21)

子曰:"质胜文则野,文胜质则史。文质彬彬,然后君子。"(《论语·雍也》)

辜鸿铭:Confucius remarked,"When the natural qualities of men get the better of the results of education, they are rude men. When the results of education get the better of their natural qualities, they become literati. It is only when the natural qualities and the results of education are properly blended, that we have the truly Junzi(原译 wise and good man)."(黄兴涛,1996:385)

理雅各：The Master said,"Where the solid qualities are in excess of accomplishments, we have rusticity; where the accomplishments are in excess of the solid qualities, we have the manners of a clerk. When the accomplishments and solid qualities are equally blended, we then have Junzi(原译 the man of virtue)."(Legge,1992:42)

孟子曰："君子有三乐，而王天下不与存焉。父母俱存，兄弟无故，一乐也；仰不愧于天，俯不怍于人，二乐也；得天下英才而教育之，三乐也。君子有三乐，而王天下不与存焉。"(《孟子·尽心上》)

Mencius said, "Junzi(原译 A man of lofty character) has three types of happiness, and he would prefer these to reigning over the world. Parents and brothers being all alive and healthy is the first type of happiness. Neither being ashamed under the heaven nor abashed in front of other people is the second type. Being able to educate the outstanding figures from around the world is the third type. With the three types of happiness, Junzi(原译 a noble person) would rather not become a king."(*iask.sina.com.cn/b/7802327.html*)

子曰："君子而不仁者有矣夫，未有小人而仁者也。"(《论语·宪问》)

Roger T. Ames：The Master said, "There have been occasions on which Junzi(原译 an exemplary person) fails to act in an authoritative manner(ren 仁), but there has never been an instance of a petty person being able to act authoritatively."(Ames & Rosement,1998:172)

可以说上面所采取的单一性术语翻译实现了我中华文化整体性把握世界的问题范畴和认识构式与样态，构建了"君子"术语的问题框架、概念范畴和知性体系。

七 结 论

本文就中华典籍外译有关中国特色话语体系建构以及核心术语的语言表征和处理的乱象现象作了一些思考，认为构建我专利性术语体系是彰显我文化魅力、认同感和追随度、提升中华文化软实力的有效途径，并基于语言本体论和语言哲学的义理维度给出了我典籍外译语言实践的"零翻译"认识论和方法论。笔者认为,只要我们承认语言是一个民族的精神家园和栖息地,民族的语言就是民族的精神的命题与立论,只要我们认同言与思具有同构性这一认识,只要我们接受"术语"系统是一种文化和思想体系中最为重要的语言要素和概念出场,承认概念(concept)是"心智的结构",是"思维的单元",是反映客体(object)特有属性的思维方式和范畴规定,只要我们承认"术语"是一个学派、一个思想体系或一个专业领域的概念指称系统,以及术语话语表征上具有"单参照性"的这一根本特点,"'马'语符本身给不出'马'概念内涵"的命题和论证方式为我们在外译中华文化智慧体系核心术语、构建我们富有专利性的术语体系提供了认识论和方法论,我们就有充分的理由对我文化经典中的核心术语体系践行"零翻译",而事实上这种翻译认识论和方法论亦是被佛经翻译和西学东渐的历史和史实所证明了的。所以,我们的答案是:既然一个概念(尤其术语概念)本身给不出自身内涵意义,而是由一项或多谓项共同来给出和饱和起来的,我们就可以得出如下结论:中华精神文化经典中表示东方智慧样态和自我身份的核心术语可以单一式音译(如"君子"译为"Junzi"),而其内涵意义由不同的述谓给出。这样,"君子"等中华文化精神身份核心术语体系就可以得以构建,其内涵意义就可免于或被肢解而呈碎片化、或被削足适履纳入西学的问题框架和认识范畴内。

参考文献

[1] Bassnett, S. (ed.), 1998. *Post-colonial Translation: Theory and Practice*[M]. London, UK: Routledge.

[2] Frege, G. 1960. On concept and object[A]. In P. Geach & M. Black (eds.), *Translations from Philosophical Writings of Gottlob Frege*[C]. Oxford: Basil Blackwell Oxford, 168–180.

[3] Lau, D. C. 1979. *The Analects*[M]. Harmondsworth: Penguin Books Ltd.

[4] Legge, J. *Confucian Analects*. Retrieved from https://manybooks.net/.

[5] Jean le Rond d'Alembert. 2004. Observations sur l'art de traduire ("Remarks on the Art of Translating"). In A. Lefevere (ed.), *Translation/History/Culture: A Sourcebook*[C]. Shanghai: Shanghai Foreign Language Education Press.

[6] Ames, R. T. & H. Rosemont, 1998. *The Analects of Confucius: A Philosophical Translation*[M]. New York: The Random House Publishing Group.

[7] Quine, W. V. O. 1960. *Word and Object*[M]. Massachusetts: MIT Press.

[8] Blackburn, S. 1994. *Oxford Dictionary of Philosophy*[M]. Oxford & New York: Oxford University Press.

[9] Tanesini, A. 2007. *Philosophy of Language A-Z*[M]. Edinburgh: Edinburgh University Press.

[10] 策勒尔(德),1996. 古希腊哲学史纲[M]. 济南:山东人民出版社.

[11] 龚雪梅,2006.音译用字的文字学考察[J].福建师范大学学报(哲学社会科学版),(4):108-112.
[12] 辜鸿铭.论语英译. http://www.shke.info.
[13] 胡清平,2001.音意兼译——外来语中译之首选[J].中国翻译,(06):28-31.
[14] 黄德新,1996.音译法的使用与误区[J].山东外语教学,(2):39-41,46.
[15] 黄兴涛,1996.辜鸿铭文集[M].海口:海南出版社.
[16] 况新华,2002.音译的原则[J].江西社会科学,(11):89-90.
[17] 利科,2004.活的隐喻(汪堂家译)[M].上海:译文出版社.
[18] 理雅各(英译),1992.四书[M].长沙:湖南出版社.
[19] 理雅各(英译),1992.Book of Changes(周易)[M].长沙:湖南出版社.
[20] 林宝煊,1998.谈"名从主人"与"约定俗成"[J].外语学刊,(4):78-78.
[21] 刘超先,1993.音韵的缘起[J].外语教学与研究,(4):45-48.
[22] 刘殿爵、杨伯峻,2011.论语(中英文对照)[M].北京:中华书局.
[23] 钱冠连,2015."马"给不出的马概念——谓项与述谓的哲学含义[J].外语学刊,(5):1-4.
[24] 钱冠连,2015.后语言哲学之路[M].上海:上海外语教育出版社.
[25] 覃成强,石春让,2011.术语的音译法及其创新[J].中国科技术语,(5):40-42.
[26] 韦利,杨伯峻,1999.大中华文库:论语[C].湖南:湖南人民出版社,北京:外文出版社.
[27] 项东,王蒙,2013.中国传统文化文本英译的音译规范刍议[J].中国翻译,(04):104-109.
[28] 熊欣,2014.音译理论及音译产生的背景[J].中国科技翻译,(1):39-41,27.
[29] 余英时,2004.朱熹的历史世界——宋代士大夫政治文化的研究[M].北京:生活·读书·新知三联书店.
[30] 岳峰,2000.略论音译与中国传统文化[J].福州大学学报:哲学社会科学版,(1):54-57.
[31] 赵彦春,吴浩浩,2017.音译的尴尬——《庄子》英译中专有名词的处理及译学思考[J].外语学刊,(6):100-106.

文学研究

"体验痛苦的现实"
——论《钟》中的拯救思想*

南京农业大学　段道余[**]

摘　要：通过刻画诉诸宗教与直面痛苦两种拯救方式，小说《钟》揭示了"后基督"时代的个体已然无法诉诸传统的基督教信仰寻求拯救，而只有体验痛苦的现实，个体才能摆脱无序的存在。《钟》呈现的拯救思想演绎了默多克对战后陷入困境的个体应如何实现拯救的哲学思考。在默多克看来，陷入困境的个体不应逃离痛苦的现实，转向自身之外寻求拯救。相反，个体应接近和体验痛苦的现实，并通过公正地关注自身及其与现实世界的关系实现拯救。

关键词：艾丽丝·默多克;《钟》;拯救;现实

Title: "Experiencing Painful Reality": The Idea of Salvation in *The Bell*

Abstract: By depicting characters' attempt to seek salvation through religion and facing painful reality respectively, *The Bell* reveals that the individuals of post-Christian society can no longer achieve salvation by resorting to traditional Christianity. On the contrary, their salvation lies in facing and experiencing the painful reality. The idea of salvation represented by *The Bell* echoes Murdoch's thinking over salvation in her philosophical writings. For Murdoch, the individuals

---

*　本文系江苏省社科基金项目"艾丽丝·默多克小说中的拯救思想研究"（编号：18WWC003）和南京农业大学育才项目"艾丽丝·默多克的'灵性'思想研究"（编号：SKYC2019020）阶段性成果。

**　作者简介：段道余，南京农业大学外国语学院讲师，研究方向：英美文学。联系方式：duandaoyu@njau.edu.cn。

whose being encounters predicament should not escape from painful reality and turn to seek salvation by transcending the world where they live. Rather, they should approach and experience the painful reality and try to seek salvation by giving a just attention to themselves and their relationship with the reality outside themselves.

Key Words: Iris Murdoch; *The Bell*; salvation; reality

一 引 言

作为英国战后著名的小说家和哲学家,艾丽丝·默多克(Iris Murdoch,1919—1999)的创作植根于战后英国的历史语境。通过哲学思索和小说创作,默多克不仅呈现了个体在战后英国社会遭遇的诸种困境,而且试图为个体寻求摆脱困境的方式。

从创作背景来看,默多克的创作与英国20世纪50年代的社会现实密切相关。对英国而言,20世纪后半叶是一个"神话祛魅的时代"(Ramanathan,2007:36)。受时代思潮的影响,英国社会的"世界观包括宗教在内都经历了系统的祛魅"(Conradi,1994:337)。那些曾帮助个体维系生活的"神圣谎言"譬如宗教信仰由此变得颇有争议。在此期间走上创作的默多克对此深有体会。在她看来,"我们生活在一个科学和反形而上学的年代,宗教的信条、意象和戒律已经丧失了它们的力量"(引自岳国法,2008:46)。鉴于此,个体显然无法再诉诸宗教寻求生活的支撑。面对宗教的式微,个体应如何更好地生活?可以说,不论在哲学还是小说创作中,默多克都致力于回答这一问题,希冀为个体在"后基督"时代探索一条现实可行的路径,帮助个体更好地生活。

在哲学著作中,默多克试图为战后个体探索一条有别于当代哲学的道德提升路径。随着宗教的式微,当代哲学尤其是存在主义哲学似乎可以接替宗教曾经扮演的角色,指引个体的生活。然而,在默多克看来,当代哲学尤其是存在主义哲学弊病重重,无力弥补宗教式微遗留的空缺:一方面,以存在主义为代表的当代哲学思想过于抽象,难以被普通的个体触及和理解;另一方面,当前的哲学思想过于乐观和浪漫,无法真正解决个体面临的困境(Murdoch,2001:52)。为此,默多克以"善"为中心发展了自己的道德哲学,力图构建一套可供每一位普通个体应对困境,并且"更加现实且不太浪漫的"(Murdoch,2001:70)哲学思想。

在小说中,默多克则通过书写和反思陷入困境的个体寻求拯救的诸种路径,暗示了可能的拯救方式。纵观默多克的全部小说,拯救一直是她的小说呈现的一个重要主题。从她的第一部小说《网下》(*Under the Net*,1954)到她的封笔之作《杰克逊的困境》

(Jackson's Dilemma,1995),默多克一直都在思索陷入困境的战后个体在"后基督"时代应如何摆脱困境。在默多克的众多小说中,《钟》(The Bell,1958)是一部不容忽视的佳作。在评论家看来,《钟》不仅是默多克"最重要的早期小说"(Heusel,2001:111),而且也是她"最好的一部小说"(Martin and Rowe,2010:39)。对此,有学者指出,《钟》的出版让默多克跃居20世纪最重要的英语小说家行列(Dipple,1982:242)。由于《钟》在默多克的小说创作中占有重要一席,它一直是学界关注的焦点之一,备受学界青睐。作为默多克早期最重要的小说,《钟》自然不乏默多克对拯救的思考。然而,在以往的研究中,学界大多聚焦《钟》呈现的道德哲学和宗教思想,关注它的结构、叙事以及它对小说本质的思考(Leeson,2010:86),并未对其中蕴含的拯救思想展开充分的讨论。

恰如默多克的三部前期小说《网下》《逃离巫师》(The Flight from the Enchanter,1956)《沙堡》(The Sandcastle,1957),小说《钟》旨在探讨遭遇困境的个体应如何实现拯救。不过,与默多克的前三部小说不同,《钟》不仅聚焦个体在世俗世界中寻求拯救的历程,而且首次引入了宗教议题并探讨了陷入困境的个体诉诸宗教寻求拯救的历程。

鉴于此,本文将聚焦《钟》呈现的两种寻求拯救的路径,探讨小说传达的拯救思想及其蕴含的拯救哲思。在《钟》中,两条拯救路径的迥异宿命表明宗教已然无法为陷入困境的个体提供拯救,而只有体验痛苦的现实,个体才能真正摆脱无序的存在。《钟》传达的拯救思想呼应了默多克在哲学著作中对陷入困境的个体应如何实现拯救的哲学思考。在默多克看来,陷入困境的个体不应逃离痛苦的现实,转向自身之外寻求拯救。相反,个体应投身和体验痛苦的现实,并通过公正地看待自身及其与现实世界的关系实现拯救。

二 诉诸宗教以求拯救

在默多克的小说中,小说人物的生活往往因各种偶然事件陷入困境。人物原本稳定的日常生活由此陷入混乱无序的状态。为了复归有序的存在,默多克笔下的一部分人物选择逃离混乱无序的世俗生活,投身传统的基督教信仰,希冀借助宗教的力量寻求拯救。然而,人物诉诸的宗教却未能化解他们遭遇的困境。在一番无果的追寻之后,默多克的小说人物最终摒弃了传统的宗教信仰。对此,有评论者指出,尽管默多克塑造的一些人物起初"常常在传统宗教信仰的框架内寻找一个位置来展开他们的道德追求",但是"他们却无法在那里获得持久的满足,内外的环境都迫使他们进入一种独特和异常的宗教体验"(何伟文,2012:65)。在《钟》中,迈克尔(Michael)逃离世俗的普通生活、诉诸传统的基督教信仰寻求拯救的历程便是如此。

在《钟》中,如同默多克笔下的大多数人物,迈克尔的生活也因偶然事件陷入了混乱无序。作为一名教师,迈克尔一直梦想成为一名牧师。在他看来,投身宗教是他的宿命。然而,他与学生尼克(Nick)的不正当关系却破坏了一切。由于他自身的同性恋倾向,迈克尔爱上并引诱了学生尼克。出于恐惧,年少的尼克向校长揭发了迈克尔。由于这桩丑闻,迈克尔失去了教职,并因此与牧师一职无缘。对迈克尔而言,尼克的告发无疑搅乱了他的生活,打碎了他原有的生活秩序。随着原本有序的生活陷入了混乱,迈克尔自身的存在也被巨大的痛苦吞噬,备受煎熬。

作为小说家和哲学家,默多克不仅在小说中探讨了个体在战后社会遭遇的危机,而且也在哲学著作中对个体遭遇的困境做了思考。在她看来,个体遭遇的困境可以用"空"(void)来呈现。默多克所说的"空"借自法国哲学家薇依(Simone Weil)。在薇依的哲学著作中,"空"昭示了个体的存在遭遇的损失和剥夺(Weil, 2002: 20)。它表现为"一种扯裂"(a tearing out)和"令人绝望的某物"(Weil, 2002: 11)。面对个体遭遇的"空",薇依认为个体应接受"空"而非陷入"空"引发的"仇恨、坏心思、痛苦和恶意"中(Weil, 2002: 16)。在哲学著作中,默多克对"空"的思考承袭和发展了薇依的思想。在她看来,"空"是经验的区域,它不仅充满了痛苦和邪恶,而且在个体的存在中引发了荒芜的情景(Murdoch, 1993: 498)。具体而言,它不仅使个体产生空虚感,令其丧失个性、能量和动机,感到被剥离,而且也使世界变得了无生趣(Murdoch, 1993: 500)。在《钟》中,迈克尔的处境契合了默多克所说的"空"。随着原有的生活失去了秩序,迈克尔的存在无疑陷入了被剥夺和扯裂的状态。恰如默多克对"空"的论述,迈克尔的存在遭遇的扯裂在他的生活中引发了荒芜。面对无缘成为牧师的宿命,迈克尔开始任由自我沉沦,不再追寻宗教信仰。

不过,随着"空"在迈克尔的生活中引发的痛苦逐渐释怀,迈克尔开始再次追寻"他在生活中的正确位置和上帝赋予他的任务"(Murdoch, 1958: 108)。在修道院的帮助下,迈克尔在修道院旁的官邸组建了英伯教廷(Imber Court),展开了他梦寐以求的宗教生活。在教廷内,迈克尔试图诉诸基督教信仰来改变自身混乱无序的生活,并进而改善他与尼克的关系。

然而,诉诸宗教的迈克尔不仅未能拯救自身,而且也未能挽救尼克。在教廷内,迈克尔再次陷入了性丑闻,而尼克也因此自杀身亡。对迈克尔而言,尼克的死击碎了他试图"塑造的秩序"(Swinden, 1973: 245),使他认识到他长久以来对宗教的臆想,进而更好地理解了自己(Masong, 2008: 22)。在尼克死后,迈克尔"感到他对上帝的信仰好像在一击之下崩溃了"(Murdoch, 1958: 308)。他意识到宗教对他而言是遥不可及之物,而他以往不过是"生活在自己的浪漫想象中"(Murdoch, 1958: 308)。随后,迈克尔摒弃了宗教信仰,从半封闭的英伯教廷回到了世俗的日常生活之中。对此,有评论者指出,迈克尔的存在使《钟》的主题颇具反讽色彩(Conradi, 1986: 119)。的确,迈克尔转向宗教寻求拯救的初衷与其随后的遭遇构成了一种反讽。

在薇依的哲学中,"空"对个体的影响构成了个体的"受难"(suffering)。在默多克看来,"受难"对于受难者而言并不具有净化功能,因为受难者"看到的并非是痛苦而是想象性慰藉"(Murdoch,1993:159)。"想象性慰藉"(imaginary consolation)指个体倾向逃离与浪漫化"空"及其引发的痛苦。在默多克看来,个体"寻求慰藉的一个方面"是个体对形式感的寻求(Murdoch,1997:295)。在《钟》中,遭遇"空"的迈克尔再次转向宗教实际上是在寻求"想象性慰藉"。恰如学者所言,迈克尔对宗教的追寻实则是"一种臆想的精神生活"(Byatt,1994:93)。在默多克看来,人对慰藉的追寻"对我们的现实感构成了威胁"(Murdoch,1997:295),因为它遮蔽了我们对现实的认知,使我们看不清自身之外的世界。在《钟》中,迈克尔转向宗教寻求形式感的尝试也遮蔽了他对现实的认知。这不仅使他诉诸宗教以求拯救的历程最终沦为笑柄,而且也引发了一出悲剧(Byatt,1994:93)。

迈克尔转向宗教寻求拯救的历程呈现了《钟》对"后基督"时代陷入困境的个体转向宗教寻求拯救的反思。从起初的执着到后来的顿悟与摒弃,迈克尔对宗教的认知转变无疑宣告了个体诉诸宗教寻求拯救的方案行不通。恰如评论者所言,《钟》质疑了宗教在个体寻求拯救的历程中发挥的"精神意义"(Leeson,2010:98),揭示了宗教代表的传统拯救方案存在不足(Sinfield,1983:94)。

三 直面现实以求拯救

从小说创作来看,默多克在创作中比较钟情"双重性"(doubleness)。细读她的小说,不难发现其中有着丰富的双重元素。其中,默多克塑造的小说人物尤其如此。对此,迪普尔(Elizabeth Dipple)曾指出,默多克的作品往往存在两种相互对立的人物形象:"投身神圣性的人与完全委身世俗的人"(Dipple,1982:243)。在《钟》中,诉诸宗教的迈克尔与直面现实的多拉便构成一组相互对立的人物形象。如果说小说人物迈克尔代表了投身神圣性的人,那么《钟》中的多拉(Dora)则展现了委身世俗生活的人物形象。如同迈克尔等人,多拉也在生活中陷入了困境,并试图寻求拯救。尽管两者都面临同样的困境,两者的应对方式却截然不同,形成鲜明的对比。与迈克尔逃离痛苦的现实,转向宗教寻求拯救不同,《钟》中的多拉选择了直面痛苦的现实,并由此走上了不同的命运归宿。两者之间的对立揭示了小说《钟》对迈克尔和多拉分别代表的拯救方式的思索。

在教廷中,陷入困境的多拉起初也曾像迈克尔一般,试图逃离痛苦的现实。由于她和丈夫保罗(Paul)在思想和生活方式上存在巨大的差异,多拉的婚姻生活充满痛苦。对她而言,尽管她在学生时代学到的"让我们面对它"的表达仍然不断地挂在嘴边,但是她却无法面对保罗和他的朋友带来的痛苦。对她而言,她唯一能做的事情就是逃跑。对此,拜厄特(A. S. Byatt)就曾指出,"犹如《逃离巫师》中那些人物",逃跑是多拉应对困境的主要法宝(Byatt,1994:87)。尽管在第一次逃离丈夫后,多拉"感到了巨大的放松","但是她很快就发现她没有其他可以逃进去的生活"(Murdoch,1958:12)。她于是再次回到保罗身边,并因为保罗的缘故进入了英伯教廷。不过,多拉与保罗的矛盾以及教廷奉行的苦行使她再次逃跑。多拉的数次逃离表明,面对困境她选择逃避痛苦的现实。

不过,与其他逃避痛苦的人物不同,多拉最终摒弃了逃离,转而直面痛苦的现实,并获得了成长。在逃向伦敦后,多拉原本打算投身情人的怀抱寻求慰藉。然而,英伯教廷的来电却使她不得不离开伦敦。随后,她去了一趟伦敦的国家艺术馆。在欣赏艺术作品的过程中,多拉获得了顿悟。她意识到"逃跑是无意义的"(Murdoch,1958:302)。"既然在某个地方存在善的事物,那么就有可以解决她面临的问题的方法"(Byatt,1994:91)。她于是返回教廷,决心直面她与保罗之间的纠葛。

从《钟》的结尾来看,返回教廷的多拉最终获得了拯救。当英伯教廷瓦解后,其中的"信徒"先后离去。当迈克尔也乘火车前往伦敦看望接受精神治疗的凯瑟琳(Catherine)后,多拉成为英伯教廷中的最后一员。随后,她划着船,荡漾在英伯教廷内部的湖面上。当她的目光转向不远处的教廷时,她的思绪一下子铺陈开来。她知道教廷"很快将会在围场之内,将不会有人再看到它",而"这片绿色的芦苇、这块青草蔓生的水域、这些柱子和圆顶投下的平静倒影将会永远消失"(Murdoch,1958:315)。与此同时,她也知道,"当她离开它后,教廷将不复存在"(Murdoch,1958:315-316)。不过,她也知道,在这一刻,并且是教廷的最后时刻,教廷"属于她"(Murdoch,1958:316)。从小说对多拉的刻画来看,多拉泛舟湖上一幕颇具象征意义。它象征着多拉的转变。如果说英伯教廷先前构成了引发多拉痛苦的源头,那么多拉最终的"回归"则表明她已不再逃避痛苦的现实。恰如评论者所言,"当多拉在英伯教廷的湖中划船时",她实际上最终与这个地方和解,不再排斥和逃避它(Martin & Rowe,2010:45)。

在英伯教廷解散后,保罗写信给多拉,希望她回到他的身边。然而,多拉却决定离开保罗,打算去朋友萨莉(Sally)那里落脚。不过,与先前不同,多拉此次的出走不再是为了逃避痛苦的现实。相反,她的出走表明她已经获得了成长,并开始筹划自己的生活。恰如学者所言,多拉"已经经受住了磨难"(Murdoch,1958:316),并"愿意走向未来"(Martin & Rowe,2010:45)。

对于《钟》中人物的最终命运,学者看法不一。在康拉迪(Peter Conradi)看来,在《钟》中"大部分小说人物都经受住磨难,实现了自我重生"(Conradi,1986:114)。然而,利森却认为,大部分人物的生活并没有成功地实现转变。他们大多带着困惑离开,并未获得关于自我的内在知识或是认识到他们如何可以改变个人境遇(Leeson,2010:90)。

在他看来,只有多拉"看似对她的'自我'有了理解",并决定去开始一种新的生活(Leeson,2010:90)。

与康拉迪的观点相比,利森的见解更契合《钟》的主旨。从小说的结尾来看,《钟》中那些希冀借助宗教"从世界中隐退,来逃避他们自身和他人的人性弱点"(Murdoch,1958:85)的人物最终带着失望离去,因为他们原本"想要变得神圣"的思想和行为,到头来却不过是一种"戏谑和逃避主义"(Conradi,1986:115)。与之不同的是,直面痛苦的多拉则历经磨难,最终获得了成长。对此,法勒海姆(Marvin Felheim)指出,以迈克尔为首的"宗教群体已经失败,它的成员四散而去,但是没有职业的多拉却找到了自我"(引自 Leeson,2010:95)。

与迈克尔逃离痛苦的现实,诉诸宗教寻求拯救相比,多拉转向了一条更为世俗化的拯救方式。两者由此形成的迥异宿命展现了《钟》对陷入困境的个体在"后基督"时代应如何寻求拯救的思考。它表明诉诸宗教已然无法帮助个体实现拯救。与之相比,直面和体验痛苦的现实则是一种更好和更成功的拯救方式(Conradi,1986:73)。小说《钟》对迈克尔和多拉的拯救历程的刻画演绎了默多克在哲学著作中对陷入困境的个体应如何实现拯救的哲学思想。

四 《钟》与默多克的拯救哲学

作为小说家,默多克的创作与她的哲学思想关联紧密。尽管默多克并不赞成学者将她的小说与其哲学思想联系起来,但是不可否认她的小说的确与她的哲学思想有着千丝万缕的联系。侯维瑞和何伟文就指出,默多克的小说是"她的哲学思想的形象化演绎"(侯维瑞、何伟文,1998:1)。作为默多克最早探讨诉诸宗教与直面痛苦的现实两种拯救方式的小说,《钟》对两者的呈现艺术化地演绎了默多克在哲学著作中对陷入困境的个体应如何实现拯救所做的哲学思考。

作为哲学家,默多克在哲学著作中对"后基督"时代陷入困境的个体应如何实现拯救也多有思考。在她看来,个体不应转向自身之外的宗教和哲学寻求拯救。相反,陷入困境的个体应转向自身生活其中的世界,通过诉诸自身寻求拯救。无论是在早期的哲学著作《善的至高无上》(*The Sovereignty of Good*,1970),还是后期哲学著作《作为道德指南的形而上学》(*Metaphysics as a Guide to Morals*,1993)中,默多克都不赞成遭遇困境的个体转向自身之外寻求拯救。在《善的至高无上》中,默多克指出虽然人类的生活不乏诸多的模式和目的,但是却没有哲学家和神学家向来寻找的那种宽泛的模式和目的。实际上,人类的生活"没有外在点"(Murdoch,2001:77),而人类的生活如果有任何意义或统一性的话,那么它一定见于人类的经验之中(Murdoch,2001:77)。对此,库比特(Don Cupitt)就指出,从默多克为陷入困境的个体提供的拯救方案来看,她或许会部分地认同他所说的"空无彻底的人文主义"(empty radical humanism)立场:尽管人类世界和我们都是空无,但是人类世界是我们所拥有和了解的一切,而"通过投身世界之中,并在其中扮演我们的短暂一幕,我们可以在其中找到一种永恒的快乐"(Cupitt, 2012:16)。

在她的最后一部哲学著作《作为道德指南的形而上学》中,默多克延续了她以往对拯救的哲学思想。在她看来,人们可能会说,走出困境及其引发的痛苦的方式有很多,譬如朋友的支持、受难者自身能力的恢复、到另外一个地方去展开新的生活或是诉诸遗忘(Murdoch 1993:503)。不过,默多克认为以上这些方式都无法真正帮助陷入困境的个体摆脱痛苦。相反,它们反而容易使个体陷入自我中心主义的臆想,从而逃离痛苦的现实或将之浪漫化。在她看来,个体的拯救就在于个体生活其中的痛苦的现实世界之中。一个人只有"融入世界"而非"拒绝世界"才能实现拯救(Rowe, 2002:162)。对默多克而言,融入世界意味着接近和"体验痛苦的现实",并"试着将之与善的事物关联"(Murdoch, 1993:502-503)。在默多克的哲学思想中,所谓接近和体验痛苦的现实并非指个体被动地接受痛苦的现实。相反,它表现为默多克所说的"关注"(attention)行为。默多克的关注思想借自法国哲学家薇依的著作。在她的哲学著作中,默多克对关注做了进一步阐发,并将之发展为其道德哲学思想中的一个重要概念。在默多克的道德哲学中,关注意味着"公正和有爱地凝视个体的现实"(Murdoch, 2001:33)。它并非是个体意志的体现,而是一种"无私的关注行为"(Conradi, 1986:107)。在此意义上,关注痛苦的现实即要求陷入困境的个体应公正、如其所是地看待自身痛苦的现实和自身之外的世界。在默多克看来,只有如此,陷入困境的个体才能摆脱"想象性慰藉",看清自我及其之外的现实,从而获得"一种深层,或是真正,或是恰当的恢复"(Murdoch, 1993:503),实现拯救。

《钟》对诉诸宗教和直面现实两种拯救方式的刻画无疑呼应了默多克在哲学著作中对陷入困境的个体应如何实现拯救的哲学思索。从迈克尔的宿命来看,默多克显然并不赞同陷入困境的个体逃离世界,诉诸自身之外的宗教以求拯救。相反,多拉最终获得成长则表明个体应投身世界之中,并通过直面自身与痛苦的现实世界寻求拯救。换言之,个体的拯救并不见于别处,而是在于个体生活其中的痛苦的现实世界。个体的拯救也并不在于自身之外的超验之物譬如宗教,而是在于个体自身。恰如默多克在她后来的小说《修女与士兵》(*Nuns and Soldiers*, 1980)中借助基督之口所言,"你必须自己完成拯救"(Murdoch, 1980:297)。在此意义上,默多克实则将个体实现拯救的希望"引向感官的世界",从而使个体的拯救成为"一种现世的事物"(Conradi, 1986:48),一种植根于内在性的寻求。对此,奥尔福德(C. Fred Alford)就指出,默多克"是一个严格地停留在日常生活领域的理论家"(Alford, 2002:34)。她"满足于停留在存在的世界之中",

"并不寻求超验",而是旨在"超越自身的局限"(Alford,2002:37)。

尽管在康拉迪看来,在某种意义上默多克是最具他世和世俗色彩的小说家(Conradi,1986:68),但是他也表示,如果说默多克在世俗性和他世性这个古老的争论中表明了任何立场的话,"它可能就如同《词孩》中的阿瑟·费希对局外人希拉里·伯德所说的那样,'精神欲望是疯狂的,除非它被包含在某种普通的生活方式中'"(Conradi,1986:68-69)。换言之,在他世性和世俗性两者之间,默多克更倾向世俗性,主张个体应在普通的世俗生活中追寻精神需求,寻求拯救。

可以说,无论是在她的小说还是哲学著作中,默多克都将个体实现拯救的希望寄托于个体生存其中的普通世界和个体自身,强调关注普通生活构成的世俗世界和个体自身对遭遇困境的个体实现拯救具有重要意义。

五 结 语

从默多克的前后小说创作来看,她在早期小说中探讨的主题在她后来的小说中得到了更加清晰和深入的阐释。《钟》通过刻画诉诸宗教与直面现实两种拯救方式所揭示的拯救思想也不断地出现在默多克后来创作的小说之中。默多克的小说《布鲁诺的梦》(*Bruno's Dream*,1969)《修女与士兵》《绿骑士》(*The Green Knight*,1993)等都呈现了诉诸宗教与直面现实两种相互对立的拯救路径,凸显了个体应在个体生活其中的世俗世界诉诸自身寻求拯救的思想主旨。可以说,《钟》呈现的拯救思想为默多克后来创作的小说对遭遇困境的个体应如何实现拯救的不懈探索定下了思想基调。默多克后来所有的小说都在此基础上对拯救主题做了进一步阐发。与当时盛行的带有乐观和浪漫色彩的哲学思想相比,默多克借助小说《钟》呈现的拯救思想不仅呼应了默多克对陷入困境的个体应如何实现拯救的哲学思考,而且为陷入困境的个体探索了一条更加现实可行的拯救之路。

参考文献

[1] Alford, C. F. 2002. Emmanuel Levinas and Iris Murdoch: Ethics as exit? [J]. *Philosophy and Literature*, 26 (1): 24-42.

[2] Byatt, A. S. 1994. *Degree of Freedom: The Early Novels of Iris Murdoch* [M]. London: Vintage.

[3] Conradi, P. J. 1986. *Iris Murdoch: The Saint and the Artist* [M]. Basingstoke: Macmillan.

[4] Conradi, P. J. 1994. Platonism in Iris Murdoch. In A. Baldwin & S. Hutton(eds.), *Platonism*

and the English Imagination[C]. New York: Cambridge University Press, 330 – 342.

[5] Cupitt, D. 2012. Iris Murdoch: A case of star-friendship. In A. Rowe & A. Horner (eds.), *Iris Murdoch: Texts and Contexts*[C]. Basingstoke: Palgrave Macmillan, 11 – 16.

[6] Dipple, E. 1982. *Iris Murdoch: Work for the Spirit*[M]. Chicago: University of Chicago Press.

[7] Heusel, B. S. 2001. *Iris Murdoch's Paradoxical Novels: Thirty Years of Critical Reception*[M]. New York: Camden House.

[8] Leeson, M. 2010. *Iris Murdoch: Philosophical Novelist*[M]. London: Continuum.

[9] Martin, P. & A. Rowe. 2010. *Iris Murdoch: A Literary Life*[M]. Basingstoke: Palgrave Macmillan.

[10] Masong, K. 2008. Iris Murdoch's The Bell: Tragedy, love, and religion[J]. *Kritike*, 2: 11 – 30.

[11] Murdoch, I. 1958. *The Bell*[M]. London: Chatto & Windus.

[12] Murdoch, I. 1997. *Existentialists and Mystics: Writings on Philosophy and Literature*[M]. P. J. Conradi (ed.). New York: Penguin, 287 – 295.

[13] Murdoch, I. 1993. *Metaphysics as a Guide to Morals*[M]. London: Penguin.

[14] Murdoch, I. 1980. *Nuns and Soldiers*[M]. London: Vintage.

[15] Murdoch, I. 2001. *The Sovereignty of Good*[M]. London: Routledge.

[16] Ramanathan, S. Iris Murdoch's deconstructive theology. In A. Rowe (ed.), *Iris Murdoch: A Reassessment*[C]. London: Palgrave Macmillan, 35 – 44.

[17] Rowe, A. 2002. *The Visual Arts and the Novels of Iris Murdoch*[M]. New York: Mellen.

[18] Sinfield, A. 1983. *Society and Literature: 1945 – 1979*[M]. London: Methuen.

[19] Swinden, P. 1973. *Unofficial Selves: Character in the Novel from Dickens to the Present Day*[M]. London: Macmillan.

[20] Weil, S. 2002. *Gravity and Grace*[M]. (E. Crawford & M. von der Ruhr, trans.). London: Routledge Classics.

[21] 何伟文,2012."基督佛教徒"或者"佛教基督徒"——论默多克小说《海,海》中佛教的价值[J]. 国外文学,(1):64 – 74.

[22] 侯维瑞、何伟文,1998.哲学的文学化演绎:试论艾丽丝·默多克的小说创作[J]. 外国语,(5): 1 – 7.

[23] 岳国法,2008.类型修辞与伦理叙事:艾丽丝·默多克小说研究[M]. 哈尔滨:黑龙江人民出版社.

拥有全部
——悍客文学、辣妈与后女性主义母性身份

南京大学 张 瑛*

摘 要: 起始于20世纪90年代的英美琪客文学于新世纪发展出悍客文学分支,其书写对象也由追求婚姻的单身女性成长为婚姻内的主妇与母亲,两类文学以后女性主义为指导。本文分析金塞拉的《购物狂与宝宝》、皮尔森的《她是如何做到的》,以及菲尔丁的《B.J.:我为君狂》三部英国悍客文学代表作品,论述悍客文学中的"辣妈"女性延续了后女性主义对女性主义的接受、发展与修正,树立新一代母亲身份主体形象,拥抱消费文化,自主理性选择,积极追求幸福,在个人力所能及的范围内拥有全部——财务与消费的自由、工作与居家的权利以及母性与性感的并存。悍客文学描绘新母亲这一特定群组相对理想化的生存状态,提出解决矛盾的途径,是后女性主义试图修正女性主义与社会、经济现实中男女不同权的美好愿景,然而抵抗不平等性别现实的力度依然不够。

关键词: 后女性主义;琪客文学;悍客文学;辣妈

Title: Having It All: Hen Lit, Yummy Mummy and Postfeminist Mother

Abstract: As a branch of chick lit, hen lit centers on wives and mothers in and out of marriage. Guided by postfeminism, the yummy mummies in Kinsella's *Shopaholic and Baby*, Pearson's *I Don't Know How She Does It*, and Fielding's *Mad for the Boy* have accepted, developed and revised feminism in their embrace of consumerism, opt-out choices and pursuit of happiness. They have established their new mom's identity and subjectivity in their "having it all" ideal to go after the

---

* **作者简介:** 张瑛,南京大学外国语学院英语系,副教授,研究方向为莎士比亚戏剧研究,现当代英美女性文学研究,zhangy@nju.edu.cn。

freedom of finance and consumerism, working capacity and domesticity, maternity and sexuality. Hen lit depicts the particular group of new Mom's relatively idealistic life and work status, and it endeavors to offer solutions to the contradiction in between, depicting a picture of revision to the previous waves of feminism and gender inequality in social reality, yet it does not go far enough.

Key Words: postfeminism; chick lit; hen lit; yummy mummy

一 悍客文学:琪客文学的衍生分支

20世纪90年代中后期,英美文学界出现一种新型女性流行文学,作者大多是年轻女性,读者定位亦为年轻女性,作品情节围绕都市年轻女性的生活、婚恋和工作展开。因为英语俗语中通常将年轻女性戏称为"琪客"(chick,意为小鸡雏),此类文学作品故此被称作琪客文学(chick lit)。琪客文学的两部开山作品集——《琪客文学:后女性主义小说》(*Chick Lit: Postfeminist Fiction*)与《琪客文学 2:琪客当自强》(*Chick Lit 2: No Chick Vics*)分别于1995年和1996年出版,此后直至新世纪,英美两国涌现出一批琪客文学作家,她们通常勤奋多产,作品屡屡登上畅销书榜单,其中包括美国作家坎迪斯·布什奈尔(Candice Bushnell)的《欲望都市》(*Sex and the City*,1995)、劳伦·维斯贝格尔(Lauren Weisberger)所著的《穿普拉达的女魔头》(*The Devil Wears Prada*,2003)、英国作家海伦·菲尔丁(Helen Fielding)的《B. J. 单身日记》(*Bridget Jones's Diary*,1996),索菲·金塞拉(Sophie Kinsella)的《购物狂的异想世界》(*The Secret Dreamworld of a Shopaholic*,2000),小说多以大都市为背景,以第一人称为写作视角,以告解的口吻叙事,以女性读者同类人的身份分享倾诉,基调轻松,文笔清新,语言戏谑,在职场、情路和生活中描画都市女性众生相。

琪客文学的女性书写和女性阅读传承了既有的女性成长小说(female Bildungsroman)、风俗小说(the novel of manners)以及罗曼史小说(romance)的些许特质,但同时又显著异于前述的文学类型。琪客文学从兴起初始就被冠以"后女性主义小说"的名号,指明其与此前女性文学的距离。琪客文学主流作品的书写主体大多出生于女性主义第二次浪潮蓬勃发展的年代,写作之时接受了良好的教育,拥有体面的工作,第二次浪潮所追求的目标已成现实,在政治、教育、医疗和就业等方面的平等成了生而享有的权利,相比于她们母辈的人生观,她们更强调个人选择,关注个人经验,注重自我完善,认同女性气质,承认男女相异,摒弃受害者哲学,倾向个人赋权。故此,琪客文学传承了浪潮时期女性主义话语中追求的两性平等、同权、同格,然而并不是一种"推动女性主义政治激进,再现父权文化中的女性抗争,打造坚韧而强大、鼓舞人心的女性形象"的文学形态,相反,它描绘出一群"年轻女性在现代生活中进取前行的现实图景。这代女性成长于60年代女性主义运动之后,进退两难,一方面得益于女性主义推动的教育平权与就职机遇,但依然承受着来自婚恋与家庭内外的压力"(Feriss & Young,2006:9)。

时至新世纪,琪客文学作品保持了此前的势头,每年都有新作者涌现,也有新作品上架,新书出版周期相对较短,除了单独成书外,也常常保持创作的延续性,集结为系列书写,阵容逐步扩展。在系列作品中,随着时间的迁延,前作的女主角大多结婚——"从此过上了幸福的生活"——继而怀孕、生子:书籍封面主打图案中美丽纤细的女性形体变成了大腹便便的怀孕剪影,造型夸张的高跟鞋已被脱下,散落于婴幼儿的奶瓶玩具堆中,手中奢侈品的购物袋也换成了婴儿小推车;同时随着作家自身年龄的增长,她们也更多地将作品主人公设定为新婚初育的女性,讲述婚后生活及为母之道,琪客升级为悍客(hen,意为母鸡),琪客文学由此延伸扩展出悍客文学(hen lit)这一分支。悍客文学的出现一方面与此间众多女性作家出身于报纸杂志的专栏写手不无联系:菲尔丁的 B. J. 系列小说即脱胎于《独立报》和《每日电讯报》的专栏连载;悍客作家爱丽森·皮尔森(Allison Pearson)也同样就职于《每日电讯报》和《每日邮报》,撰稿女性专栏。从二十世纪九十年代到新世纪伊始,职场女性婚姻和育儿的话题在主流媒体的女性专栏中始终占据一席之地,作家深谙职场母亲在平衡事业和家庭上面临的压力、做出的牺牲;同时她们也有自己为人母的经历以及面对育儿和写作难两全的感同身受。菲尔丁在新世纪继续为 B. J. 系列所著的另外两部:《B. J.:我为君狂》(*Bridget Jones:Mad About the Boy*,2013)《B. J. 的宝宝》(*Bridget Jones's Baby*,2016),及皮尔森的《她是如何做到的》(*I Don't Know How She Does It*,2001)皆是悍客文学的佳作。另一方面,悍客文学也源自女性主义与后女性主义在母性身份这一问题上的代际隔阂。作家和悍客文学中的女主人公作为"持有异见的女儿们"(feminism's dissenting daughters)(Siegel,1997:58),虽不完全以对抗的姿态面对她们的母辈——第二次浪潮女性主义者的代言人,她因为追求经济独立、职业成功所导致的家庭教育中母亲主体的缺失——他们转而重新肯定传统女性特质,试图为已经顺利进入职场公共领域却依然在家庭私人领域中肩负育儿责任的新母亲寻找缓解双重负担的方法。悍客文学故此为新母亲真实地表达她们的后女性主义见地提供了空间。

二 打造"辣妈":悍客文学与新母亲文化

新世纪的悍客文学代表作品除上文所述作品,还包括金塞拉在"购物狂"系列小说中新创的《购物狂与宝宝》(Shopaholic and Baby, 2007),维斯贝格尔续写的《穿普拉达的复仇女神:魔头回归》(Revenge Wears Prada: The Devil Returns, 2013),梅兰妮·豪瑟尔(Melanie Lynne Hauser)的《超人妈妈的自白》(Confessions of Super Mom, 2005)以及吉尔·卡格曼(Jill Kargman)的《妈斯拉》(Momzillas, 2007)等。悍客文学作为琪客文学的衍生分支,继承了其写作风格,采用第一人称视角,常以日记、电邮、推特记录作为叙事手段,同时也延续了琪客文学的后女性主义特征。在后女性语境下,琪客文学以单身剩女(the singletons)为主角,讨论她们在工作、情感、女性身份间的互动与关联、追求与困惑。当悍客文学中主角升级为人母,围绕她们的婚姻状态、家庭关系、事业追求,后女性主义在母亲这一特定阶段女性身份上有何体现?本文分析金塞拉的《购物狂与宝宝》、皮尔森的《她是如何做到的》以及菲尔丁的《B.J.:我为君狂》三部英国悍客文学代表作品,讨论悍客文学女主角作为新母亲这一特定群体,通过积极消费、自主选择回归家庭、姐弟恋等后女性主义方式打造"辣妈"形象(yummy mummy),彰显传统主义的女性特质并使其理想化,试图弥补社会及男权文化对母亲身份造成的伤害,重塑母性主体,然其抵抗性别不平等的力度尚显不足。后女性主义在悍客文学中显示出女性主义与反女性主义话语的相互纠结,向其受众暗示着对女性主义的修正和回潮。

  怀孕生子是女性生命中的重要经历,它在生理及心理上引发一系列变化。妊娠期的女性受到性激素的影响,不可避免地会面临体重增加的改变,昔日美丽的身体不再纤瘦,紧实的小腹日渐隆起,"很多孕妇为此焦虑,生怕他人将她们孕期的身体'错当作肥胖'"(Nash, 2012:69)。在心理上,随之而来的也产生了孕育后代的焦虑和压力。怎样才是一个"好母亲"?母亲身份的确立是一个自然的过程,但是好母亲身份会受到社会文化因素的影响和公众话语的左右。20世纪90年代的欧美大众传媒中曾经充斥着"坏母亲"的形象,"类型化的母亲形象随处可见:吃救济的母亲、少女妈妈、没时间照顾孩子的职业女性、吸毒导致胎死腹中的瘾君子……然而对母亲身份的指责远不止这些类型化形象。这些指摘在监护权争夺的纠纷中可见,在政治演讲中可见……在那些内化了'坏'母亲标签的职场女性的负罪感中也能找到。"(Ladd-Taylor & Umansky, 1998:3)后女性主义者同第二浪潮女性主义者一样,认为女性进入家庭生活并选择生儿育女是个人选择的结果,然而后女性主义创造出"辣妈"这一新生代名词,指向并建构"好母亲"身份。根据丽兹·弗雷泽(Liz Frazer)在《辣妈生存指南》(The Yummy Mummy Survival Guide)中的定义,辣妈是"最终极形态的现代女性,与传统的、缺乏魅力的母亲形象不可相提并论"(Frazer, 2006:xvii)。深入分析显示,辣妈的定义拥有表层和内在两重含义,从表层看,它是女性在成家生孩子等一系列人生大事发生之后颜值依旧、身材火辣、衣着时尚的准妈妈和妈妈们的代名词;从内在看,它是细心照顾儿女、处事有序精干、身心健康、态度乐观积极、性格独立向上、勇敢追求人生梦想的母亲形象的写照,它是每一个即将为人母或者已为人母的女性追求的目标。

三　重塑母性主体：积极消费、回归家庭与情感生活

　　自主积极地消费是悍客文学中辣妈建构后女性主义好母亲身份的必要手段。相比于女性主义对消费文化的诟病与偏见，后女性主义对于消费文化持有更为中立的态度，琪客文学也非常执着于对女性消费活动的描写，其对消费的接受与认同是因为"琪客文学中的女性主人公在政治经济社会的各方面已具有平等权利，作为经济来源稳定的中产阶级职业女性，享受着前所未有的自由度和自主性；她们用消费来寻求快感、满足愿望、实现欲求"（张瑛，2014：151），她们在琪客文学作品结局中锁定婚姻对象，继而在悍客文学作品中开始准备迎接新生命。成年——结婚——怀孕——生子是后女性主义认同的大多数女性生命范式的重要阶段，如果说英美国家父母为女儿举办16岁成年礼、重金购买或租借高中毕业舞会礼服，举办盛大华美的婚礼是消费主义以仪式化的形式在女性成长不同阶段中树立标志性节点，后女性主义的消费活动在此后的两个阶段将怀孕与母性身份的确定同样仪式化，从某种程度上来说，此间的消费可以被当作女性为母亲身份的个人赋权，也是对其取得母亲这一人生成就的宣告。"后女性主义加速了女孩们的消费成熟度……它强有力地刷新了强调婚姻必要、怀孕光荣的保守主义社会意识形态；它提高了处于生命中期的女性竭力保持或重拾自己作为后女性主义主体的可见度。"(Negra, 2009：46)金塞拉撰写的两部琪客小说《购物狂的异想世界》和《购物狂结婚记》(*Shopaholic Ties the Knot*, 2006)中，"月光"女孩丽贝卡·布鲁姆伍德热衷疯狂购物，闹剧百出，险象环生，然而不但成功地打开了事业新局面——当上了高级百货公司的服装顾问和私人定制搭配师，而且在此过程中俘获了钻石单身汉、青年企业家卢克·布兰登的心。深爱丽贝卡且多金的卢克在纽约给了丽贝卡盛大美丽的婚礼，那是所有女孩都梦想拥有的奢华盛典，她的父母为了女儿也拿出了毕生的积蓄，在英国老家举办了婚礼。后女性主义消费活动主导下的单身生活、恋爱历程、步入婚姻不仅为读者消除了奢侈浪费的成见，反而蕴含着对此后幸福生活的美好愿景和信任期许。在后续的悍客文学作品《购物狂与宝宝》中，升级为布兰登太太的丽贝卡一方面理所应当地享受着先生的丰厚收入，同时选择依然保留职业，为自己的消费更添一份独立的底气。浪漫的蜜月期间，布兰登太太怀上了宝宝，如今即将临盆。在她眼中，反消费主义的杂志《经济宝宝》所推崇的一切无疑都是噩梦："25英镑打造婴儿房"，"旧面粉口袋成就宝宝衫"，"3英镑的塑料洗衣篓用作小摇篮"，除了维持孕期美貌依旧的名牌孕妇服和各种必要的准妈妈装备，她还想要为即将出生的宝宝血拼一切："精美的婴儿衣衫"，"做成50年代复古卡迪拉克轿车样子的婴儿床"，以及床边放置的"真正的转啊转个不停的摩天轮玩具模型"。(Kinsella, 2007：19, 21)除此之外，现今的公寓得升级成更大的豪宅，

宝宝才能有成长的空间；产前培训班必须夫妻双方共同参与，进了产房方不会手忙脚乱；就连负责生产的妇科医生也要从老派的家庭医生换成专来自好莱坞的、专为电影明星接生的、"你非要不可的名人大夫"(25)。如果说在琪客文学中，丽贝卡大手大脚地购入某奢侈品牌，将自己称为是某某品牌的女孩——譬如"戴丹尼和乔治围巾的女孩"或"穿王薇薇礼服的女孩"等，以商品来创建身份，用消费来帮助她固定这一根基薄弱但却听起来更高尚的身份，悍客文学中的布兰登太太通过类似的途径，以围绕即将出生的宝宝和孕期的各种消费来确立辣妈形象，建构后女性主义母亲身份。琪客文学中的单身剩女心惧韶华易逝，利用积极消费维持青春，塑造美丽，以追求婚姻关系，悍客文学试图用孕妈的妊娠期来宣告后婚姻时代的第一次女性人生巅峰，让其迎来最惬意的一段时光。怀孕的女性值得骄傲，她可以放慢节奏，理所应当的享受生活。从90年代后期到新世纪伊始，她们似乎不再局限于在居家、诊所、健康中心等私密场所出现，而是在杂志封面、电视广告、时尚T台等流行媒体中频频出现。英语语言中过去对女性孕期的委婉之称——"她有喜了"(She is about to have a blessed event.)或是"她身怀六甲"(She is in a family way.)直接被"大肚皮"(bump)(Kinsella,2007:52)这一毫无遮掩的名词替代——"公寓下方有一群孕妈走过，个个心怀喜悦地摸着她们的大肚皮。"(Fielding,2016:58)在自身、家人、朋友眼中，这令人自豪的"大肚皮"是婚后幸福生活的明证，是此后儿女绕膝的开端，是后女性主义"拥有一切"这一意识形态的全面展示。悍客文学很少提及女性怀孕的艰辛现实，孕期被描画成非常美妙的女性经历：没有晨吐，没有浮肿，没有行动不便，作为女性气质的一个特殊阶段，是可以被大肆资本化的。由于她们大多是大都市中的白人中产阶级女性，经济状态良好甚至富足，消费主义不仅在她们面前展打开了以"宝宝经济"为主导的奢侈消费市场，不仅昂贵的摇篮、多功能的童车、精美的婴儿衣物玩具是不可或缺的，为孕妈专门准备的孕妇服、帮助调理身体、准备迎接新生命的瑜伽课、助产训练营、能清晰拍出宝宝在子宫内照片的医疗设施及人员更是吸金的好手段。怀孕期间所奉行的消费主义毫无负罪感且自带道德权威性，母亲为上，消费有理，符合后女性主义的生活方式和文化价值观，鼓励女性注重个人生活和消费能力，进行自我实现，表现主观能动。孕期的消费帮助女性将孕育生命这一女性经验仪式化，"将女性气质以生理经验的形式加以表达，使得和这一事件相关的消费行为极大程度地合理化，这和后女性主义帮忙建构的辈分分明的等级文化密切相关。"(Negra,2009:46)悍客文学中的辣妈，相型于琪客文学中的剩女，在后女性的价值体系中，似乎已经步入了女性成长更高的级别。

女性主义追求两性平等与同权，鼓励和帮助女性在职场这一原本以男性作为主导的世界中争取一席之地，取得事业上的成功，然而相对忽略对男女之间固有差别的认识。悍客文学中辣妈在养育子女的过程中遭遇事业与母性不可得兼的问题，因此在职场和家庭的拉锯之间寻求更能够体现两性差异的平等，强调女性作为母亲应该担负的责任,选择退出(opt out)和回归家庭(retreatism),看似保守,但并非归顺过往的男权中心主义,而是母亲主体面临身份迷失时做出的反思,以自主选择的方式来稳固后女性主义的母亲身份,依然隶属于"积极行动、自由选择、重塑自我"大分类下后女性主义主体(Gill and Scharff,2011:7)。随着美好放松的孕期结束,接踵而至的是伴随着孩子降生、成长的不适应和混乱。后女性主义母亲是否可以同时主内又主外,既是职场上的女强人,又是家庭里的好母亲?皮尔森的 2002 年的小说《她是如何做到的》前身是作者为《每日邮报》撰写的专栏,以日记体的方式和幽默风趣的笔触描述了现代职场母亲忙碌的工作和生活,面对事业和孩子做出的选择。35 岁的职场母亲凯特·雷迪毕业于剑桥大学,她聪明、睿智、儿女双全,在伦敦金融城的显赫金融机构埃德温·摩根·福斯特公司担任高级基金经理。对于当下的生活状态,局外人往往啧啧惊叹:"我不知道她是如何做到的!"而凯特却自嘲说:"工作与家庭的齿轮啮合永远是火星四溅,有时,我甚至能听见她们在我脑子里相互碰撞、摩擦的声音。"(皮尔森,2002:16)早在孩童时代,凯特的母亲就让她意识到了世界上的女人分为两类:称职的母亲为一类,剩下的则为另一类。35 岁的时候,她已经完全确定了自己属于后者:女儿艾米丽学校的圣诞派对需要提供节日点心,别人的妈妈都有时间自制糕点,她却只能从超市购买现成的馅饼然后碾扁了撒上糖霜蒙混过关;因为要去北欧会见新客户,四天三夜没能见到一岁多的小儿子,需要依赖保姆照看子女;为了弥补频繁出差而带来的罪恶感,只好在机场买昂贵的礼物来换取孩子们的原谅。此类诸多事例都在告诉读者她做不到传统称职母亲应该做到的层面。在职场上,凯特是热爱工作的有为女性,享受着她努力经营事业给她带来的一切:薪水丰厚,股票获利,公干出行时的机场商务休息室和高级宾馆,以及眼界开阔后遇到的各种奇闻轶事,即便作为女性,她需要加倍的努力来站稳脚跟,或是需要偶尔忍受同行男性色迷迷的目光,她也并不在意。凯特了解并承认男女两性之间的差异,同时也并非不加认可。凯特的丈夫理查德,和世间万千丈夫和父亲一样:他性格温和——"极具英式的理性,带着些许善良";工作平庸——"公司的运营步调已经处于一种近乎停滞的状态";在家庭生活中谈不上有多大贡献——"哪怕是倒个垃圾桶,理查德也会花上半小时时间";(皮尔森,2002:6)但这样的丈夫却又似乎依然是个必要的存在。"如果说悍客文学和琪客文学基调不同,这种不同略显悲苦,婚姻和为人父母的现实带来了棘手的问题和必要的牺牲……男性行使起女性职责的能力只能作为笑谈,本质上终究还是无所用。"(Whelehan,2005:196)即便是浪潮时期的女性主义,为女性争取到的也不过是平等的接受教育、进入职场、经济独立的权力,对于女性作为母亲在养育子女方面所需要多付出的职责,女性主义并未加以质疑,但常因为在职场得到赋权后有所忽略。后女性主义的母亲主体则是将母性和居家的预设和观念内化到了日常思维当中,并未觉得境遇不公而拒绝母亲这一身份所要求的特质。虽然她不会单以母亲的身份来定义自己,但她会将母亲的自由选择和不断完善置于首位。母亲同父亲一样,是一个有着同样广泛选择性的大写的人。后女性主义语境下诞生的"新母亲主义"(New Momism)"表面上为母亲身份欢呼,实际上其宣扬的完美标准却是遥不可及的"(Douglas & Michaels, 2004:4)。从20世纪90年代至今,英美流行文化、媒体宣传和资本市场不断预设完美母亲形象,强调家庭观念,要求母亲不但正确认识自己与子女的联系,而且要认清自己受益于女性主义的权利与地位。新母性主义源于女性主义同时也驳斥女性主义,因此从本质上来说具备了后女性主义的意识型态。凯特在小说中要求"拥有全部"——工作和家庭,事业与母性两者得兼正是被这样的完美主义主导的。然而当"拥有全部"的理想在现实生活中难以实现,养育子女与工作之间的矛盾难以调和,当她在家庭里被边缘化,母亲的身份开始模糊,丈夫也试图离家,凯特果断地做出了抉择:放弃工作、挽救婚姻、陪伴儿女,于是她举家从伦敦搬迁到了德比郡。对此,她给出了如下解释:"因为我一直在两种生活之间徘徊,结果哪一种都没能好好享受;因为我的孩子眼看就要长大了,而我还没有好好陪他们;因为像男人一样生活实在是辜负自己身为一个女人"(皮尔森,2002:444)。后女性主义为凯特争取到的是自主选择的权利。尽管在小说中,职场工作的性质与人生成功的定义依然是男性中心主义的,社会转变也未曾为职场母亲提供诸如弹性工作制或全方位日托等便利条件来帮助她们解决儿女抚养问题,这足可以受到女性主义的种种诟病,但后女性主义的母亲希望以一种乐观的,非受害主义的哲学指导她们的选择,她们的退出职场和回归家庭(田园)不带任何政治抗争的色彩,而更倾向于利用母亲应该具备的女性特质和责任来解决问题,并描画出积极的前景。这种退出和回归的初衷并非抵抗男性中心主义,而是通过自主选择,自我的力量去化解本应归于社会层面的问题,这或许也能称为是一种社会症结,但不失为积极解决问题的办法。悍客小说《她是如何做到的》中职场与家庭间的碰撞和冲突是当代英美职业母亲实际生存境遇的写照,以公司与家庭为空间场域,小说感悟着职业母亲的个体存在,描绘出她们从迷惘与彷徨回归现实与理性的经历。

琪客文学中的单身女性通常是异性恋的,她们对情感和爱情的态度大胆而激进,在男女关系方面积极而主动,追求自身情欲的满足,也追求稳定恋情的可能,以期步入婚姻。但传统观念中,女性一旦为人母,似乎就应该与性绝缘,成为一种圣母玛利亚般无性的主体。"女性只有在特定时间段才可以是有性的,成熟女人的性感会被视为怪异、有威胁性、不合适,老去的女人更是如此。"(Rich,1995:183)虽然浪潮中激进女性主义学者如密莱(Kate Millet)和格里尔(Germaine Greer)等激进女性主义学者也曾质疑男权文化范式中将母亲角色两极分化出的圣母/娼妓二元对立。从某种程度上打破了女性作为母亲即成为无性主体的刻板印象,然而她们的文本中依然"不曾如预期那般关注母亲性征的作用"(Littler,2013:229)。悍客文学中的母亲在后女性的语境下延续了琪客文学女性角色对情感和性爱的基调,强调母亲的性征,打造性感的母亲主体,塑造辣妈形象。菲尔丁的《B.J.单身日记》乃是琪客文学最具代表性的作品之一,一篇篇流水账式的日记记载着布里奇特·琼斯从渴望婚姻到步入婚姻的过程。时隔多年,菲尔丁于2013年出版的悍客小说《B.J.:我为君狂》中的B.J.已然四十有加,是两个孩子的母亲。丈夫马克·达西意外去世,B.J.不得不直面成为新寡的事实,照顾一双尚且年幼的子女。小说和此前两部一样,以日记体裁叙事,幽默诙谐,妙趣横生。小说并没有花费太多笔墨着眼于B.J.失去爱人的伤痛,她努力地做一个好母亲,学习育儿知识,为孩子们下厨,护理伤病,和孩子学校里的母亲们社交,虽则糗事一箩筐,也不乏烦恼疲累,却也应付得当。她并不自困于家庭生活,注册了推特,开始了精彩纷呈的互联网社交,继续在媒体行业工作,且得到了为易卜生名剧写电影改编剧本的机遇。更为重要的是,恢复了单身的她,将自身定位为孩子的母亲,而非已故丈夫的未亡人,开始渴望新的爱情,和过去一样,挣扎于减肥、戒酒、健身和购物之间,收获了一段姐弟恋情。从外形上来说,B.J.并非典型意义上的辣妈,她一度重达176磅,濒于肥胖边缘,但从心态上来说,和过去一样乐观、坚强、风趣的她主动改造自身,重塑自我,成功地吸引了比她年龄小20余岁的爱人,是情爱关系中主动出击的主体,也是年轻男性渴望的对象,符合辣妈的定义。和传统中的母亲无性的观念相悖,对于浪潮中女性主义给予母亲二元对立的范式进行质疑并加以改进,后女性主义的悍客小说对熟女及中年母亲的性魅力持首肯和更为自由的开放态度,虽然在小说的结尾这段恋情以分手告终,但B.J.所代表的后女性主义的辣妈在新世纪续写了西方文化中母亲主体从"50年代的家政女神到70年代受压迫的家庭主妇再到80年代职场母亲"的沿革之路(Littler,2013:229)。

四 结 语

起始于20世纪90年代的琪客文学于新世纪发展出悍客文学这一分支,其书写对象也由追求婚姻的单身女性成长为婚姻内的主妇与母亲,但两类文学依然以后女性主义为指导。悍客文学中的新母亲"辣妈"群体延续了后女性主义对女性主义的接受、发展与修正,尝试树立理想中新一代母亲身份主体形象:一群拥抱消费文化,自主理性选择,积极追求幸福的"辣妈"。后女性主义赋权于个人,在个人力所能及的范围内拥有全部——财务与消费的自由、工作与居家的权利以及母性与性感的并存。同琪客文学一样,悍客文学宣扬后女性主义非受害者的处世哲学,倾向于在私人领域内解决在社会层面上女性或许会共同面对的问题;它以辣妈为代表,建构具备当代新女性气质的母亲主体,认可女性的能力、潜质和成就,但也在一定程度上流于肤浅的自我迷醉,削减了男女同权的力度。从某种程度上来说,悍客文学中的辣妈形象的树立有对女性主义思想去政治化和个人化之嫌,并不能提供解决女性问题的统一办法,而是尝试在小范围内解决具有相同经历的女性问题。它局限于白人中产阶级女性的小圈,忽略女性内部的差异性和多样性,提供的抵抗是分散的、区域性的,未能减轻当代女性整体所面临的尴尬,舒缓她们的焦虑,而相反在性别歧视和男女政治话语权不对等依然普遍存在的当今社会中对女性提出了更高的要求。悍客文学由此描绘出的是一个婚后女性相对理想化的生存状态,抑或可以说只是后女性主义试图修正女性主义与社会、经济现实的美好愿景,但作为琪客文学在新世纪的延伸分支,悍客文学也是新世界女性文化思潮的文学表现,反映着英美女性流行文化。

参考文献

[1] Douglas, S. & M. W. Michaels. 2004. *The Mommy Myth: The Idealization of Motherhood and How It Has Undermined Women*[M]. New York: Free Press.

[2] Feriss, S. & M. Young. (eds.), 2006. *Chick Lit: The New Woman's Fiction*[M]. New York: Routledge.

[3] Fielding, H. 2013. *Bridget Jones: Mad about the Boy*[M]. London: Vintage.

[4] Fielding, H. 2016. *Bridget Jones's Baby*[M]. London: Vintage.

[5] Fraser, L. 2006. *The Yummy Mummy's Survival Guide*[M]. London: HarperCollins.

[6] Gill, R. & C. Scharff. 2011. Introduction. In R. Gill & C. Scharff(eds.), *New Femininities: Postfeminism, Neoliberalism and Subjectivity*[C]. Basingstoke: Palgrave Macmillan, 1-17.

[7] Kinsella, S. 2007. *Shopaholic & Baby*. New York: Bantam Dell.

[8] Ladd-Taylor, M. & L. Umansky. 1998. Introduction. In M. Ladd-Taylor & L. Umansky. (eds.), *"Bad" Mothers: The Politics of Blamein Twentieth-century America*[C]. New York: New York University Press, 1-18.

[9] Littler, J. 2013. The rise of the ummy Mummy: Popular conservatism and the neoliberal maternal in contemporary british culture[J]. *Communication, Culture & Critique*, 6: 227-243.

[10] Nash, M. 2012. *Making Postmodern Mothers: Pregnant Embodiment, Baby Bumps and Body Image*[M]. New York: Palgrave Macmillan.

[11] Negra, D. 2009. *What a Girl Wants: Fantasizing the Reclamation of Self in Postfeminism*[M]. New York: Routledge.

[12] Rich, A. 1995. *Of Woman Born: Motherhood as Experience and Institution*[M]. New York: W. W. Norton.

[13] Siegel, D. L. 1997. Reading between the Waves: Feminist Historiography in a "Postfeminist Moment". In L. Heywood & J. Drake (eds.), *Third Wave Agenda: Being Feminist, Doing Feminism*[C]. Minneapolis: University of Minnesota Press, 55-82.

[14] Whelehan, I. 2005. *The Feminist Bestseller*[M]. Basingstoke: Palgrave Macmillan.

[15] 皮尔森,2018. 她是如何做到的. 刘丰瑜,译. 北京:中信出版集团.

[16] 张瑛,2014. 琪客文学与后女性主义[J]. 当代外国文学,(4):145-153.

书评与会讯

《语料库方法在语言分析三角验证中的应用》评介*

卡塔尔大学　张　晓*

Book Review: *Using Corpus Methods to Triangulate Linguistic Analysis*

Jesse Egbert & Paul Baker (eds.). 2020. *Using Corpus Methods to Triangulate Linguistic Analysis*. New York: Routledge. xiv+286pp. ISBN: 978-1-138-08254-0 (hbk).

一　引　言

三角验证(triangulation)的理念来自对社会科学研究的方法论思考。该术语最早由韦布(Webb)等学者在1966年提出,最初的用意在于采用两种或两种以上方法验证同一命题或假设,通过尽可能地减少每种研究方法中的错误来增加研究结果和阐释的可靠性和准确性(Webb et al.,1966:3)。后来,Denzin(1978:15;28-29)基于这一理念展开实证研究对其进行了更深入的探索,三角验证的概念逐渐成形,它指的是采用两种或两种以上方法研究同一对象,但每种方法对研究对象的侧重点各有不同,从而得到更有效、更准确的研究结果。

语言学研究中的三角验证常见于语料库研究方法和其他领域研究方法的结合。为

---

* 作者简介:张晓,卡塔尔大学博士后研究员,研究方向:语料库语言学。联系方式:zhang.xiao@qu.edu.qa, zhangxenglishclass@126.com。

了探索语料库研究方法和其他方法相结合的更多可能性,埃格伯特(Egbert)和贝克(Baker)编纂了《语料库方法和语言学分析的三角验证》一书,从采用语料库数据和方法进行三角验证的研究视角出发,对三角验证在语言学研究方法中的可能性和适用性进行了深入探讨和评估。

二 内容概述

全书共十一章,第一章为引言,最后一章为结语,第二至十章分别是九项采用三角验证进行的实证研究。

第一章引言明确说明该书将主要使用丹辛(Denzin)提出的方法论三角验证(methodological triangulation)①。编者认为三角验证的有利之处不仅仅限于对研究结果的验证,因此,对所收录的各项研究,他们采用了广义的三角验证概念,即凡是采用两种或两种以上不同的方法、对同样的研究问题提供解释的研究,都可视为是采用了三角验证的研究(p.5-6)。

第二至十章的研究可分为三类。第二章至第四章的研究结合了语料库的研究方法和语篇分析的研究方法;第五章至第七章的研究涉及了语言测试、语言习得、历时语言研究的方法;第八至十章的研究结合了语料库语言学和心理语言学的研究方法。

第二章对比了学术口语语篇人工文本切分和自动文本切分的结果及分析。施努尔(Schnur)和科马伊(Csomay)提出采用两种方法进行文本切分和分析。第一种是基于意义的方法,先使用亚马逊网站提供的机械特克(Mechanical Turk)众包服务对文本进行人工切分,再对切分后的文本采用功能分类体系进行质性功能解码。第二种方法建立在词项、词项的频率和分布等特征的基础上,使用语篇瓦片叠压(Text Tiling)的方法,根据词汇语篇单位(Vocabulary-based Discourse Units)自动切分文本,随后对切分后的文本进行多维度分析,再使用K均值聚类(K-means clustering)得到4类文本。作者认为,第一种方法可对文本功能类别及其分布规律进行深度分析,但耗时过多;第二种方法可展示语言变化及其在文本中对应的功能,具备可复制性,然而语篇单位划分的准确性和合适度却可能不如第一种方法。总体上,两种方法角度不同,所得结果互为补充,可以得出比使用单一研究方法更完整的文本结构分析结果。

第三章和第四章都是对新闻语篇的分析。第三章是一项语言学和水文学相结合的

---

① 引言中指出,丹辛把三角验证分为六种,其中,调查者三角验证(inrestigator triangulation)和方法论三角验证属于理论三角验证(thenetical triangulation),方法论三角验证即"方法之间的三角验证",是使用不止一种方法研究同一问题的方式,因其在语料库研究中应用最为广泛,该书仅讨论这一种三角验证的方式(p.5)。

跨学科研究,采用了19世纪英国报纸的历史语料,探索历史语料库在历史事实研究中的作用。在研究方法上,麦克埃纳里(McEnery)、贝克(Baker)和戴雷尔(Dayrell)认为,为了找出英国19世纪干旱和缺水现象发生的年份和地点,采用三角验证是必须的手段:首先,他们对索引行进行仔细阅读,再对水文学的历史资料进行仔细阅读,在此基础上,采用地理解析(geoparsing)。这项研究中使用的地理解析指的是索引行地理解析,即提取研究所需的索引行,找出其中出现的地点名称,再找到它们对应的地理坐标,按经纬度分类,然后使用地理信息系统(Geographic Information Systems)与上述坐标对应。三位作者认为,这项研究中的三角验证是跨学科的熔炉,语言学家、历史学家和水文学家都做出了各自的贡献。同时,这项研究还验证了语料库、历史分析、地理解析和水文学四种方法的分析结果不仅可以互相验证,还可以反证历史上发生过的事实。

第四章是语料库语言学和批评话语分析互相验证的研究,聚焦于英国报纸对肥胖的报道。该项研究把采样得到的语料分为五组,分析方法略为烦琐:仔细阅读第一组语料的索引行,分析与肥胖相关的搭配;使用ProtAnt分析第二组语料中占比最大的主题词;第三组为肥胖相关的报道出现最多的一个月内的语料;第四组语料是随机抽取的十个文本;第五组语料指的是该研究使用的整个语料库;每种分析都进行了三次。贝克指出,该项研究和以往涉及语料库方法的三角验证研究结论相同,即混合方法比单一方法更有效。他还强调,语料库辅助的批评话语分析应该是交互式的,质性分析和量化分析应该交替往复进行。

第五章为语料库和语言测试相结合的研究。拉弗莱(LaFlair),史戴普(Staples)和严(Yan)对笔语语料进行了多维度分析,采用了41个特征,语料来自英语语言能力考试的写作任务,共5个维度。随后,他们对口语语料也进行了多维度分析,语料来自口语测试,共3个维度。结合笔语任务和口语任务的评分标准分析,他们认为,虽然多维分析中的语言特征和评分标准的分类出现了不匹配的情况,但整体看来语料库研究的方法和语言测试不仅可以结合,还可以使彼此受益,语料库研究的方法可以使评分标准更加细化。语料库方法和语言测试方法的结合可以为语言在不同语境中的变化带来新的见解。

第六章的研究结合了词语联想测试(word association test)和语料库研究的方法,研究中使用了四个语料库。盖布拉索瓦(Gablasova)对母语和二语学术阅读中新的专业词汇进行了词语联想测试和分析,随后借助语料库,对所得到的目标词语的平均降低频率(average-reduced-frequency)进行了分析,为词语联想分析增加了新的研究维度。从语料库中得到的词频信息能够帮助研究者探索新的专业词汇如何进入心理词汇库,语料库还可以使研究者把具体的目标词汇和更普遍的规律关联起来进行对比。作者认为,该项研究表明了心理语言学和语料库语言学的方法在研究发现上是互补的,并且二者的结合可以为词汇学习的过程提供更好的描述和解释。

第七章研究了英语名词+名词构式语义关系的历时变化。该项研究使用了两种来源不同的数据：基于使用的数据（来自语料库的数据）和基于使用者的数据（非语料库数据）。进行名词+名词构式语义关系分类时，这项研究也使用了机械特克（Mechanical Turk）众包服务，共12个语义类别。该项研究发现，名词+名词构式在意义上呈现从具体到抽象的历时变化趋势。埃格伯特（Egbert）和戴维斯（Davies）认为，从研究方法的角度来看，从语料库中提取的高频名词+名词构式（基于使用的）有必要由评估员来进行判断和分类（基于使用者的），语料库方法和非语料库方法的三角验证是有价值的，可以为仅使用语料库数据无法解答的研究问题提供解答。

第八至十这三章都使用了心理语言学的实验数据。第八章研究了英语搭配和非搭配词语序列，目的在于探索大脑语言加工的过程和搭配现象的关联，探索语言加工过程中搭配和非搭配词语序列所产生的神经生理差异。休斯（Hughes）和哈迪（Hardie）先从语料库中提取了双词的搭配和非搭配词语序列，随后进行了两项实验，使用了事件相关电位（event-related potential）的方法，并在实验2的第二部分对比了八种搭配强度的计算方法，分析搭配强度和ERP实验中的反应振幅之间的关联，找出哪些计算方法的心理效度最大。作者认为，这项研究虽不算是传统意义上的三角验证研究，但也证明了语料库语言学和认知神经科学的结合对语料库分析和语言学理论研究都是有利的。

第九章结合语料库数据和实验数据研究了学习者英语的双及物构式和介词与格的使用情况。该项研究在实验中使用了成对的包含启动词和目标词的句子片段进行测试，研究学习者的结构启动效应。语料库数据来自英语母语者的口语，研究了包含和实验中相同的动词的构式，使用了区别性搭配词项分析（distinctive collexeme analysis）的方法。格里斯（Gries）认为，方法论三角验证很重要，不过，根据这项研究，来自语料库的观测数据和实验数据在多大程度上能够互补，将取决于观测数据的固有噪声在多大程度上能够得到控制。

第十章使用实验数据和语料库数据相结合的方法研究了抽象动词论元构式。埃利斯（Ellis）采用命名时延（Naming Latency）的实验，收集了被试的语音起始时间（voice onset times）数据。用于三角验证的语料库数据包括相关动词的频率、关联度（contingency）和语义原型性。作者指出，在这项研究中，使用语料库方法所得到的语言使用结构、心理语言的加工方式、使用中的潜在结构对心理语言加工的影响程度互相验证，只是三者在研究的可靠性和效度方面并不完全相等。作者认为语料库语言学和基于使用的语言研究的进一步结合很有希望。

最后一章为结语。编者指出，该书的目的之一在于探索方法论三角验证的效力。根据前面的九项研究，编者讨论了语料库方法和非语料库方法的互补性程度以及如何采用语料库方法进行三角验证的问题。他们根据研究问题、研究方法和结果将前面九章分为两大类。第二、三、四、七章属于一类，为聚合式三角验证。在这类研究中，对同一个研究问题,采用语料库方法得到的结果和非语料库方法得到的研究证据通常是互补的、趋同的。第五、六、八、九和十章则属于另一类,为关联式三角验证。这类研究主要关注多种方法得到的多组数据之间的相关性,例如,研究者采用语料库方法和非语料库方法分别研究两个对象,得到两组数据,再根据这两组数据测量两个对象之间的相关性强度。编者还根据各项研究中语料库方法和数据使用的阶段,把它们划分为独立、连续和循环三类。这一章还讨论了采用语料库方法的三角验证研究的利弊和局限。总体上,编者认为这种方式是成功的,方法论三角验证不仅可以用于语言学研究,还可以用于更广泛的社会科学研究。

三 简 评

根据以上内容概述,可以认为,《语料库方法在语言分析三角验证中的应用》是一部主要为研究方法而诞生的著作。

该书的两位编者在 2016 年曾编纂过一部关于三角验证方法的书:*Triangulating Methodological Approaches in Corpus-Linguistic Research*。书中提供了同一个语料库和相同的研究问题,研究者们用十种不同的语料库语言学的研究方法分别进行独立研究,旨在发掘方法论三角验证在语料库语言学研究中的潜能。编者认为,多位研究者用不同的方法研究同样的语料,他们的研究结果可以互相验证,整体上是互补的,可为共同的研究问题提供更好的解答。

在此基础上,两位编者在 2020 年的这部新作中将三角验证的范围拓展至语料库研究方法和其他领域研究方法的互相验证,九项研究基本都使用了语料库数据和非语料库数据。两本书的主要目的都在于探索三角验证在语言学研究中的可能性和适用性,其方法论意义大于各项研究自身发现的意义。

该书章节脉络清晰,引言陈述了编纂目的,对第二至九章涉及的各个领域做了简述,恰当地概述了每一项研究的主要内容,随后的九项研究编排顺序合理。结语部分从两个角度对三角验证进行了分类,指出了书中各项研究的优势和不足,并对三角验证和语料库语言学相结合的未来趋势充满信心。整体上,该书有以下两大优点。

第一个优点是,该书拓展了三角验证在语言学研究和其他研究领域中的适用范围,通过多项实证研究证明了语料库语言学的方法可以与语篇分析、语言习得、语言测试、语言描写、心理语言学的方法互相验证,还可以与非语言学研究的方法互相验证;同时,通过不同的研究方法得到的数据结果也可以互证。研究者们不同的研究背景使他们从不同角度看待基于语料库的数据在各自研究中的作用,这也为语料库语言学提供了不同于惯例的视角。三角验证的思想鼓励来自不同学科的研究者们进行合作,也许未来会出现其他领域和语料库语言学结合的三角验证研究。

第二个优点是,该书的初衷在于探索并证明使用语料库研究方法的三角验证的有效程度和可靠程度,其实这也为研究方法的判断提供了更佳的角度。三角验证的思想根源在于证伪。此处援引自然科学研究中三角验证的观点,"每种方法都有自己的假设且互不相关,有自身的优点和缺点。不同的方法如果得到一致的结果,结果就不太可能为假"(Munafò & Smith,2018:400)。该书第三章中也有同样的观点,该章作者指出:"(1)三角验证是试图用另一种方法论的角度证伪一个假设的手段;(2)这项研究中我们未能证伪,这增加了21世纪水文学家工作的可信度,他们认为语料库在该类调查中起到作用这一提议也更加可靠"(p.80)。这表明不同的研究方法其背后的理念不同,各有利弊,研究者如果使用两种或两种以上的方法研究同一个问题,对比不同方法的研究结果,就极有可能减少单一方法的偏差,增加研究结果的可信度。因此,三角验证不仅可以分析研究结果是否互补,还可以用于判断一项研究选择的方法是否可靠。

当然,该书也存在一些问题。比如,第二章和第六章的研究认为不同方法或不同数据的三角验证是互补的,第五章和第八章明确指出三角验证的方式对于语料库语言学和其他领域的发展都是有利的,第七章的作者认为三角验证是有价值的,第十章的作者认为三角验证在未来研究中是有希望的,总体上认可了三角验证的优势;但是,第四章只提到了和以往的三角验证研究结论相同,第三章和第九章则没有明确说明三角验证是否具备有说服力的优势。这表明对于某些具体的研究问题,三角验证也许不是必须采用的方式。所有的方法都应该为了解决问题而存在,不必为了验证方法而验证方法,而应该为了解决研究问题去验证方法。三角验证确实是有效的,能够为很多研究问题提供互补的视角和研究发现,但其适用性和必要性也是研究者需要考虑的问题。

四 结 语

该书的探索性和前瞻性毋庸置疑,为多种方法结合的有效性提供了研究实例,对应用语言学领域研究方法的拓展和创新贡献极大。应用语言学各个领域的研究者都可以从该书的实证研究中找到各自的阅读兴趣,热衷于探索新方法的研究者也可以从中获得启示。

参考文献

[1] Baker, P. & E. Jesse. (eds.), 2016. *Triangulating Methodological Approaches in Corpus-Linguistic Research*[M]. New York: Routledge.

[2] Denzin, N. K. 1978. *The Research Act: A Theoretical Introduction to Sociological Methods (2nd edition)*[M]. New York: McGraw-Hill Book Company.

[3] Munafò, M. R. & D. S. George. 2018. Repeating experiments is not enough[J]. *Nature*, 553(7689): 399–401.

[4] Webb, E. J., T. Donald, R. Campbell, D. Swartz, & S. Lee. 1966. *Unobtrusive Measures: Nonreactive Research in the Social Sciences*[M]. Chicago: Rand McNally & Co.

《理性之谜》述评*

南京大学　张　翼*

A Review of *The Enigma of Reason*

Mercier Hugo & Dan Sperber. 2017. *The Enigma of Reason*. Cambridge: Harvard University Press. 1+396 pp. ISBN：9780674368309

一　引　言

《理性之谜》一书由哈佛大学出版社在2017年出版，聚焦人文和社会科学关注的理性问题。两位作者雨果·梅西耶（Hugo Mercier）和丹·斯波伯（Dan Sperber）是卓越的认知科学家，对语言学、人类学、社会学和文化研究也有广泛的涉猎。《理性之谜》出版后引发了巨大的反响。对理性问题有深入研究的普林斯顿大学菲力普·约翰逊-莱尔德（Philip Johnson-Laird）教授、加州大学洛杉矶分校克拉克·巴瑞特（Clark Barrett）教授等同行专家都给予此书高度评价。《纽约客》等媒体、《哲学心理学》《想象文化中的进化研究》《精神病学》《认知史学杂志》等学术刊物也发表了长篇书评，认为《理性之谜》一书用通俗易懂的语言剖析了极其复杂的理性问题，在论证等方面虽有不尽如人意之处，但写法引人入胜、结论让人信服，提出的洞见以丰富的案例为佐证，具有深厚的理论基础和广泛的应用价值。本书中译本也由中信出版社于2018年出版发行。

---

*　作者简介：张翼，南京大学外国语学院教授，研究方向：认知语言学。联系方式：nandazy@126.com。

二 章节内容

在本书看来,理性之所以为谜,是因为理性一方面是人类心智中的超能力;而另一方面,实验心理学等实证研究几乎毫无争议地表明,这个所谓的超能力充满了偏见和缺陷。那么,理性真的是人类启蒙与智慧的基础吗?人类为何会经由进化产生这种充满缺陷的能力呢?理性是否构成了人和其他物种最大的差异?对于理性认识的矛盾和张力构成了本书逼近理性的起点。

全书大致以文献梳理、理论准备、提出假设、实证研究和实践验证的逻辑展开。作者在"引言:双重谜团"中对全书内容进行了概括。第一章题为"撼动教条",包含"审判理性"和"心理学家的艰苦工作"两节。引言和第一章对有关理性的教条进行了批判并抛出问题:若理性赋予了人类知识与智慧,那么为什么半个多世纪以来心理学等实证研究表明理性充满了偏见和缺陷?第一章列举了理性可能会出现的偏误及其原因,并且评述了当前相关理论(如双重机制假说)之不足。

第二章题为"理解推断",包含"从无意识推断到直觉""模块性""认知机会主义""元表征"四节,对理性的本质特征进行了梳理。作者将理性视为一种推断,即从已有的信息中推知出新信息。推断是人与动物共享的机制和程序,不同推断的分工大相径庭。而理性是一种人类特有的、高阶的推断机制。这一章还讨论了理性的相关概念,如推理、直觉、逻辑、模块、表征等,为下一章对于理性的重构做好了铺垫。

第三章题为"重构理性",包含"我们如何使用理性""理性能否是一个模块?""推理:直觉和反思"与"理性何用?"四节。第三章开始重新界定理性,分析理性的运作机制,同时揭示其功能及进化途径。作者从社会交往的角度重构了理性:理性是有关理由的直觉推断机制。人们运用理性是为了在社会交往中证明自己、说服他人、评估他人的论述。因此,理性是人类特有的进化特征,适应人类的语言、文化和社会生活。

第四章题为"理性的能力与局限",包含"为什么推理具有偏见性?""质量控制:我们如何评估论证""理性的阴暗面""诸事皆有理由"和"理性的光明面"五节。通过一系列的案例讨论,作者描述了理性在社会交往中发挥作用的途径,尤其是在交流中评估论据的功用。理性的交际论提出了一系列可以在实证研究中加以验证的问题,例如所谓的客观性或偏见性在何种场境下显现,理性是在个体还是群体中发挥作用等。研究这些问题揭示了理性不同向度的特点。

第五章题为"天然环境中的理性",包含"人类理性具有普遍性吗?""道德和政治话题的推理"和"独处的天才"三节,将对于理性假设的验证从实验室转移到了天然环境中,梳理了来源于东亚文明、亚马逊部落等历史学、人类学、语言学等学科的证据。其中

第三节讨论了理性在科学研究中的作用。科学是人类理性的巅峰。在漫漫历史长河中，虽然出现了诸如牛顿、爱因斯坦这样的天才，似乎能够单枪匹马改写科学的走向与发展，但科学家的理性与普通人无异，也会充满偏见和局限。但正是科学研究集体的存在，使得理性可以发挥正面的引领作用，推动科学不断向前发展。全书以"最终歌颂理性"为总结。

总而言之，《理性之谜》冲破了从认知个体的视角考察理性的樊篱，以交际为场境重构了理性，将理性界划为心智中直觉推断的模块，在交流中发挥作用，提升人类的认知水平。重构的理性解释了理性之谜，消解了不同学科对于理性认识的张力与冲突，也开辟了语言学研究的新场域。

三 主要创见

为了解决理性之谜，本书提出理性在交际的场境中才能发挥作用。具体而言，我们运用理性的缘由是在交际中证明自己、说服他人，同时评估他人提出的理由。因此，理性主要是在人与人的交流中运作。正是由于其在交际场境中的作用，理性和逻辑相比具有很强的主观性，甚至带有一丝投机的色彩。从交际的角度看，理性在心理学实验中展示出的主观、偏见的特征就可以得到一定程度的解释。之所以具有主观性与偏见性，是因为理性作用于交际场境时，一般需要言者从自身的立场和角度出发，劝说听者接受自己的观点。从进化的角度看，理性适应并强化了人类特有的社会交往属性。

从理性研究的传统看，以往研究一般通过特征的对比与对立剖析理性，如主观性与客观性、普遍性与特殊性、历史性、现实性与理想性等，最终对理性与非理性展开界划或融合（如韩震，2000）。我们遵从这个传统，通过两组对比——模块性与通用性、个体性与群体性——解构理性，分析本书有关理性本质和作用的主要创见。

3.1 何为理性：模块性与通用性

这一部分我们通过模块性和通用性的对比解构理性的本质特征。熟悉丹·斯波伯的读者一定会想起他与英国学者迪尔德丽·威尔逊（Deirdre Wilson）合作提出的关联理论。关联理论的一个核心论点就是语用推断的模块性。有趣的是，《理性之谜》也提出了一个类似的假设：理性也具有模块性，而且是推断模块的一个次类；认为理性具有同质性和通用性的传统观点站不住脚。

但不可否认的是，在某种意义上理性确实具有通用性，作用于心智的各个层面。那么，理性的模块性本质与通用性功能是否存在矛盾呢？作者在这里玩了一个有趣而有深意的"文字游戏"，建立了理性（reason）和理由（reasons）的关联，将理性视为有关理由的直觉。换言之,理性的运作在一定程度上就是说理由、讲道理。理性与理由的关联消解了模块性与通用性之间的张力。简言之,理性虽然是一个专用的模块,理由却具有通用性。

至此,作者完成了对理性概念的祛魅。理性从人类独有的超能力,还原为了心智中有关直觉推断的模块。正因为此,尽管作用广泛,理性却是人类特有的进化特征,只能作用于人类的社会交往,在人与人的交际中发挥作用。这也就回答了书中提出的理性的进化论问题:既然理性如此重要,为什么其他物种没有通过进化产生理性,只有人类才具有这种超能力?

3.2 理性何为:个体性与群体性

这一部分我们通过个体性与群体性的对立解构理性发挥作用的方式。本书梳理了实验心理学的大量案例,证明人类理性包含了主观性、偏见性等缺陷。实证研究的结果与理性的崇高地位大相径庭。作者也提醒读者,其实大家在生活中已经意识到了理性的缺陷,书中陈述的案例都能或多或少激起共鸣。由此作者提出问题:如果理性不具有客观性,无法指引人们准确、全面地认识世界,那么它又是如何帮助理性主体提升认知水平、做出最佳判断和选择的呢?

根据本书对于理性的界定,理性主观偏见的特点不是缺陷,而是帮助理性实现其功能的途径。如果运用理性是为了在社会交往中证明自己、说服别人,那么言者自然会选择对自己有利的论证与逻辑。从这个角度看,理性主观偏见的特点不仅不是缺陷,而且是实现理性功能的必由之路。作者还提出理性具有惰性——不主动考虑反对意见。作者认为这样一种惰性使得理性能够以最有效率的方式在交际中发挥作用:与其花时间预测可能出现的反对意见,还不如先等交际对象把反对意见提出来。

本书列举了大量案例证明理性的作用途径。就解决问题的任务而言,群体的表现远远优于个体。理性使得一个群体能够通过充分的讨论,找到最佳的解决途径而完成任务。以此角度视之,理性最终的功能依然是提升个体的认知能力并指引个体做出最佳判断。但理性作用的场域却是在社会交往中,通过人与人的交际发挥作用。

四 结 语

理性问题在心理学、语言学和认知科学研究中得到了越来越多的关注。《纽约客》在本书的书评中提到的同时出版的另两本畅销书《知识的幻觉:我们为什么从不独自思考》(Sloman & Fernbach, 2017)和《否认到底:我们为什么忽视能够拯救我们的事实》(Gorman & Gorman, 2017)都讨论了让人困惑的理性难题,例如人们为什么会乐于接受对自己有利的事实,而对不利于自己的事实置若罔闻;或是对别人逻辑中的问题明察秋毫,而对自己逻辑中同样的问题却视而不见。

对于语言学研究者而言,本书的观点也开辟了一个有价值的研究领域。作者在书中已经涉及了有关理性和人际关系的讨论。不同文化中言语实践与人际交往的辩证关系是当前语用研究的热点。语用学可以由此入手探讨理性在多大程度上具有跨文化的属性。如果理性在交际中发挥作用,那么语言研究者也可以从语用实践观照理性的本质特点。这样一种研究思路其实已经暗含在认知语言学、批判话语分析等领域的研究中。例如,对政治领域中理性的运作方式,以乔治·莱考夫(George Lakoff)为代表的认知语言学家已经开展了广泛而深入的研究,揭示了框架(frame)在思维中的决定性作用(Lakoff,2004,2005,2008)。这种决定性作用有其积极和消极面向。对于科学研究的工作者和教育者而言,充分发挥理性的正面引领作用,尽量避免理性的负面影响,是我们需要在实践中不断探索的使命与担当。

参考文献

[1] Gorman, S. & J. Gorman. 2017. *Denying to the Grave: Why We Ignore the Facts That Will Save Us*[M]. Oxford: Oxford University Press.
[2] Lakoff, G. 2004. *Don't Think of an Elephant*[M]. White River Junction: Chelsea Green.
[3] Lakoff, G. 2005. *Thinking Points*[M]. New York: Farrar Strauss Giroux.
[4] Lakoff, G. 2008. *The Political Mind*[M]. New York: Viking Penguin.
[5] Mercier, H. & D. Sperber. 2017. *The Enigma of Reason*[M]. Cambridge/Massachusetts: Harvard University Press.
[6] Sloman, S. & P. Fernbach. 2017. *The Knowledge Illusion: Why We Never Think Alone*[M]. New York: Riverhead Books.
[7] 韩震,2000. 理性信念的解构与重建[J]. 哲学动态,(10):12-15.

《语言、智退症及意义的产生》述评

同济大学外国语学院　郭亚东[*]

A Review of *Language, Dementia and Meaning Making*

Heidi E. Hamilton. 2019. *Language, Dementia and Meaning Making*. New York: Palgrave Macmillan. x+254 pp. ISBN: 9783030120238

一　引　言

在世界人口老龄化的现实背景下,由生理器官功能衰退、心脑血管或神经性疾病引发的语言使用问题逐渐引起语言学届的关注。描写此类特殊群体的话语特征,分析其语言使用背后的病理机制,探索制定临床语言评价量表以及治疗与看护方案等成为临床语用学和神经语言学领域的重要议题(Cummings,2009)。海蒂·汉密尔顿(Heidi E. Hamilton)作为本领域的领军学者在2019年出版了力著《语言、智退症及意义的产生》,全书基于一手语料系统论述老龄智退症患者认知退行与言语交际能力之间互动关系,极具学术创新性和学科引领性。本文首先概述各章主要内容,然后做简要评价。

二　内容简介

本书共八章,每章标题以第一人称叙事开篇,从互动社会语言学和语用学视角,层

---

[*] 作者简介:郭亚东,同济大学外国语学院副教授,研究方向:语用学理论与应用。联系方式:guoyadong127@tongji.edu.cn。

层递进,生动勾画出老龄智退症患者言语交际的现实图景,其中包括找词困难、重述障碍、记忆浮现、面子维护、交际策略和身份建构(意识)等,在多维度呈现本领域前沿动态的同时,为社会、机构和家庭深入了解此群体的语言使用特征,开展语言看护,提供了学理支撑和案例参考。

第一章 简述全书的立意、目标和方法。作者以个人家庭看护经历为例,详述其在出版专著《与阿尔兹海默病人的对话》之后近 30 年间对老龄智退患者认知能力、语言表征和交际特点的观察与思考,认为针对病患个体开展包括语言能力和语用能力在内的临床认知障碍测试需要加强人际互动维度的考量,观察病患作为交际主体在生活情境中"以言行事"的特征,将医学研究范式(medical paradigm)与话语研究范式(discursive paradigm)融合,以便在临床诊断之前察觉和重视病症,并为治疗阶段的医患互动和语言看护提供语言及语用理据。为此,作者历时五年收集了智退患者与医生、看护、家人以及研究者之间言语交际的案例,涉及家庭、医院、失忆互助机构和画展中心四个场景,综合运用认知话语分析(epistemic discourse analysis)展开剖析,旨在论证:智退患者语言使用背后的认知障碍具有社会和交际属性,需要透过言语互动观察、判断和评价。

第二章 努力搜寻合适词汇。作者从词汇记忆切入,聚焦智退患者最常见的语言使用现象——找词困难,发现:虽然患者在提取词汇时存在障碍,但是在大多数语境中他/她们像健康群体一样,不是被动承受,而是积极寻求和实施语用代偿策略,以自己的方式维护自己的"面子"和互动进程。相关策略包括:(1)迂回表述,围绕描述对象或概念零星阐释,为交际对象提供认知加工线索;(2)语音或语义近似表达,提供不准确但具有提示性的词汇;(3)以泛指或上义性词汇指代具体对象;(4)空缺表述,空置或以"嗯""啊"代替话语内容,让交际对象做信息充实;(5)造新词,在即时情境中浮现出新造词语或搭配。在此基础上,她借鉴 Chafe(1994)的指称分类,分析了"即时"(immediate)和"错位"(displaced),即所指在场与不在场,两种认知模式中患者传递表达交际意图的话语策略和表征形式。值得注意的是,作者观察重度智退患者言语互动中"mm""hmm"的使用频率和重复语境,发现此类看似单调的特殊拟声词对个体病患而言具有意义和功能。

第三章 自我记忆蚀失。本章基于身份的社会属性和心理属性,集中探察患者在言语互动中的个人身份记忆和自我领地意识(territories of the self)。她通过半开放访谈围绕智退患者的个体身份(如年龄、籍贯等)和社会身份(如职业、信仰)展开提问或观察,探察其个人身份意识逐渐蚀失的认知理据及其对话语实践的影响。一方面,通过案例展示患者在描述身份相关的自传事实时面临的障碍,重点呈现其身份认知障碍对话语表述的影响,尝试提供一个从外显的话语表征管窥患者身份认知的维度;另一方面,分析概述患者在无法顺畅、准确地提供个人身份信息时的话语策略,即自我阐释和自我评价。同时,作者还从"面子补救"的维度分析了交际对象实施礼貌策略协助患者回忆身份信息时,患者的情绪反应和话语应对,从而论证智退患者的社会认知能力与其知识结构一样,在神经退行过程中逐步蚀失。

第四章 碎片的情景记忆(episodic memory)。本章在区分一般健忘与智退失忆的基础上,考察智退患者言语互动中对具体情景或事件的认知记忆,分析记忆断片对此群体心理和语言使用造成的影响。作者认为患者复现特定情景时的认知障碍导致其在交际过程中充满对自己和他人行为的不确信,体现在话语实践中:一是重复已叙述过的内容;二是不断提出疑问,多次与交际对象核实命题信息。这反映出患者作为交际主体对言语互动进程缺少连贯的认知记忆,对交际对象的互动反馈接收不完整。此类言语交际特征给家庭和机构的日常看护带来困扰。在作者收集的自然语料中,交际对象往往在经历几个话轮后,出于同情和关照选择放弃纠正患者的记忆偏差,任由其基于错误的认知推进言语交际。

第五章 重述陈年往事。本章案例取自某老年失忆互助小组的日常活动,活动中彼此分享个人经历过的重要时刻。作者聚焦智退患者长时记忆的话语表征,尤其关注其在复述往事过程中对"自我"的呈现,从选择的事件主题、涉及的相关人物或情境,以及围绕故事使用的情感词汇等方面考察患者语用使用的认知心理。研究发现:患者倾向于使用积极叙事策略,频繁描述自己曾经赢得荣誉、学习本领或妥善处理棘手问题的情景,挣扎着利用"残存在记忆中的身份资源"(Hamiliton,2019:125)在人际互动中呈现积极的形象。作者同时指出,患者通过重述往事建构起虚幻的故事世界(story world),虽然部分情节属实,但从名词、方位和时间等指称用语的使用情况看,其自我身份建构大多脱离现实语境,不是服务于当下即时情景的交际,而是满足其想象的社交场景。

第六章 实物评价中的工作记忆。作者关注智退患者在浮现情景中指称、叙述和评价在场实物时的工作记忆,探察现实情景与抽象记忆在患者言语交际中的互动。本章以个案切入,基于其意识流话语和具体言语行为,展示外向意识和内向意识在话语语境意义生成中的机制和表征,从而形象地指明研究对象,即患者在围绕当下在场实物开展言语交际时的挑战和障碍。随后,作者以画展中心为观察点,考察不同患者在欣赏同一画作时如何通过语言使用展现认知状态,具体包括态度立场的表达、画作内涵的解读以及围绕作品引发的提问等,旨在分析具有某一领域知识储备的患者在罹患智退疾病时,工作记忆如何在言语互动中连接过去与现在,并影响其语言和语用能力。

第七章 程式化记忆与语言表达。本章的核心议题是智退患者语言使用的程式问题。作者首先通过三个实验活动,即歌曲演唱、诗歌背诵和文章朗读考察患者程式记忆,分析上下文语境对患者相关记忆的触发及其在言语行为层面的表现,重点观察程式化记忆对患者语言使用的影响;随后,借助会话分析理论框架,探讨患者言语互动中的话轮转换特征,发现:患者,即便是罹患中重度智退,在二人会话中依然能够较好地参与话轮转换,并且在吸引交际对象注意力、争取话语权和自我修正等方面表现出组织性,没有引发影响交际进程的话轮冲突;最后,作者聚焦病患话语中的固定习语或表达,发现虽然其语境适用性存在一定问题,但与其他程式化的语言使用一样,能够深刻反映"文化系统和规约"(Hamiliton,2019:206)对病患认知记忆和语言表达的影响。

第八章 会话、认知与看护。作者基于话语与认知的关系梳理研究特殊群体话语的底层逻辑,并将研究最终落脚至应用层面,即日常智退患者的语言看护。首先,作者坚持认知全息观,认为生命个体的记忆是影响其言语行为的动态的、综合的有机整体,神经疾病或功能退化影响该系统正常运作,并在语言和语用维度体现出来;其次,作者重申施劳夫(Schrauf)(2013)所提出的两条研究智退患者话语的路径,即认知到话语和话语到认知,前者基于认知病理解释语言障碍,后者借助话语判断、呈现神经功能病变,并强调个体认知水平和语言能力存在变异问题;再次,作者从言语交际的视角论述老龄智退患者的"面子"需求,认为看护此类群体或与其互动时,"会话"本身的意义超乎信息交换,对舒缓患者负面情绪和缓解其认知障碍恶化具有可验证的积极作用;最后,作者以智退患者交际特征的不确定性结尾,呼吁学界关注此类非常态的语用领域(unaccustomed pragmatic spaces)。

三 简要评价

近年来随着老年语言学的兴起,对老龄智退患者语言与语用特征的考察成为应用语言学研究的一个重要范畴。书中汉密尔顿以"认知记忆"和"意义生成"为主线,从认知语义和人际互动两个维度观测神经退行所致认知障碍的话语表征、交际影响以及应对策略。综观全书,其特色具体体现在以下几个方面:

第一,作者作为美国乔治城大学行为语言学派的继承者,延续了其导师黛博拉·塔纳(Deborah Tannen)的著述风格,其著作兼具学术性和科普性,可读性极佳。全书由话语分析入手,从认知记忆的不同维度剖析问题、划分章节,其语言学核心议题是说话人"时间""空间""自我"以及"社交"的认知能力(主要是记忆)及其表达形式;其基本假设是健康群体的言语交际是在正常的认知驱动下通过适切的话语实践完成的,而智退患者因神经功能退化或受损导致其认知图景的残缺或认知能力的减弱,在语言使用和人际互动中呈现出异样,认为研究智退患者的语言问题就是要聚焦其话语异样。作者立足语言学研究的优势,融合认知、心理和语用研究视域,探察社会生活中的"真问题",并尝试探寻应对此问题的话语路径,具有时代意义和学科价值。

第二,全书立足"互动",关注智退患者在生理之外的社会、心理和交际障碍,丰富了本领域的研究维度。早在20世纪80年代大卫·克里斯托(David Crystal)在其经典著作 *Linguistic Encounters with Language Handicap* 中就曾断言"语言障碍首先是一个人际互动问题"(1984:55)。作者汉密尔顿秉承此思想,融合切夫(Chafe)(1994)的认知记忆观和戈夫曼(Goffman)(1959)关于自我身份呈现的论述,搭建认知话语分析框架,考察患者作为一类特殊"交际者"在互动情景中的语用问题。本书在互动维度之下呈现两大亮点:一是弱化特殊群体的病患身份,将智退患者的言语表达视为一种交际形式,研究其话语特征的目的不是为了依据健康群体话语规则去纠正(事实上也不可逆),而是为了交际适应和语言看护;二是融合卡明斯(Cummings)(2009)的临床语用学观点,拓宽了神经认知研究中对患者"话语意义"的理解,在关注语言"信息功能"的同时,强调其"人际功能"和"语境意义",从而赋予了智退患者话语研究的互动社会学意义。

第三,本书以病患的语言使用为研究对象,但与传统特殊群体话语研究路径不同,作者以主位(emic)研究为主,辅以客位(etic)研究,走出了临床医疗语境,在研究方法和研究语料上皆有创新和突破。就研究方法而言,作者以会话分析为基础,融入了记忆模型分析、民族志研究和话语互动实验,围绕患者记忆衰退这一最外显的症状展开,以时间维度切分记忆类型,兼顾即时情境中的取词、自我身份记忆、程式化表述的记忆、社交规则的意识等。作者观测站位不仅是研究者,更重要的是作为互动参与者,尤其是病患的倾听者或交际对象,切身体验和判断交际过程中"说话人"话语意义的生成;就研究语料而言,语料来源广泛,涉及医院、康复机构、画展中心和家庭四个场景,引入了更多的语境参数,如社交规则、教育经历、物理环境和文化背景等,从而多维立体地呈现了患者的人际面貌。

诚然,本书仍存一些美中不足:一是在认知神经病变的影响下,智退患者的语言使用出现障碍,患者采用一定语用代偿措施开展其特殊群体交际,但书中对代偿策略的分析仅限于口头层面,对手势动作、眼神表情等多模态话语资源并未做分析;二是本书涉及语料资源丰富,但作者截取患者"异常"话语的片段,未展现"障碍"前后的话语特征,导致对患者语言使用动态性的分析略显欠缺。

尽管如此,瑕不掩瑜。本书作为一部系统解析智退症患者认知退行与言语交际的著作,是作者汉密尔顿近三十年在特殊群体话语研究领域孜孜探索的沉淀和结晶,在理论和实践上皆具有创新意义,对在老龄化日趋严重的社会背景下开展老年语言学研究,尤其是智退患者话语研究,具有重要创新意义和参考价值。

参考文献

[1] Chafe, W. 1994. *Discourse, Consciousness, and Time* [M]. Chicago: University of Chicago Press.

[2] Crystal, D. 1984. *Linguistic Encounters with Handicap* [M]. Oxford: Basil Blackwell.

[3] Cummings, L. 2009. *Clinical Pragmatics* [M]. Cambridge: Cambridge University Press.

[4] Goffman, E. 1959. *Presentation of Self in Everyday Life*[M]. Garden City: Anchor Books.
[5] Schrauf, R. 2013. Epilogue: Reading compromised and preserved cognition into and out of conversational data[A]. In B. H. Davis & J. Guendouzi (eds.), *Pragmatics in Dementia Discourse*[C]. Newcastle upon Tyne: Cambridge Scholars Publishing, 245–278.

图书在版编目(CIP)数据

外国语文研究：空间与互动／陈新仁主编．—南京：南京大学出版社，2021.12(2022.5重印)
ISBN 978-7-305-25244-0

Ⅰ．①外… Ⅱ．①陈… Ⅲ．①外语教学－教学研究 Ⅳ．①H09

中国版本图书馆 CIP 数据核字(2021)第 267034 号

出版发行	南京大学出版社
社　　址	南京市汉口路 22 号　　邮　编　210093
出 版 人	金鑫荣
书　　名	**外国语文研究——空间与互动**
主　　编	陈新仁
责任编辑	董　颖　　编辑热线　025-83596997
照　　排	南京南琳图文制作有限公司
印　　刷	江苏凤凰数码印务有限公司
开　　本	787×1092　1/16　印张 15.5　字数 311 千
版　　次	2021 年 12 月第 1 版　2022 年 5 月第 2 次印刷
ISBN 978-7-305-25244-0	
定　　价	48.00 元

网址：http://www.njupco.com
官方微博：http://weibo.com/njupco
官方微信号：njupress
销售咨询热线：(025) 83594756

* 版权所有，侵权必究
* 凡购买南大版图书，如有印装质量问题，请与所购图书销售部门联系调换